著作权侵权判决的影响因素研究：

理论与实证

田燕梅 著

中国社会科学出版社

图书在版编目（CIP）数据

著作权侵权判决的影响因素研究：理论与实证 / 田燕梅著 . —北京：中国社会科学出版社，2022.12

ISBN 978-7-5227-1138-6

Ⅰ.①著⋯ Ⅱ.①田⋯ Ⅲ.①著作权—侵权行为—审判—研究—中国 Ⅳ.①D923.414

中国版本图书馆 CIP 数据核字（2022）第 238424 号

出版人	赵剑英
责任编辑	党旺旺
责任校对	马婷婷
责任印制	王 超

出 版	中国社会科学出版社
社 址	北京鼓楼西大街甲 158 号
邮 编	100720
网 址	http://www.csspw.cn
发 行 部	010-84083685
门 市 部	010-84029450
经 销	新华书店及其他书店
印 刷	北京明恒达印务有限公司
装 订	廊坊市广阳区广增装订厂
版 次	2022 年 12 月第 1 版
印 次	2022 年 12 月第 1 次印刷
开 本	710×1000 1/16
印 张	16.75
插 页	2
字 数	252 千字
定 价	89.00 元

凡购买中国社会科学出版社图书，如有质量问题请与本社营销中心联系调换
电话：010-84083683
版权所有 侵权必究

前　言

知识经济时代以创新驱动引领发展，著作权制度对于激励创新的保障作用越来越突出，对于推动著作权及相关产业的发展越来越重要，由此引发经济学、法学等诸多学科对著作权保护的共同关注。著作权保护分为立法保护、行政保护和司法保护，中国著作权立法保护水平已经位居世界前列，达到甚至超过世界发达国家立法保护水平，但是执法强度与发达国家相差甚远。司法保护是权利保护的最后一道防线，是最基础也是最强有力的保护手段。

随着科学技术的发展，人类进入数字经济时代，我国由传统印刷技术复制向数字技术复制进行变革。技术结构的变化，打破了著作权作品原有创作者、传播者与使用者之间的利益平衡机制，而且著作权新载体不断涌现，著作权作品内容与实现方式发生日新月异的发展，由此也带来新形式的侵权行为，引发了一系列著作权问题，无论著作权立法还是司法实践都不断遇到新的挑战。科学技术的进步使著作权制度受到网络技术的严重冲击，网络侵权日益严重，引发了大量的著作权侵权诉讼。

目前，对于著作权及著作权制度的经济学研究大多集中在著作权保护对社会福利效应的影响，著作权保护水平及著作权行政司法保护研究等方面。从法律经济学视角对于著作权侵权法院判决的研究较少，对著作权侵权法院判决影响因素并没有形成较为完整的理论框架。针对著作权侵权诉讼引发的一系列问题及当前研究存在的不足，本书试图在著作权侵权法院判决影响因素理论与实证方面推进已有的研究，对著作权侵权法院判决影响因素进行更深入的分析。

本书综合各种司法行为决策模型及理论，在法律制度、案件事实、当事人策略行为框架下提出中国法院判决影响因素理论。针对著作权侵权案件特点，将上述法院判决影响因素作用机制进行具体化分析，从《著作权法》的利益平衡机制，案件事实证据对法官形成的锚定效应，当事人资源形成的诉讼策略，结合信息不对称、信息冲击分析著作权侵权法院判决的影响机制。著作权无论立法还是司法实践都具有自身的利益平衡机制。司法量化决策也会受到锚定效应的影响，原告诉求金额、法定最高50万元限额、当事人身份类型等因素形成外生锚点，法官工作压力、庭审方式等因素形成内生锚点，影响法官判决决策。根据当事人资源理论，当事人身份类型、当事人代理律师、重复多次诉讼及当事人属地等因素也会影响法官司法量化决策。在信息不对称、信息冲击的情况下，法院会采取规避风险的态度防止不良后果的发生。法官综合考虑各项因素，按照既定的规则，评估预测可能出现的后果，考察可以采取的方案，做出着眼于未来的判决。

在分析中国著作权侵权法院判决影响因素理论的基础上，利用聚法案例数据库公开的判决书，收集整理提取了判决书中与研究相关的变量信息，对著作权侵权法院判决特征进行统计分析。研究发现当事人身份、代理律师、属地、诉讼持续时长、侵犯作品类型、侵犯权利类型对法院判决的影响呈现不同特点。通过初步统计可以看出，原告当事人资源、有无律师会影响法院判决，不同类型当事人诉讼目的不同，实施不同的诉讼策略，对原告胜诉率、法院判决比、法院判决金额形成不同的影响。

著作权侵权法院判决影响因素理论还需要进一步的实证检验。本书从锚定效应、当事人诉讼定价能力、当事人策略性诉讼模式、当事人不同著作权保护方式角度实证检验对法院判决的影响。

原告诉求金额形成外生锚点影响法院判决金额。本书从锚定效应理论角度分析原告诉求金额锚点对法院判决金额的影响，根据2015—

2020年中国30个省（自治区、直辖市）①各级法院公开的著作权一审判决书搜集的数据，验证著作权侵权司法判决存在锚定效应。结果表明：原告诉求金额与法院判决金额呈现倒"U"形曲线关系。在倒"U"形曲线左边，法院判决金额随着原告诉求金额的增加而增加，但呈现边际递减的现象，即随着原告诉求金额的增加，法院判决金额增加的程度逐渐减小；在倒"U"形曲线右边，法院判决金额随着原告诉求金额的增加而减少，说明法院基于利益平衡原则，保护著作权人利益的同时保障著作权作品的传播、利用和扩散，法院判决金额并不会随着原告诉求金额的增加无限增加，原告诉求金额和法定最高50万元赔偿限额锚点会对法官判决形成锚定效应的影响，使法官在一定金额范围内确定判决金额。诉讼当事人主体特征、案件审理形式等因素也会形成锚点进一步影响法院判决金额。

诉讼当事人资源优势理论不符合法治逻辑，诉讼定价能力是影响法院判决的关键因素。本书对当事人资源影响法院判决的研究更推进一步，从当事人诉讼定价能力视角分析对法院判决的影响。根据2015—2020年中国30个省（自治区、直辖市）各级法院公开的著作权一审判决书数据信息，利用微观数据基于中介效应模型实证研究了当事人资源、诉讼定价能力对法院判决倾向的影响。研究发现：当事人资源对法院判决倾向的影响是通过诉讼定价能力来实现的，当原告诉求金额小于1万元时，存在部分中介效应，原告诉求金额大于等于1万元时，存在完全中介效应。当事人资源禀赋并不能直接影响判决结果，法官并不是因为当事人的身份等因素做出判决决策，而是根据双方当事人的诉讼定价能力进行判决。当事人诉讼资源投入越多，诉讼定价能力越强，对法院判决的影响越大。不同类型当事人诉讼投入资源存在差异，由此转化形成的诉讼定价能力存在差异，导致法院判决存在差异。这一发现更为深入地解释了当事人资源影响法院判决的机制，有助于提高法院判决的公正性。

---

① 鉴于数据可得性，本书数据不包括中国西藏、香港、澳门和台湾地区。下同。

当事人策略性诉讼模式影响法院判决。本书首先运用诉讼成本和收益理论建立模型分析版权蟑螂策略性诉讼产生的原因，然后从理论上分析此类诉讼模式特征集中表现为发起多次诉讼并获得胜诉，以此累积诉讼收益。在此基础上基于2015—2020年中国30个省（自治区、直辖市）各级法院公开的著作权一审判决书数据信息，实证研究了策略性诉讼模式对法院判决的影响。研究发现：视觉中国"黑洞"照片著作权新闻事件的冲击使策略性诉讼当事人（版权蟑螂）受到法院的差别对待。该事件发生前，版权蟑螂在著作权侵权司法判决中与一般当事人相比原告胜诉率更高，获得判决金额更多，法院判决也更重。此事件之后版权蟑螂与一般当事人相比原告胜诉率仍旧更高；音乐版权蟑螂与一般当事人相比法院判决金额略有增加，但与之前相比大幅减少，法院判决倾向与一般当事人相比并无差异；图片版权蟑螂与一般当事人相比法院判决加重，但与之前相比大幅降低，法院判决金额与一般当事人相比并无差异。

为了更好地保护著作权人的合法权益，有效遏制著作权侵权行为，创造良好的著作权产业发展环境，使著作权侵权法院判决更为公正地体现，需要政府改进完善著作权制度设计，从立法层面避免著作权侵权的发生，从司法、行政执法方面改进著作权侵权救济方式，同时权利人提高自我保护能力，促进著作权侵权案件公平公正解决。

本书的创新之处在于以下三个方面。

第一，拓展著作权侵权法院判决影响因素理论的研究。综合各种司法行为决策模型及理论，在法律制度、案件事实、当事人策略行为框架下提出中国法院判决影响因素理论，针对著作权侵权案件特点，将上述影响法院判决的因素进行具体化分析，从《著作权法》的利益平衡机制，案件事实证据对法官形成的锚定效应，当事人资源形成的诉讼策略，结合信息不对称、信息冲击分析著作权侵权法院判决影响机制。从法律经济学视角对著作权侵权诉讼法院判决影响因素进行系统本土化的研究，并运用2015—2020年著作权侵权司法判决书数据，进行了实证检验，为法院判决影响因素理论的研究提供了新的经验证据。

第二，验证著作权侵权法院判决存在锚定效应，并从当事人诉讼定价能力视角丰富补充了著作权侵权法院判决的研究。在已有研究中，鲜有学者将诉讼定价能力因素纳入分析，本书从诉讼定价能力视角将当事人资源对法院判决的影响更推进一步，利用中介效应模型实证分析法院判决影响机制，推进当事人资源理论的研究并提出了诉讼定价能力理论，提高了理论的解释力。在此基础上运用2015—2020年著作权侵权司法判决书数据信息进行实证检验，证明当事人资源对法院判决的影响是通过诉讼定价能力来实现的，推进了当事人资源影响法院判决的研究，解释了当事人影响法院判决的机制。

第三，探讨了当事人策略性诉讼模式对法院判决的影响。已有的研究主要从著作权相关法律制度研究策略性诉讼产生的原因，并没有规范地研究对法院判决的影响。本书在中国的司法背景下对策略性诉讼产生的机理和行为特征展开分析，在理论层面论证策略性诉讼模式产生的原因，运用著作权司法判决书微观数据对策略性诉讼对法院判决的影响进行定量分析，检验新闻事件冲击下策略性诉讼对法院判决的影响，丰富了已有对于《著作权法》及著作权相关法律制度运行机制和效率的探讨，为《著作权法》及其他相关法律制度的改进提供思路。

田燕梅
2022年9月

目 录

第一章 绪论 …………………………………………………… (1)
 第一节 研究背景和意义 ………………………………… (1)
 第二节 研究目的、研究思路与研究方法 ……………… (7)
 第三节 相关概念界定 …………………………………… (11)
 第四节 研究内容与创新 ………………………………… (16)

第二章 著作权侵权法院判决文献综述 ……………………… (19)
 第一节 关于法院法官决策的研究 ……………………… (19)
 第二节 关于著作权保护的经济效应及保护方式的研究 …… (23)
 第三节 关于著作权侵权法院判决特点的研究 ………… (39)
 第四节 关于著作权侵权法院判决影响因素的研究 …… (44)
 第五节 文献评述 ………………………………………… (55)

第三章 著作权侵权法院判决影响因素的理论框架 ………… (59)
 第一节 中国法院判决影响因素理论 …………………… (60)
 第二节 《著作权法》对法院判决的影响 ……………… (64)
 第三节 法院判决中的锚定效应 ………………………… (76)
 第四节 当事人资源对法院判决的影响 ………………… (82)
 第五节 信息问题对法院判决的影响 …………………… (87)
 第六节 本章小结 ………………………………………… (91)

第四章 著作权侵权法院判决特征统计分析 …… （93）
- 第一节 法院判决的衡量和数据来源 …… （93）
- 第二节 当事人身份类型与法院判决 …… （96）
- 第三节 当事人有无代理律师与法院判决 …… （109）
- 第四节 当事人与法院属地关系及法院判决 …… （115）
- 第五节 当事人诉讼持续时长与法院判决 …… （120）
- 第六节 侵权作品类型与法院判决 …… （125）
- 第七节 侵犯权利类型与法院判决 …… （130）
- 第八节 本章小结 …… （132）

第五章 锚定效应对法院判决金额的影响 …… （137）
- 第一节 引言 …… （137）
- 第二节 锚定效应影响法院判决金额的理论机制 …… （139）
- 第三节 模型设定与变量说明 …… （142）
- 第四节 锚定效应对法院判决金额影响的实证结果 …… （149）
- 第五节 本章小结 …… （156）

第六章 当事人诉讼定价能力对法院判决倾向的影响 …… （158）
- 第一节 引言 …… （158）
- 第二节 当事人资源、诉讼定价能力与法院判决 …… （159）
- 第三节 模型设定与变量说明 …… （163）
- 第四节 当事人诉讼定价能力对法院判决倾向影响的实证结果 …… （167）
- 第五节 本章小结 …… （174）

第七章 当事人策略性诉讼模式对法院判决的影响 …… （176）
- 第一节 引言 …… （176）
- 第二节 版权蟑螂现象与行为特征 …… （178）

第三节 策略性诉讼者与著作权集体管理组织维权保护
比较 ……………………………………………………（185）
第四节 当事人策略性诉讼模式影响法院判决的理论
机制 ……………………………………………………（188）
第五节 模型设定与变量说明 ………………………………（195）
第六节 当事人策略性诉讼模式对法院判决影响的实证
结果 ……………………………………………………（201）
第七节 本章小结 ……………………………………………（213）

第八章　研究结论、政策建议与研究展望 …………………（217）
第一节 研究结论 ……………………………………………（217）
第二节 政策建议 ……………………………………………（221）
第三节 研究展望 ……………………………………………（228）

参考文献 ………………………………………………………（231）

第 一 章

绪　　论

第一节　研究背景和意义

一　研究背景

随着全球新一轮科技革命和产业革命的兴起,中国加快经济发展,创新引领发展更加突出,知识产权制度激励创新的作用越来越重要。2008 年 6 月国务院印发《国家知识产权战略纲要》,把版权[①]发展上升到国家重要发展战略,强调要完善知识产权制度,通过加强司法保护体系和行政执法体系建设,发挥司法保护知识产权的主导作用,强化公共服务等措施加强知识产权保护。2015 年 12 月《国务院关于新形势下加快知识产权强国建设的若干意见》提出推进知识产权管理体制机制改革,加强知识产权保护。2017 年 10 月党的十九大报告明确提出加快建设创新型国家,加强知识产权创造、保护和运用。

2021 年《知识产权强国建设纲要（2021—2035 年）》《"十四五"国家知识产权保护和运用规划》进一步提出全面提升知识产权创造、运用、保护、管理和服务水平,推进知识产权强国建设,推动经济社会高质量发展。2021 年 12 月国家版权局《版权工作"十四五"规划》在此基础上明确指出努力推进版权强国建设,进一步完善版权法律法

---

① 根据《著作权法》规定,著作权与版权系同义语。

规，提高版权法治水平，加大版权执法监管力度，改善版权保护环境，促进版权产业又好又快发展，为建设文化强国、知识产权强国、创新型国家提供有力的版权支撑。中国一系列著作权保护与规划文件的出台，开启了版权强国建设的新征程。

著作权是知识产权的重要组成部分，合理有效的著作权保护制度能够激励著作权人创作作品同时促进作品传播使用，确保著作权产业长期可持续发展。著作权的立法保护、行政保护、司法保护制度决定了著作权保护强度。2020年11月11日全国人民代表大会常务委员会通过《著作权法》第三次修改，新修正的《著作权法》（2020）[①] 于2021年6月1日开始实施。中国著作权立法保护水平已经位居世界前列，达到甚至超过世界发达国家立法保护水平，但是执法强度与发达国家相差较远（许春明和单小光，2008；彭辉和姚颉靖，2010；李伟和余翔，2014）。

著作权司法保护是著作权保护的最后一道防线，为著作权侵权提供最终法律救济。当前司法救济惩罚力度较小，不足以威慑侵权者。中南财经政法大学知识产权研究中心统计的 2008—2012 年 4000 余件知识产权案件数据显示，著作权诉求支持率（法院判决金额与权利人诉求金额之比）约为 35%，平均判决金额 1.5 万元（吴汉东，2016）；另据该中心统计的 2012—2015 年 11984 件知识产权案件数据显示，著作权诉求支持率约为 25.6%，平均判决金额 2.8 万元，专利、商标的平均判决金额分别为 9.8 万元、3.2 万元，远低于专利、商标等知识产权侵权案件法院判决金额和诉求支持率（詹映，2020）。与此同时，随着科学技术的发展，网络著作权侵权问题日益突出，由此引发了大量的著作权侵权诉讼案件。

著作权价值载体、价值实现及价值变量等具有无形性特点，著作权价值难以估计。著作权侵权行为具有技术性、多样性、隐蔽性等特点，导致著作权侵权损失难以计算，在司法实践中法院确定损害赔偿

[①] 《著作权法》（2020）全称《中华人民共和国著作权法（2020年修正）》，下文同。

金额较为困难。大量的著作权侵权诉讼案件影响著作权产业的发展，诉讼过程也产生了时间成本和货币成本，影响当事人的行为和决策。双方当事人和解无果的情况下，就要诉诸法院解决著作权纠纷。法院判决对于当事人的行为选择具有重要影响，研究著作权侵权法院判决影响因素，有利于了解著作权侵权法院判决考量因素，检验《著作权法》的实施效果，发现当前著作权侵权法院司法实践存在的问题，使著作权侵权案件更加公平、公正地判决，同时营造良好的著作权产业发展环境，促进著作权产业高质量发展。

二 问题提出

著作权及著作权制度的经济学相关研究大多集中在著作权保护对社会福利效应的影响，著作权保护水平及著作权立法、行政、司法领域存在的问题等方面。如果著作权产品缺乏著作权保护会使著作权产品社会传播较高，著作权产品价格较低、创新回报不足，无法激励作者继续进行创作，但如果著作权保护较强、形成垄断，会使著作权产品社会传播较低，产品价格较高。为了避免著作权无保护或者过度保护导致的社会福利效应减少，需要采取措施使著作权保护处于一个利益平衡的状态（Plant，1934；Landes and Posner，1989；冯晓青，2006）。

从发达国家的著作权制度实施来看，社会经济发展的不同阶段，著作权制度设计存在较大差异，应采取不同的著作权保护强度。在某些著作权产业和行业发展水平较低阶段，应采取弱著作权保护，随着国家经济实力的增强，著作权产业和行业发展水平处于高级阶段，可以采取强著作权保护（董雪兵等，2012；吴汉东和刘鑫，2018）。虽然中国著作权立法已经位于世界前列，但是司法实践较为落后，高标准的立法通过低水平的执法实施，有效降低了高保护强度的著作权制度在社会推行的成本（谢晓尧和陈贤恺，2010）。司法实践著作权实行弱司法保护，一方面实现制裁侵权，另一方面促进完成版权交易（魏建等，2019）。中国处于社会主义初级阶段，著作权保护要与国家经济发展相适应，既不能过强也不能过弱，著作权保护要适度，要有足够的弹性，兼顾创新和发展的需求（王骞，2020）。

随着科学技术的发展，人类进入数字经济时代，中国由传统印刷技术复制向数字技术复制变革。技术结构的变化，打破了著作权作品原有创作者、传播者与使用者之间的利益平衡机制，而且著作权新载体不断涌现，著作权作品内容与实现方式发生日新月异的发展，由此也带来新形式的侵权行为，引发了一系列著作权问题，无论立法还是司法实践都不断遇到挑战（吴汉东等，2018）。网络技术颠覆了著作权客体的利用方式，改变了著作权主体的界定标准（吴汉东，2020）。网络用户取代商业机构成为著作权作品的创作传播主体，其多元化的创作传播动机，改变了著作权作品的利用方式，获取经济收益只是创作传播的一个方面，更重要的是扩大作品知名度和传播范围，延伸产业价值链条，取得名利双收的效果。在此过程著作权侵权认定机制和责任范围发生变化，新型间接侵权责任取代直接侵权责任（吴汉东和刘鑫，2018）。科学技术的进步使著作权制度受到网络技术的严重冲击，网络侵权日益严重，引发了大量的著作权侵权诉讼案件（王迁，2019），尤其2019年4月视觉中国"黑洞"照片著作权事件引起社会广泛关注，揭开了著作权侵权案件中的版权蟑螂现象及著作权专业组织管理机构批量维权的问题。

在此环境之下，哪些因素会影响著作权侵权法院判决？著作权侵权法院判决呈现什么特点？司法量化决策的研究表明锚定效应无处不在，只要信息与自己的首选结论不太矛盾，即使看似无关的锚点也会影响决策和判断（Joel et al.，2017）；基于Galanter（1974）当事人资源理论，不同类型当事人因资源禀赋影响法院判决结果。那么在中国司法审判体制下，著作权侵权法院判决是否存在锚定效应？当事人资源是否也会影响著作权侵权法院判决？视觉中国"黑洞"照片著作权新闻事件的冲击会不会使策略性诉讼当事人（版权蟑螂）受到法院的差别对待？《著作权法》（2020）进行了多方面的修改，是否适用经济社会发展，还需要司法实践进行检验，对于没有修改的地方是否还需要进一步进行完善,都是值得深入研究的问题。这些问题对于了解著作权侵权法院判决影响因素具有重要意义,对于《著作权法》的实施及著作权产业的发展也至关重要,对于实施知识产权强国建设、文化强国建设、创新驱动发展战略也极为关键。

本书在中国司法审判制度环境下,综合各种司法行为决策模型及理论,在法律制度、案件事实、当事人策略行为框架下提出中国法院判决影响因素理论,结合《著作权法》、锚定效应理论、当事人资源理论、信息不对称理论探究著作权侵权法院判决的影响机制,运用著作权侵权司法判决书中数据信息进行实证检验,从微观视角为理论分析提供相应的经验证据,针对当前著作权侵权诉讼案件法院判决在的问题,从立法、司法及当事人层面提出政策建议,为国家著作权保护提供政策参考。

三 研究意义

《著作权法》是激励创新、保护创新的重要法律制度,是中国发展著作权产业的基础和保障。1990年中国颁布第一部《著作权法》,随着科学技术、社会经济、公共政策的不断发展变化,中国启动《著作权法》修改,此后分别于2001年、2010年、2020年完成三次修正。研究著作权侵权法院判决的影响因素,基于著作权侵权案件判决书数据信息实证检验《著作权法》实施效果,为《著作权法》司法实践提供相应的参考与借鉴,无论从理论还是实践方面都具有重要的价值和意义。

在理论研究方面,对于著作权侵权诉讼法院判决的研究主要集中在经济学和法学领域,经济学家侧重著作权保护对于社会福利效应的影响分析,法学家主要根据法官在司法决策中表现出的决策行为和模式,从《著作权法》法理法条、法官意识形态、策略因素等角度进行阐述,著作权侵权诉讼法院判决影响因素并没有形成完整的理论体系。而且大部分研究主要集中在美国等发达国家著作权的侵权诉讼,通过美国最高法院数据库提取信息研究著作权侵权诉讼案件,对于中国著作权侵权诉讼法院判决的研究较少。美国与中国执行不同的司法体系，无论著作权立法还是司法实践都存在较大的差异，著作权侵权法院判决的研究并不一定适用。

本书运用中国法院著作权侵权判决书数据信息，从法律经济学视角对著作权侵权诉讼法院判决影响因素进行系统本土化的研究，丰富拓展补充推进著作权侵权诉讼的研究文献，发现中国司法判决的影响因素和统计规律，厘清著作权侵权诉讼法院判决的影响机制。通过从司法判决书中挖掘数据信息定量研究影响法院判决的因素，实证检验各因素对法院判决的影响，在一定程度上推进著作权侵权诉讼法院判决多角度、跨学科的交叉研究，也为后续的研究创造了条件。

在实践方面，对于著作权侵权诉讼法院判决的研究也具有重要的价值。一方面，有利于改革完善《著作权法》相关法律法规。为了适应科学技术、社会经济、公共政策的发展，中国《著作权法》进行了三次修改，《著作权集体管理条例》《著作权法实施条例》等著作权法规条例根据经济及社会发展也在不断修订完善，通过对著作权侵权案件提取数据信息进行实证检验《著作权法》的实施效果，指出《著作权法》在司法实践中存在的问题，为《著作权法》及其他著作权法律法规修改完善提供相应的改革启示和解决思路。

另一方面，中国正在实施创新引领发展战略，《国务院关于新形势下加快知识产权强国建设的若干意见》《知识产权强国建设纲要（2021—2035年）》《"十四五"国家知识产权保护和运用规划》《版权工作"十四五"规划》等政策文件多次提出努力推进著作权强国建设，强调发挥司法保护的主导作用，提高执法效果和水平，通过全面了解著作权侵权法院判决影响机制，有利于提高著作权保护水平，为国家著作权保护提供政策参考，同时也为加快建设创新型国家提供制度保障和支持，对于版权强国、文化强国建设、社会经济高质量发展具有重要意义。

第二节 研究目的、研究思路与研究方法

一 研究目的

通过对著作权侵权法院判决影响因素进行研究,本书主要达到以下研究目的。

第一,探究著作权侵权法院判决影响因素理论。当事人发起著作权侵权诉讼可能源于著作权制度的缺陷,也可能是当事人的策略选择。深入研究著作权侵权诉讼法院判决的影响机制,了解法院判决决策的偏好和选择,在社会瞬息万变、技术突飞猛进的环境下,对于预测著作权侵权法院判决方向具有重要作用,对于当事人的诉讼策略选择也具有指导意义。

第二,发现中国著作权侵权法院判决特征。在中国的司法审判体系下,著作权侵权诉讼案件具有自身本土化特征。运用著作权侵权诉讼判决书数据信息,发现中国著作权侵权司法判决规律,研究中国著作权侵权诉讼法院判决特征,发现法院判决存在的问题,预测著作权制度改革的趋势和方向。为《著作权法》的修正提供借鉴和参考,也为著作权其他相关法律制度的改进提供思路。

第三,分析中国著作权侵权法院判决影响因素。深入挖掘著作权侵权诉讼判决书数据信息,从诉讼当事人及法官决策的角度发现影响著作权侵权法院判决的因素和规律。建立计量模型实证检验各因素对法院判决的具体影响,有利于更新对著作权立法和司法实践的认知,也有利于提升法治水平。

第四,发现中国著作权制度存在的问题,进一步提出著作权制度改革的方向。科学技术的发展,引发了一系著作权问题,著作权侵权案件不断增加,无论立法还是司法实践都不断遇到挑战。为使著作权侵权法院判决更为公正地体现,从立法及司法角度提出应采取的措施策略,探索著作权制度的改革方向,提高著作权保护水平。

二 研究思路

本书根据已有文献的研究，分析著作权侵权法院判决影响因素理论，基于2015—2020年著作权侵权一审判决书数据信息实证检验法院判决的影响因素并提出相应对策。

第一，根据现实背景引出问题，提出著作权侵权法院判决影响因素研究的必要性和意义。从法院法官决策模型的研究、著作权行政司法保护的研究、著作权侵权法院判决特点的研究、著作权侵权法院判决影响因素研究四个方面进行文献回顾与综述，结合著作权侵权法院判决的研究进展，在中国司法审判制度体系下，提出本书的研究问题为著作权侵权法院判决影响因素理论与实证研究，探究著作权侵权案件法院判决的影响因素。

第二，分析著作权侵权法院判决影响因素理论。综合各种司法行为决策模型，在法律制度、案件事实、当事人策略行为框架下提出中国法院判决影响因素理论，从多角度研究中国法院判决影响机制。结合《著作权法》利益平衡机制，锚定效应理论、当事人资源理论、信息不对称理论具体分析著作权侵权法院判决影响因素。

第三，分析中国著作权侵权诉讼案件法院判决特征。在中国的司法审判体系下，基于著作权侵权司法判决书数据信息，分析著作权侵权诉讼案件法院判决特征。不同身份类型的诉讼当事人资源禀赋存在较大差异，诉讼目的不同，侵权行为造成的影响也不同。当事人类型、当事人资源禀赋、当事人诉讼定价能力、当事人诉讼策略对法院判决有什么样的影响，著作权侵权法院判决呈现什么样的规律特征？这是我们需要关注的问题，通过初步统计著作权侵权法院判决特征，总结著作权侵权法院判决规律，进一步了解法院判决影响因素。

第四，实证分析著作权侵权法院判决影响因素。从原告当事人诉求金额、当事人诉讼定价能力、当事人策略性诉讼模式角度实证检验对法院判决的影响。根据锚定效应理论、当事人资源理论，在信息不对称的情况下，原告当事人的诉讼金额、当事人的资源禀赋、当事人的诉讼策略是法院判决的考量因素。特别在当事人聘请律师的情况下，对于法院的判决具有重要影响，在著作权侵权诉讼案件中这些因素是否也影响法院判决？本书基于著作权侵权司法判决书数据信息，从微观视角实证检验上述因素对法院判决的影响，发现著作权侵权司法实践中存在的问题，为著作权制度设计提供改革思路与方向。

第五，为使著作权侵权法院判决更为公正地体现，从立法层面、司法层面、当事人层面提出应采取的策略。本书研究思路与技术路线见图1-1。

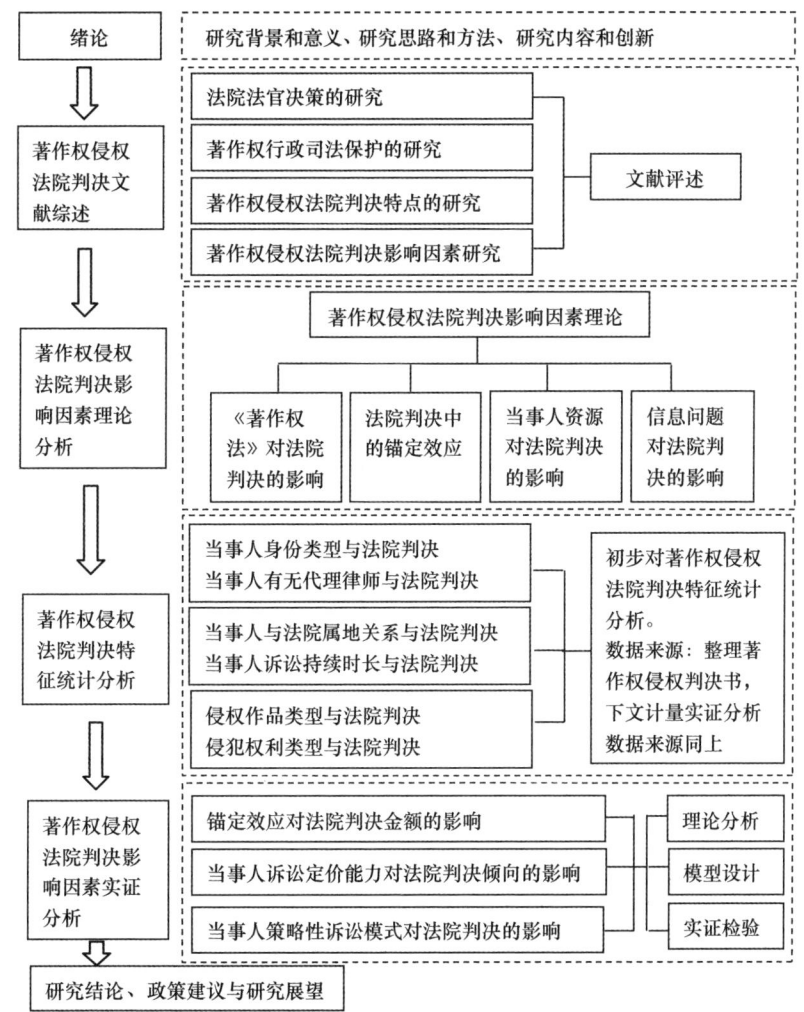

图1-1 研究思路与技术路线

三 研究方法

本书是对中国著作权侵权法院判决影响因素的理论与实证研究，主要采用了以下研究方法。

第一，跨学科分析。著作权侵权的相关研究大多集中在法学领域，主要对《著作权法》相关法律法条的研究，研究具体法律条例的适用性及存在的问题，经济学主要限于著作权制度对社会福利效应的影响、创新的激励等方面的研究，较少分析著作权侵权法院判决相关问题。本书综合运用经济学与法学的理论与方法，探讨法院判决影响因素，深入挖掘法院判决背后的经济学逻辑与规则，结合《著作权法》利益平衡机制，锚定效应理论、当事人资源理论、信息不对称理论具体分析著作权侵权法院判决影响因素理论并进行实证检验。

第二，比较分析。多角度、多层次分析影响法院判决的各种因素，发现著作权侵权法院判决规律特征。主要包括：对比分析原告、被告当事人身份，原告、被告当事人有无代理律师，原告、被告当事人法院属地，诉讼持续时长，侵犯作品类型，侵犯权利类型对法院判决金额、法院判决比、原告胜诉率的影响。

第三，实证计量分析。通过搜集整理法院著作权侵权一审判决书数据，将各指标进行量化处理，从法律经济学视角运用实证计量分析对法院判决的影响因素进行实证检验。具体来说分别从原告当事人诉求金额、当事人诉讼定价能力、当事人策略性诉讼角度实证检验对法院判决的影响，进一步验证著作权侵权法院判决中的锚定效应、当事人资源理论。著作权侵权法院判决的定量研究，既是对著作权侵权法院判决更为准确的认识，也是检验基于理论分析得出的研究假说。

第三节　相关概念界定

一　著作权的相关概念

（一）著作权

著作权即版权，指科学、文学、艺术作品的创作者对其作品享有的权利，包括财产权和人身权，是知识产权①的重要组成部分。著作权是一种生产要素，也是一种新型经济形态，作为一种资源和生产要素，是一个国家众多产业群存在的基础。世界各国对于著作权的称谓并没有统一说法，有些国家称为著作权，有些国家称为版权。以德国和法国为代表的大陆法系国家，强调的是作者的权利，使用"著作权"的说法。以美国和英国为代表的英美法系国家使用"版权"的称谓，"版权"最早出现于1709年英国颁布的《安娜法》中，强调的是复制的权利，其英文单词为"Copyright"，直译为"复制权"。对于中国而言，使用"著作权"一词。1990年中国颁布《著作权法》，第五十一条规定："本法所称的著作权与版权系同义语。"2001年、2010年、2020年修正的《著作权法》均有"本法所称的著作权即版权"的表述，至此通过立法的形式正式确认"著作权"与"版权"具有一致性，文中如出现版权与著作权系同义语。

（二）著作权侵权

著作权侵权是指使用者违反《著作权法》《著作权行政处罚实施办法》《互联网著作权行政保护办法》《计算机软件保护条例》《著作权法实施条例》《著作权集体管理条例》《民法典》《刑法》（第二百一十七条）、《侵权责任法》等与著作权有关的法律法规，侵害著作权

---

① 知识产权主要包括著作权、专利权和商标权三种，其英文单词为 intellectual property，缩写 IP。

人享有的著作财产权、著作人身权的行为。具体对著作权侵权行为的规定可参见《著作权法》（2020）第五十二条和第五十三条，侵犯了他人的著作权造成财产或非财产损失，都属于对著作权侵权。

（三）著作权侵权法院判决

著作权侵权法院判决是指人民法院受理著作权侵权诉讼案件，经过法庭审理，根据查明和认定的著作权侵权案件事实，按照有关法律的规定，以国家审判机关名义，对著作权侵权案件当事人权利义务争议问题依职权做出权威性的判定。法院判决是法院依据职权做出的，依法行使审判权的结果，体现了司法审判的权威性。本书仅根据著作权侵权一审判决书数据信息研究著作权侵权法院判决问题，法院裁定及决定不在本书研究的范围之内。

二 著作权的属性与特点

著作权具有财产权和人身权的双重属性，《与贸易有关的知识产权协定》明确规定知识产权为私权，中国《著作权法》规定著作权是作者对自己创作作品所享有的权利，属于私权范畴。随着科学技术的进步发展，著作权制度发生巨大的变化，著作权作品在公共领域进行传播扩张，一些学者肯定著作权私权的同时提出著作权的公权属性，即著作权兼具私权和公权的属性（姚林青，2012；吴汉东和刘鑫，2020）。

著作权属于无形资产，是基于智力成果的创造享有的财产。具有以下特征：第一，无形性。创意是著作权作品的灵魂，是其价值所在，著作权作品无实物形态，须依附于物质载体展现，随着载体的不同，著作权作品表现形式不同。比如音乐作品在网络平台进行播放，文字作品制作成纸质图书或者电子书进行公开发行。

第二，垄断性。除了《著作权法》规定的法定许可与合理使用外，著作权权利人及合法使用者对著作权作品具有垄断地位，从而保障权利人的收益，进一步激励其继续进行创作，产生更多的著作权作品。著作权作品传播过程中公众通过合理使用接触作品，使思想得到传播，继而创作出更多的衍生作品，创造更多的著作权价值。

第三，使用价值的衍生性。著作权作品具有价值和使用价值。著作权作品的使用价值具有衍生性，通过延长著作权产业价值链条，形成由核心产业、衍生产业、配套产业等组成的版权产业价值链，累积版权产品的品牌价值，实现版权价值的衍生和放大。著作权是经济发展的重要资源，推动国民经济长期可持续发展（魏建和田燕梅，2020）。

三 著作权相关法律制度

1709年，英国颁布《安娜法》，这是世界首部《著作权法》，首次承认作者是著作权保护的主体，对世界其他国家《著作权法》产生重大影响。此后，美国、法国、德国、意大利等国分别于1790年、1793年、1837年、1865年相继颁布了《著作权法》。中国《著作权法》可以追溯到清朝，1910年清政府颁布《大清著作权律》，此后1915年北洋政府颁了《中华民国著作权法》，1928年南京国民政府也颁布了《著作权法》，为著作权保护提供了法律层面的依据。

1990年中国颁布了《著作权法》，该法从1991年6月1日开始实施。社会经济发展的新阶段，著作权保护面临新任务、新形势、新挑战和新问题。数字经济背景下，现有数字著作权法律规定落后于数字技术的发展，无法适应当前数字经济发展的需要。著作权侵权主体呈现去中心化、分散化及多样化特点，侵权行为难以遏制，著作权权利人期望获得赔偿额与实际赔偿额存在一定差距，另外，中国已经加入多个《著作权法》国际公约，需要与国际公约接轨，顺应新形势发展的要求，适时对著作权法进行修改（石宏，2021）。

为了适应加入世界贸易组织的需要，缩短与国际公约的差距，同时考虑到中国的具体国情，《著作权法》进行第一次修订，2001年《著作权法》通过第一次修正案。随着经济社会的发展和立法环境的变化，2007年启动《著作权法》第二次修订工作，2010年《著作权法》通过第二次修正案。2011年启动《著作权法》第三次修订工作，历时近十年，2020年11月11日通过第三次修正案，新版《著作权法》（2020）2021年6月1日起实施。

《著作权法》（2020）主要从以下方面进行修订：第一，完善了著作权相关概念和制度，对著权客体制度进行改进，对邻接权制度进行完善。第二，强化对著作权人的权利保护，具体体现在：加大对著作权侵权行政处罚力度，提高法定赔偿最高最低限额，增加惩罚性赔偿制度。第三，解决著作权权利人维权难题：包括完善诉前保护制度，被告举证责任倒置，增加著作权作品登记制度，完善著作权集体管理制度。第四，与国际条约接轨履行国际条约义务，比如增加录音制作者机构表演获酬权和广播权、完善残疾人合理使用制度、延长摄影作品保护期限等，更好地实现与国际著作权条约《视听表演北京条约》《世界知识产权组织表演和录音制品条约》等关于表演者权制度的衔接。

中国著作权法律法规主要由"一主法、两办法、四条例"组成。一主法主要指《著作权法》；两办法指《著作权行政处罚实施办法》《互联网著作权行政保护办法》；四条例指《计算机软件保护条例》《信息网络传播保护条例》《著作权法实施条例》《著作权集体管理条例》；相关著作权法律法规随着经济社会的发展变化，不断进行修订，与时俱进与社会发展相适应。除此以外，在《民法典》《刑法》（第二百一十七条）、《担保法》《侵权责任法》《科学技术进步法》等法律中也涉及相关著作权的问题。

截至目前中国已经具有较为完备的著作权法律制度，著作权保护立法也逐渐与国际惯例接轨。加入了《世界知识产权组织表演和录音制品条约》（WPPT）、《世界知识产权组织版权公约》（WTC）、《保护文学和艺术作品伯尔尼公约》《世界版权公约》《与贸易有关的知识产权协定》（TRIPS）、《视听表演北京条约》[①] 等国际公约，并已经开始全面实施，中国积极承担着著作权保护的国际义务（吴汉东，2018）。表1—1为中国加入的国际公约及国内颁布的著作权法律法规。

---

① 《视听表演北京条约》2020年4月28日生效，是以中国城市北京命名的国际知识产权条约，截至目前有30个缔约国。《视听表演北京条约》是为了保护表演者对已录制或未录制的表演所享有的经济权利和精神权利，解决了著作权中的邻接权问题。

表1-1　　　　　　　　国际、国内相关著作权法律制度

类别	名称	生效时间
国际公约	《保护文学和艺术作品伯尔尼公约》（简称伯尔尼公约）	1887年（中国1992年加入）
	《世界版权公约》	1955年（中国1992年加入）
	《保护录音制品制作者防止未经许可复制其录音制品公约》	1971年（中国1992年加入）
	《与贸易有关的知识产权协定》（TRIPS协定）	1995年（中国2001年加入）
	《世界知识产权组织版权公约》（WCT）	1996年（中国2007年加入）
	《世界知识产权组织表演和录音制品条约》（WPPT）	2002年（中国2007年加入）
	《视听表演北京条约》	2020年（中国2020年加入）
	《关于为盲人、视力障碍者或其他印刷品阅读障碍者获得已出版作品提供便利的马拉喀什条约》（简称马拉喀什条约）	2016年（中国2022年加入）
国内立法	《中华人民共和国著作权法》	1991年（2001年、2010年、2020年三次修订）
	《关于审理涉及计算机网络著作权具体应用法律若干问题解释》	2000年（2003年、2006年两次修订）
	《著作权法实施条例》	2002年（2011年、2013年两次修订）
	《计算机软件保护条例》	2002年（2011年、2013年两次修订）
	《关于审理著作权民事纠纷案件具体应用法律若干问题解释》	2002年
	《关于办理侵犯知识产权刑事案件具体应用法律若干问题解释》	2004年
	《著作权集体管理条例》	2005年（2011年、2013年两次修订）
	《互联网著作权行政保护办法》	2005年
	《关于办理侵犯著作权刑事案件中涉及录音录像制品有关问题批复》	2005年
	《信息网络传播权保护条例》	2006年（2013年修订）
	《著作权行政处罚实施办法》	2009年

第四节 研究内容与创新

一 研究内容

本书从理论上分析著作权侵权法院判决的影响因素，基于2015—2020年中国各级法院公开的著作权侵权一审判决书数据，分析中国著作权侵权法院判决特征，在此基础上实证分析著作权侵权法院判决影响因素，发现著作权侵权司法实践中存在的问题，并提出相应的对策。研究内容共分八章，每章具体研究内容如下。

第一章，绪论。分析研究背景、研究意义，提出研究问题，阐述研究思路、研究方法，以及本书的研究内容、可能的创新。

第二章，著作权侵权法院判决文献综述。本章从法院法官决策模型的研究出发，对著作权保护的经济效应、行政司法保护的研究，著作权侵权法院判决特点的研究，著作权侵权法院判决影响因素的研究方面对相关文献进行梳理，并进行总结评述。

第三章，著作权侵权法院判决影响因素的理论框架。本章综合各种司法行为决策模型及理论，在法律制度、案件事实、当事人策略行为框架下提出中国法院判决影响因素理论，针对著作权侵权案件特点，将上述司法决策影响因素作用机制进行具体化分析，从《著作权法》的利益平衡机制，案件事实证据对法官形成的锚定效应，当事人资源形成的诉讼策略，权利保护与权利实现，结合信息不对称理论分析著作权侵权法院判决的影响机制。

第四章，著作权侵权法院判决特征统计分析。本章首先介绍著作权侵权法院判决的衡量标准及数据来源；其次从当事人身份类型、当事人有无代理律师、当事人法院属地、当事人诉讼持续时长、当事人侵犯作品类型、当事人侵犯权利类型对法院判决金额、法院判决比、原告胜诉率的影响进行比较分析。

第五章，锚定效应对法院判决金额的影响。本章研究原告诉求金额锚点对法院判决金额的影响，以此验证著作权侵权法院判决中的锚定效应。首先从理论上分析原告诉求金额锚点与法院判决金额的关系，原告诉求金额锚点对法院判决金额影响的路径；其次运用2015—2020年中国30个省（自治区、直辖市）各级法院公开的著作权一审司法判决书数据，检验著作权侵权法院判决中的锚定效应及法院判决遵循《著作权法》的利益平衡原则。

第六章，当事人诉讼定价能力对法院判决倾向的影响。本章从诉讼定价能力视角将当事人资源对法院判决的影响更推进一步，同时运用2015—2020年中国30个省（自治区、直辖市）各级法院公开的著作权侵权判决书数据信息，基于中介效应模型实证研究当事人资源、诉讼定价能力对法院判决的影响。发现当事人资源对法院判决的影响是通过诉讼定价能力来实现的，这一发现更为深入地解释了当事人资源影响法院判决的机制，有助于提高法院判决的公正性。

第七章，当事人策略性诉讼模式对法院判决的影响。本章在对策略性诉讼现象和行为特征进行分析的基础上，运用诉讼成本和收益理论建立模型分析当事人策略性诉讼产生的原因。在此基础上运用2015—2020年著作权侵权司法判决书数据信息，实证检验当事人策略性诉讼对法院判决的影响，发现著作权制度在司法实践中存在的问题，为著作权制度改革提供思路，有利于规制著作权策略性诉讼现象。

第八章，研究结论、政策建议与研究展望。本章总结研究的主要观点和结论，提出应采取的措施，为中国著作权制度及著作权立法、司法改革提出政策建议。

二 研究创新

在前人研究的基础上，本书的创新之处在于以下三个方面。

第一，拓展著作权侵权法院判决影响因素理论的研究。综合各种司法行为决策模型及理论，在法律制度、案件事实、当事人策略行为框架下提出中国法院判决影响因素理论，针对著作权侵权案件特点，将上述影响法院判决的因素进行具体化分析，从《著作权法》的利益平衡机制，案件事实证据对法官形成的锚定效应，当事人资源形成的诉讼策略，结合信息不对称、信息冲击分析著作权侵权法院判决影响因素机制。从法律经济学视角对著作权侵权诉讼法院判决影响因素进行系统本土化的研究，并运用2015—2020年著作权侵权司法判决书数据，进行了实证检验，为理论的研究提供了新的经验证据。

第二，验证著作权侵权法院判决存在锚定效应，并从当事人诉讼定价能力视角丰富补充了著作权侵权法院判决的研究。在已有研究中，鲜有学者将诉讼定价能力因素纳入分析，本书从诉讼定价能力视角将当事人资源对法院判决的影响更推进一步，利用中介效应模型实证分析法院判决影响机制，推进当事人资源理论的研究并提出了诉讼定价能力理论，提高了理论的解释力。在此基础上运用2015—2020年著作权侵权司法判决书数据信息进行实证检验，证明当事人资源对法院判决的影响是通过诉讼定价能力来实现的，推进了当事人资源影响法院判决的研究，解释了当事人影响法院判决的机制。

第三，探讨了当事人策略性诉讼模式对法院判决的影响。已有的研究主要从著作权相关法律制度研究策略性诉讼产生的原因，并没有规范地研究对法院判决的影响。本书在中国的司法背景下对策略性诉讼产生的机理和行为特征展开分析，在理论层面论证策略性诉讼模式产生的原因，运用著作权司法判决书微观数据对策略性诉讼对法院判决的影响进行定量分析，检验新闻事件冲击下策略性诉讼对法院判决的影响，丰富了已有对于《著作权法》及著作权相关法律制度运行机制和效率的探讨，为《著作权法》及著作权相关法律制度的改进提供思路。

第二章

著作权侵权法院判决文献综述

著作权保护制度既要激励作者进行创作,又要使公众能够接触到作品,实现激励与接触之间的平衡,确保思想的传播,促进科学文化的繁荣与发展,无论著作权立法还是司法实践都在寻求利益平衡。著作权自身的属性特征使法院判决与其他民事司法判决相比呈现出不同的特点。本章从法院法官决策机制的研究出发,对著作权保护的经济效应、著作权行政司法保护的研究,著作权侵权法院判决特点的研究,著作权侵权法院判决影响因素的研究等方面对相关文献进行梳理,并进行总结评述。

第一节 关于法院法官决策的研究

根据法官在司法决策中表现出的决策行为和模式,在理论层面形成了司法决策的法律模型、司法决策的态度模型、司法决策的策略模型、司法决策的制度模型和司法决策"选择假说"模型。

一 司法决策模型

(一)司法决策的法律模型

司法决策的法律模型认为法院法官依据法理、法律法条判决案件,不是依据法官的个人偏好和意识形态进行决策。法官在进行决策时,通过法律条文的规定，制定法律条文的初衷，或先前的案件判决结果，对相关案件进行解释说明并做出判决，即法院法官权衡各项法律规定及先前判例最终做出决策（西格尔和斯皮斯，2012）。

（二）司法决策的态度模型

司法决策的态度模型主要从法官司法意识形态角度分析对司法决策的影响。法官的政治立场、政策偏好、闲暇、声誉、价值观、权力感等各项意识形态因素会影响其投票行为，而传统上依据的法律法条居于次要地位，法官会根据最终的判决结果选择相应法律条文对其决策形为进行包装使其正当化。司法决策态度模型整合了政治学、经济学及心理学的理论观点和主张，是一项跨学科的研究，这个模型更多从美国联邦最高法院大法官的思想意识形态考虑对判决的影响，更多地适用于美国最高法院的决策研究，这是政治学领域具有重大影响的司法决策模型（Segal and Spaeth，2002；西格尔和斯皮斯，2012）。

（三）司法决策的策略模型

司法决策的策略模型在假定法官根据意识偏好投票的基础上，会综合考虑其他内部、外部因素进行决策。外部因素包括诉讼当事人、社会公众等因素；内部因素包括上级司法机关、政府及同事等因素。策略模型从理性人角度综合考虑所有因素对于判决的影响，进一步采取相应策略调整其投票行为，使其偏好实现最大化。

Epstein 和 Knight（1998）是策略模型的代表学者，研究了美国最高法院法官的司法决策行为，提出法官根据其他参与者的反应和偏好进行策略性地回应，尽最大限度实现其政策偏好最大化。此后，爱泼斯坦等（2017）学者从劳动经济学角度构建法官的效用函数，对法官理性选择理论进行分析和实证，检验影响法官效用函数，并对影响法官行为的各项因素进行实证计量分析，得出大部分法官都是按策略行为进行司法决策。

策略模型将司法决策视为目标导向或者结果导向的决策过程，以理性选择理论为基础，预设法官为理性人，研究司法环境与制度规则对司法决策的影响。策略模型是一个动态的过程，不仅受到个体意识形态偏好的影响，而且在司法决策过程考虑其他行为主体的策略，将法官决策的过程视为法官之间的策略互动或者法院与其他政治机构之间的博弈过程，法官在不同制度环境下调整自己的策略行为（王彬，2018）。

（四）司法决策的历史制度模型

司法决策的历史制度模型认为策略模型和态度模型存在一定的局限性，虽然法院及法官预先设定了一条既定的路线，但在实施过程存在一定的困难，在决策过程会出现一些突发的事件改变预设的决策。在关键时间点的事件决定着司法决策者及司法机关的行为，影响司法判决结果。

（五）司法决策"选择假说"模型

Priest 和 Klein（1984）从法律经济学角度提出"选择假说"理论模型分析司法决策行为。"选择假说"理论认为法院司法决策行为在很大程度上取决于诉讼当事人在选择诉讼或和解的策略选择，即前瞻性的诉讼当事人在明确法院法官司法态度的情况下，采取相应策略影响法院司法决策，该理论在一定程度上消除了法官意识形态对法院判决的影响。法院法官的判决标准、判决结果的不确定性、和解费用、诉讼费用、胜诉产生的收益等因素决定了当事人选择诉讼还是和解，这些因素进一步影响了法院司法决策行为。Lee 和 Klerman（2016）在其模型的基础上，在一定的假设条件下对其理论进行数理推导与证明，验证其结论的正确性。

Eisenberg 和 Farber（1997，2003）运用 20 万件联邦民事诉讼案件对选择假说理论进行验证，发现联邦政府作为原告或被告时影响法院判决结果，原告类型为公司时胜诉率也比较高。Yates 和 Coggins（2009）将选择假说理论模型和司法决策态度模型有效结合，考虑了当事人诉讼策略行为和法官态度偏好的影响，建立了一个司法决策的综合模型，对美国最高法院案件判决情况进行实证分析，评估了司法意识形态对美国最高法院判决结果的影响，并检验了诉讼当事人策略行为对法院判决结果的影响。发现当事人在最高法院上诉案件选择中具有策略性，会影响法院判决结果，法官态度偏好对判决结果既有直接影响也有间接影响。此后，Yates 等（2013）进一步分析了"选择假说"理论与态度模型的关系，发现对影响法院司法决策的机制解释，经济学角度的"选择假说"理论要好于政治学角度的司法决策态度模型。

二 司法决策构成因素

根据上述司法决策模型，司法决策构成因素大体可以类型化为法律、态度和理性三种要素。法律因素是指判决通过法律条文的形式体现出来规范依据，这是判决的前提，涉及司法决策的合法合规性。理性因素是指与法官判决有关的法律技术能力、逻辑推理能力及具备的法律专业知识能力，这些行为能力最终通过理性选择能力体现出来，为司法判决提供了合理性。法官进行司法决策时，需要考虑自身的偏好及集体的行为以及由此决定的个体利益与法官集体利益之间的关系，在维护集体利益的同时使自己的利益最大化，由此可以看出司法判决是法官理性选择的结果。

除此之外，在分权制度背景下，司法判决除了考虑司法系统法官群体利益和个体利益之外，还要考虑与其利益有关系的其他分支机构的利益关系。理性与法律以外的司法制度、政治制度、政党政治、法治环境这些因素通过影响法官的态度体现出来。态度与理性因素与法官的认知结构有关，但对法院判决的影响力度不同。法官态度主要与司法判决的庭外因素有关，理性因素由法官的专业技术能力、逻辑推理能力决定，法官在司法判决中相机决策，理性选择对其最为有利结果。法律涉及司法判决的合法性，是司法决策的前提，理性为司法判决提供合理性，态度通过意识形态反映了法律及理性以外的判决影响因素（李晓波，2021）。

中国实行人民代表大会制度，这种政治体制下，首先要在法律体系内寻求规范进行判决，对于具体法律适用情况由司法解释及案例指导，在此基础上决定了法院判决结果（曹士兵，2006），这就体现了法律因素占主导地位，而理性因素趋于从属地位。媒体公众意见（胡铭，2015）、认知流畅度（Susser et al., 2013；李学尧等，2014）、司法直觉（李安，2013）、司法潜见（白建军，2013）、司法生态（顾培东，2016）等因素，这些因素通过法官的态度体现出来。法律主导的因素确保了判决的合法性及合理性，但态度因素内嵌于司法过程对法院判决的影响也不容小觑（李晓波，2021）。

通过上述司法决策模型可以看出，法院及法官在形成司法决策时，主要从法律法条、政府部门偏好、公众的意见、诉讼当事人策略行为、司法决策产生的政治经济后果及司法制度成本收益等角度进行权衡考虑，司法决策行为结果使所有当事人处于相互容忍的区间。虽然不同的司法决策模型侧重考虑因素不同，但这些因素都会在相应的解释框架下相互作用，只不过在不同的法律体系、不同地区的法院、不同级别的法院及不同的时间段，其中一些因素会显得更加突出（徐霄飞，2018）。

第二节 关于著作权保护的经济效应及保护方式的研究

著作权作品具有类似公共物品的特点，如果不对著作权作品进行保护，无法阻止他人复制使用著作权作品，著作权人和出版商缺乏创作和传播的动力。著作权保护如果不足，无法激励创作者进行创作生产，影响著作权产业创新发展，著作权保护如果过度，则会影响社会公众接触著作权作品，限制著作权作品传播，影响演绎创造增量知识，进一步也会影响著作权产业创新发展。因此需要建立适度的著作权保护制度，既要激励创作者创作作品又能实现社会公众对作品的接触，需要平衡著作权作品创作者、出版商、传播者和使用者各方利益主体的关系，促进著作权作品的创作、传播与使用，实现著作权产业健康发展（黄先蓉和贺敏，2022）。著作权保护存在最优水平，不同的著作权作品在长期、短期及经济发展的不同阶段，著作权保护对著作权价值及著作权产业发展产生不同的影响，形成了著作权保护有益论、著作权保护怀疑论和著作权保护折中论等观点（魏建和田燕梅，2020）。

一 著作权保护的经济效应

（一）最优著作权保护水平

Plant（1934）最早用经济分析方法研究著作权保护对社会福利效应的影响，他认为如果著作权产品缺乏著作权保护会使著作权产品社会传播较高，著作权产品价格较低，创新回报不足，无法激励作者继续进行创作，但如果著作权保护较强形成垄断会使著作权产品社会传播较低，产品价格较高。为了避免著作权无保护或者过度保护导致的社会福利效应减少，需要采取措施使著作权保护处于一个利益平衡的状态，合理使用制度就是著作权利益平衡的精髓（冯晓青，2019；吴汉东，2020）。《著作权法》在激励著作作品生产的同时，对文化传播也具有重要作用，如果没有著作权作品的合理使用制度，缺少知识的公共领域，文化的延续与发展就会受阻。著作权作品的公共领域合理使用，可以增加知识的获取，增加表达的多样化，促进思想传播，有利于文化的延续发展，因此需要平衡私有权利与公有权利的关系，不能过度扩张私有权利而使公共领域合理使用受限，影响文化传播发展。利用著作权合理使用制度纠正交易成本过高等因素引起的市场失灵，使著作权人遭受的损失小于合理使用给公众带来的收益，由此提高资源配置效率（刘廷华，2014；王迁，2017）。

Landes 和 Posner（1989）、兰德斯和波斯纳（2016）运用模型分析了著作权保护对社会福利效应的影响，著作权保护较低的阶段，随着著作权保护水平的增加，生产的边际成本下降，生产者剩余增加，增加的幅度大于著作权保护造成的表达成本的增加、模仿者生产剩余的减少和消费者剩余减少三者之和，此时净福利曲线上升，但随着著作权保护水平继续上升，三者的减少大于原创者带来的福利效应的增加，净福利曲线下降。因此最优著作权保护水平就是著作权保护边际福利水平为零，社会福利达到最大化的著作权保护水平。

技术结构的变化，打破了著作权作品原有创作者、传播者与使用者之间的利益平衡机制（魏建和田燕梅，2020）。著作权作品的延续性使创作者不可避免地使用前人的表达，如果社会公众无法接触新的作品，那么创作者只能在公有领域作品中寻找创作灵感。因此，一个著作权强保护的社会，剥夺了著作权作品很多美好的东西，使著作权作品使用者的相对社会地位降低，使用者其实也是潜在的未来创作者，过强的著作权保护会减少未来著作权作品增加的公共利益。人本主义著作权保护体现为既保护私人权利又促进知识传播的二元立法原则，一方面保护创作者的权利自由，使其能够充分展现个人的能力，另一方面要适度地对公众进行权利限制，但也确保公众能够接近利用著作权作品（吴汉东，2013）。以人为本的理念，需要通盘考虑著作权作品生产、传播、使用、再生产的过程，平衡创作者、传播者、投资者与使用者各方当事人的权益（易继明和初萌，2022）。

（二）版权保护有益论

Besen（1987）从盗版侵权角度构建模型分析私人复制对消费者、生产者福利效应的影响，提出随着技术的进步私人复制成本降低，大量的复制损害了生产者的权利。Watt（2004）在此基础上构建了简单的离散时间模型，假定生产者与复制者厂商形成双寡头市场，分析生产者与复制者的最优策略，为著作权保护提供了理论基础，为制定反盗版制度提供依据。宋伟和阮雪松（2019）构建版权保护强度指标，研究版权保护对版权产业发展的影响，提出版权保护对版权产业发展有正面影响。著作权保护强度对图书出版业同样具有正向推动作用，通过对著作权保护强度进行测定，发现中国各地区著作权保护强度具有较大差异，著作权保护强度对图书出版业的影响进行实证分析，结果表明提高著作权执法保护水平可以有效增加图书销量，著作权司法保护强度是影响图书出版业效益最大的著作权保护因素（徐立萍，2019）。

陈能军等（2020）提出著作权保护、全要素生产率与经济增长有重要的关系。在知识—生产两部门模型的基础上加入著作权保护因素，分析了著作权保护对经济增长的传导机制，并进行实证检验，发现著作权保护通过两个途径影响经济增长，一方面著作权资源作为一种生产要素直接影响经济增长；另一方面著作权保护全要素生产率中介效应间接影响经济增长，进一步提出加大著作权保护，提高全要素生产率，推动经济高质量发展。

梁君等（2021）提出著作权保护强度对出版产业发展的机理，即完善的著作权保护制度可以激励著作权人进行创作，增加著作权自愿注册数量，促进出版业发展，实现版权强国建设。在此基础上构建著作权保护指标体系，实证检验了著作权保护强度与出版产业的灰色关联度，研究发现：中国著作权保护强度不断增强，著作权保护强度对音像制品、期刊、图书的出版量存在正向促进作用，但对于电子出版物促进作用并不显著。数字经济背景下通过完善著作权立法、加强著作权执法、规范电子出版物著作权市场管理促进出版产业发展。

（三）版权保护怀疑论

Nelson（1959）和 Arrow（1962）指出知识具有溢出效应，通过著作权保护，使创作者获得更多收益。Besen 和 Kirby（1989）、Varian（2000）研究发现著作权保护条件下，原创边际成本大于复制信息边际成本，知识分享传播对原创者是有益的。董雪兵和史晋川（2006）构建累积创新框架下的拍卖模型研究著作权制度的社会福利效应，得出书籍、期刊、音乐、计算机软件为主的行业可以适用宽松的著作权保护制度。周翼（2013）修正了兰德斯—波斯纳著作权模型，考虑了知识发展的动态特性，发现无论单部作品的净福利还是总福利都随着知识产权保护的加强而递减。

发展中国家如果著作权保护较强，将会阻碍其学习其他国家的技术，影响发展中国家技术进步，阻碍本国经济发展（Chin and Grossman，1988）。杨栋和凌六一（2019）根据不同市场条件著作权数字内容产品最优决策，建立了著作权保护成本函数，论证了著作权保护强度、著作权产品价格与著作权保护成本之间的关系，结果表明：对于垄断企业而言，消费者盗版厌恶度较高时，不采取著作权保护最好，当消费者盗版厌恶度较低时，盗版与不盗版市场最终利润相差不大，说明著作保护强度并不是越高越好。

（四）版权保护折中论

处于转型期的中国，长期均衡状态下较强的知识产权保护可以促进经济增长，但短期内较强的知识产权保护不利于经济增长，较弱的知识产权保护有利于经济增长（董雪兵等，2012；王军和刘鑫颖，2017；冯晓青，2019；魏建和田燕梅，2020）。姚林青和李跻嵘（2015）也得出类似的观点，认为短期适度宽松的著作权保护水平有利于激发创新动力，但长期还需要逐渐提高著作权保护水平，促进著作权产业发展。王俊和龙小宁（2016）为了考察著作权保护能否提升企业绩效，运用倍差法评估著作权登记制度对企业绩效的影响，发现实施著作权本地免费登记政策，有利于提高企业劳动生产率、利润水平和销售额增长率，著作权保护对与著作权联系越紧密的企业影响越大。王华（2011）使用内生增长模型引入知识产权因素，分析了知识产权保护对技术进步的影响机制，发现知识产权保护有利于技术创新，发达国家与发展中国家适用的最优知识产权保护力度不同。

著作权保护较强具有利弊两面性，好的方面体现在可以鼓励被保护企业的创新，增加被保护企业的利润，弊端体现在过强的著作权保护会阻碍知识的传播扩散，降低整个行业的创新生产率（Suzuki，2015）。知识产权保护要兼顾发展和创新的需求，要有足够的弹性，要有利于促进技术进步，促进公平竞争和文化繁荣发展，可以分门别类设定不同的保护强度，兼顾多样化和多层次发展的需求，实现科技的创新和产业的发展（孔祥俊，2014）。

曾鹏和赵聪（2016）利用中国数据实证检验了著作权数量与经济增长的关系，研究发现著作权数量可以促进经济增长，但并不是一直成正比关系。著作权保护强度要与经济发展相适应，不同经济发展的阶段要适用不同的著作权保护强度，由此促进产业结构调整、技术进步与经济增长。郭壬癸和乔永忠（2019）构建著作权保护强度指标体系，实证检验了著作权保护强度与文化产业之间的关系，研究发现：著作权保护强度与文化产业发展呈现"U"形关系，拐点值在2003—2004年，近年来著作权保护强度与文化产业发展成正比关系，提高著作权保护强度有助于增加文化产业发展绩效。

由此可以看出，不同的著作权作品在长期、短期及经济发展的不同阶段著作权保护对著作权价值及著作权产业发展形成两种效应，著作权保护对其产生的影响是不同的，形成了著作权保护有益论、著作权保护怀疑论和著作权保护折中论等观点。知识产权保护要与经济发展的阶段相适应，根据科技水平、国内经济发展情况调整知识产权政策（吴汉东，2016）。如果盲目实施高标准的知识产权保护，可能会陷入"创新陷阱"。发展中国家与发达国家技术与经济发展水平存在差异，知识产权保护在不同类型国家会有不同的绩效（陈凤仙和王琛伟，2015）。著作权的社会、经济、文化多元化特征，数字技术带来的著作权侵权新趋势、新特点及著作权产业变革发展，中国仍处于社会主义初级阶段的基本国情，决定了中国著作权要采取适度保护，既不能保护过强，也不能保护过弱。要兼顾各方主体利益，平衡使用各种执法手段，在多方博弈中产生并发展，与经济文化发展相适应（王骞，2020）。

二 著作权司法保护与行政保护

《著作权法》是随着技术进步与社会经济发展不断与时俱进的文化创新促进法。《著作权法》实施30多年来，先后经历三次修订，不断提高著作权保护，建立了中国特有的行政保护与司法保护并行的"双轨制"保护模式，形成四级（中央、省、市、县）著作权行政管理体系。著作权执法队伍不断壮大，行政执法强度、保护力度不断加大，执法机制逐渐健全（胡慧源和朱仲玉，2020）。党的十九大以来，著作权制度体系逐渐完善，创新引领发展，技术推进著作权制度变革，著作权行政保护与司法保护力度进一步加强（张洪波和付丽霞，2022）。在数字经济环境下，文化创作、生产、传播和消费全产业链建立在数字技术基础上（江小涓，2021）。数字技术贯穿于著作权创作、交易、流通、管理全链条，促进著作权产业数字化转型，与此同时也引发著作权制度变革，要完善著作权立法、行政执法体系建设，加快著作权产业数字化转型（张颖和毛昊，2022）。

（一）著作权行政保护的研究

在《著作权法》实施以前，著作权行政保护是著作权保护实践中唯一有效的保护方式，随着《著作权法》的颁布，著作权行政保护一直在《著作权法》中保存并延续。著作权行政保护效率高，执法成本低，具有司法保护不可替代保障权利和优化营商环境的作用。特别是随着网络技术的发展，著作权新载体不断涌现，由此也带来新形式的侵权行为，网络音乐、网络直播成为侵权的重灾区，司法保护具有高成本、滞后性的特点，行政保护应关注网络音乐授权、网络赛事转播等问题，承担起网络著作权保护的重任（阎晓磊，2020）。从各类知识产权战略纲要及规划政策文件来看，均对著作权行政保护与司法保护提出明确要求，共同实现著作权保护由"严保护、大保护"向"高水平"保护转变（张祥志和徐以恒，2021）。

关于著作权行政保护的研究主要集中在著作权行政保护的建立发

展、行政保护面临的机遇与挑战、行政保护的优缺点、行政保护未来趋势预判等方面展开。著作权属于私权，行政权作为公权介入会使著作权侵权人承担更重的法律责任（李雨峰，2020）。近年来，著作权执法强度加大，社会公众著作权保护意识提高，中国著作权侵权案件数量增多而且呈现逐年增加的趋势，行政处理模式效率高、方便快捷，可以快速解决著作权侵权纠纷案件，维护著作权权利人的合法权益。《著作权法》（2020）在原来行政执法的基础上，进一步完善执法机制、加强执法手段。比如，著作权执法主体扩大，由省级扩大到县级行政管理部门，加重了行政处罚力度，加强了著作权保护（杨利华，2021）。

（二）著作权司法保护的研究

著作权保护体系中司法保护处于主导地位，《著作权法》（2020）对损害赔偿制度进行改革。引进著作权使用费标准，明确了损害赔偿计算标准的先后顺序；借鉴《商标法》《专利法》关于惩罚性赔偿制度的做法，引入赔偿制度加大惩罚力度；除此之外，加大法定赔偿标准，将法定赔偿限额50万元提高到500万元，同时规定了法定赔偿额下限500元，与《商标法》《专利法》法定赔偿标准上限一致，也实现了与《民法典》的规定衔接（杨利华，2021）。

谢巧生和周克放（2021）以发案率（当年一审著作权侵权案件/前一年著作权登记量）与原告胜诉率（当年著作权侵权一审部分或全部支持原告诉求请求判决数/当年著作权侵权一审判决数）的乘积构建了中国著作权司法保护水平，实证分析了文化产业与著作权司法保护强度的关系。结果表明，著作权司法保护强度与文化产业发展呈现"U"形关系，著作权司法保护虽然影响文化产业发展，但并不具有决定性作用。中国著作权保护实行司法保护与行政保护双轨制保护模式，行政保护在著作权服务、著作权执法活动中也发挥着重要作用。

(三) 著作权行政保护与司法保护关系研究

中国实行著作权司法保护和行政保护"双轨制"保护模式，形成以司法保护为主导、行政保护为辅助的保护体系，与世界其他国家或地区相比，这是中国著作权保护的独特方式（冯晓青，2018）。司法保护是最基础也是最强有力的保护手段，行政保护程序相对简化、成本低、便捷及时、见效快（董亚丽和李泽泓，2020）。关于著作权行政保护与司法保护关系研究学界形成了以下三种观点，一种观点认为著作权行政保护不必要，可以取消行政保护，完全由司法保护替代。另一种观点认为应发挥司法保护的主导作用，精简行政保护体系。还有学者持相反的观点认为知识产权的行政保护有着司法保护不可替代的作用，应充分发挥行政保护的作用。

中国知识产权司法保护和行政保护模式存在保护程序独立化、保护机构重叠化、保护标准多样化的问题，在实际运行中缺乏效率性、衔接性和统一性。应发挥知识产权司法保护的主导作用，加强司法裁决对行政执法的指导，树立知识产权司法保护优先性、终局性和全面性的理念，形成共同的证据采集标准和办案程序规则（吴汉东和锁福涛，2013；曹致玮和董涛，2019；熊琦和朱若含，2020）。曲三强和张洪波（2011）提出在知识产权双轨制保护模式中，行政保护可以运用多种行政手段保护知识产权，提高保护效率，加强保护力度，有着司法保护所不具备的特点，针对行政保护制度及其执行现状存在的问题可以通过完善法律制度、改变执法方式、改善执法环境、开展综合执法等措施解决。汪曙华（2013）提出中国著作权行政保护体系的问题在于管理体制发展滞后，与司法保护的矛盾和不衔接，当前需要以司法保护为主导，精简行政保护体系。

著作权行政保护与司法保护是著作权保护的两种方式。著作权行政保护具有主动性、专业性灵活性及更高的保护效率，行政资源及权利的有限性决定了著作权行政保护与司法保护要进行边界设定，更好地使著作权行政保护与司法保护有效衔接，促进著作权保护整体效率的提高。著作权行政保护的边界设定需要注意两个方面：一方面需要发挥著作权行政执法保护具有优势的行政管理、行政惩罚、行政裁决领域；另一方面防止著作权行政保护权力扩张，进入不擅长的著作权司法保护领域范畴，引起著作权保护效率降低。设定著作权行政保护、司法保护边界，使两者有效衔接，共同促进著作权保护水平的提高（王立新和王之晓，2019）。

（四）著作权司法保护与行政保护存在的问题研究

当前中国著作权司法审判面临管辖法院高度集中、案多人少、司法救济不足；网络著作权刑事保护"重民轻刑""重行轻刑""运动式司法""选择性司法"，缓刑适用比例低且随意性较大、罚金刑适用偏执且任意等问题，可以通过优化司法资源配置、改进立法、完善诉讼技术等措施完善著作权保护制度（张健，2014；于志强，2014；张先昌和鲁宽，2016；杨加明，2017；徐宏和陈颖，2019）。

在图书馆著作权侵权案件中，法院并不认可援引"合理使用"条款，图书馆作为直接侵权人更难以在共同侵权案件中成功抗辩。根据对典型图书馆著作权侵权案件进行比较分析，当图书馆援引"合理使用"难以适用的情况下，可以援引"避风港规则"抗辩、"合法授权"抗辩、"权属"抗辩等事由更容易让法院采纳，为了免于被判共同侵权，图书馆需要严格审查数字资源供应商的授权基础（巫慧，2021）。

中国实行著作权司法保护与行政保护双轨制保护模式，虽然《著作权法》（2020）行政保护与司法保护强度都加大了，但是缺乏著作权行政保护与司法保护有机衔接的制度性规定，当发生著作权侵权案件时，如何协调通过司法保护追究民事责任与通过行政保护追究行政责任的关系？当前著作权制度没有规定，因此需要在著作权侵权案件实践的基础上做出相关的原则和程序性规定，使著作权司法保护与行政保护有效衔接，共同提高著作权保护水平（张祥志和徐以恒，2021）。

三 著作权集体管理组织与商业维权保护

著作权司法保护与行政保护在著作权保护体系中具有重要作用，但也存在保护成本高、保护范围有限等问题。特别随着数字技术的发展，著作权新载体不断涌现，侵权形式多样化，在一些领域著作权保护存在局限性。因此在行政保护与司法保护之外需要调动社会力量进行著作权保护。著作权集体管理组织①保护与商业维权保护是社会保护的两种形式，与著作权人与使用者直接交易相比，著作权集体管理组织在大量的著作权创作者与使用者之间架起一座桥梁，可以"润滑"著作权许可交易，降低著作权交易成本，提高著作权交易效率，形成规模经济，能够实现著作权社会保护的功能，进一步增加社会福利（Zhang，2016；许可和肖冰，2022）。商业平台具有较强的势力，可以监测侵权行为，并承担维权的成本，行使著作权集体管理的功能，这是孤立的个体著作权人所不具有的优势（张惠彬和王怀宾，2022）。

（一）关于著作权集体代理保护的研究

《著作权集体管理条例》2005年开始生效，其后2011年、2013年分别进行两次修订。著作权集体管理组织都具有自身优势，通过集体维权，可以降低社会治理和交易成本，解决著作权权利人与使用者的侵权纠纷（张光阳，2020；张洪波，2020）。虽然著作权集体管理制度取得了长足的发展与进步，但仍然存在授权与许可方式单一、组织管理低效、管理费用收取较高、利益分配比例不合理、信息公开透明度差、社会功能失位等问题（杨磊和杨建，2022），比如许可费用分配周期长达一年至两年，2020年还在分配2018—2019年的许可费用。

---

① 中国目前设立了五大著作权集体管理组织，分别为中国音像著作权集体管理协会、中国音乐著作权协会、中国文字著作权协会、中国摄影著作权协会、中国电影著作权协会。

特别是非著作权集体管理组织（俗称著作权小权利人）①的出现，使越来越多的著作权人主动脱离著作权集体管理组织（张惠彬和王怀宾，2022）。随着网络平台的加入，部分著作权人退出著作权集体管理组织，直接授权非著作权集体管理组织网络平台进行管理，通过直接授权的方式限制著作权作品的使用与传播，这说明著作权集体管理组织、著作权集体管理制度随着数字技术的变化并没有充分发挥出其预期的市场保护功能，使著作权人转向采取其他的著作权保护方式保护其著作权作品（许可和肖冰，2022）。

著作权集体管理行为从法律行为属性来看是信托行为，著作权集体管理制度经过30多年的发展取得了一定的成果，但其运行管理也存在很多的问题，其根源在于制度设计与信托属性相背离。采用数字技术创新治理方式，利用数字技术优势，通过"法律+技术"双向推动著作权集体管理，平衡各方利益，防止集体管理效益流失，完善数字技术环境下著作权集体管理制度（刘慧，2021；张惠彬和王怀宾，2022）。对于著作权集体管理存在的问题，也有学者提出采用延伸性集体管理的方式解决，即对没有加入著作权集体管理组织的著作权人作品进行管理，但《著作权法》（2020）并没有保留著作权延伸性集体管理制度的规定，这说明延伸性著作权集体管理制度在中国适用过程仍存在问题。

网络和数字技术的发展，引起了音乐产业网络化、数字化转型，颠覆了该领域传统的营收模式。"国际唱片协会"与"国际作者和作曲者协会联合会"②公布的数据显示，音乐产业的营业收入模式由唱片公司发行实体唱片，逐渐向唱片公司及其著作权代理公司对数字音

---

① 著作权小权利人指个体著作权作品权利人将著作权作品授权给非著作权集体管理组织，该著作权集体管理组织为著作权作品的小权利人，比如音乐作品权利人将音乐作品授权给上海灿星文化传媒股份有限公司、重庆索隆音乐文化传播有限公司、北京乐源知识产权代理有限公司等。

② 国际唱片协会全称 International Federation of the Phonographic Industry，缩写 IFPI；国际作者和作曲者协会联合会全称 International Confederation of Societies of Authors and Composers，缩写 ICSAC。

乐平台发放使用许可转变。在音乐产业网络数字化转型过程中，世界其他国家主要选择著作权集体管理组织间接向商业使用者授权，而中国音乐作品产权主体主要通过著作权代理主体（商业平台）独家许可直接授权①，并不选择著作权集体管理组织许可授权。是选择独家许可直接授权模式还是集体管理间接授权模式，这是中国和世界其他国家音乐产业转型最大的区别（李陶，2021）。

究其原因，著作权集体管理组织在著作权许可授权运行过程中，保障功能严重缺位，无法向下游使用者及上游著作权产权主体提供透明、高效、合理的集中许可机制（熊琦，2016；向波，2018）。无法实现保护著作权权利人的权益，平衡著作权权利人与使用者的利益，促进文化繁荣发展的功能（李陶，2021）。因此，上游著作权主体直接授权下游网络服务商使用，也存在部分使用者在未取得授权情况下采用"搭便车"的方式直接使用作品，这种直接许可授权的方式可以满足寻求更高回报的需求，也可以遏止下游使用者不付费的行为。当存在不付费使用的情况时，著作权人为了实现收支平衡或者营业增长，采用批量诉讼的形式谋求收益。

可以借鉴美国、欧盟、德国的做法，引入强制性著作权集体管理。通过著作权集体管理组织行使获酬权，或商业模式中的某项请求权，推动著作权权利人及使用者上下游产业在音乐产业转型过程中实现利益平衡与权利保护。从利益平衡价值实现而言，通过统一行使请求权，将分散的权利人、不同的付费标准相对统一化处理，减少批量维权与诉讼获利行为，建立良好的著作权市场环境，实现双方相互需求；从权利保护价值实现而言，组织机构的维权保护为权利人创造博弈优势，较好地维护著作权人的利益，满足权利人获取报酬的诉求，消除不付

---

① 中国音乐产业网络数字化转型大体经历四个阶段：2015年之前的"违法使用"转型初期阶段，2015—2017年"独家许可"转型过渡阶段，2017—2020年"独家许可+转授权"转型调试阶段，2020年后的"独家许可为辅+非独家许可为主"转型再调试阶段。三个标志性事件为其划分依据：2015年国家版权局发布《关于责令网络音乐服务商停止未经授权传播音乐作品的通知》；2017年国家版权局约谈境外唱片公司及国内主要音乐服务商，要求全面授权，传播音乐作品；2020年独家版权解除，各音乐平台可以相互授权。

费使用的情况（李陶，2021）。

智能时代知识共享冲击著作权集体管理观念，数字技术实现对著作权集体管理功能的替代，著作权集体管理制度存在太多漏洞，陷入"破窗效应"挑战。智能时代著作权集体管理组织的低效率受到前所未有的挑战，因此需要对中国现有法定垄断形式的著作权集体管理模式进行改革重塑（孟磊，2020）。从世界著作权集体管理组织形式来看，存在垄断和竞争两种模式。英美法国家采用竞争模式著作权集体管理，中国采用垄断模式著作权集体管理。垄断模式著作权集体管理组织国家有严格的设立标准和形式，中国著作权集体组织由国务院批准设立，受到著作权管理部门和民政部的监督管理。

针对著作权集体管理信息不透明、公开不及时的问题，著作权集体管理组织应结合自身特点，将其组织管理制度、会员权利义务、资产管理使用原则、执行部门机构及监督机制以成文的形式确定其章程内容，需要向著作权权利人、公众及使用者公开的信息，应定期按时公开相关信息。每年需要将上年著作权使用费分配及收到情况向著作权权利人进行报告。比如，著作权集体管理费用及其他费用提取数额及比例，著作权使用费收取的权利类型和使用类型，著作权使用费没有分配的部分数额等信息（李陶，2021）。

随着数字技术的迅速发展，著作权人可以通过数字技术手段实现对著作权集体管理功能的替代，著作权集体管理组织的功能被弱化，数字技术的应用可以实现对著作权作品使用情况进行计算统计。区域链技术成熟的运用，可以建立去中心化的著作权交易平台，让著作权人实现著作权登记、著作权存储、著作权交易等事项，这些大部分需要著作权集体管理组织完成的功能，著作权人通过著作权交易平台即可完成（王清和陈潇婷，2019）。

（二）关于著作权商业维权保护的研究

著作权人除了将著作权作品交与著作权集体管理组织授权管理外，有些也将著作权授权给非集体管理经营公司。当著作权作品受到侵权时，非著作权集体管理经营公司向法院发起诉讼，这种维权形式有时被称为商业维权（孔祥俊，2013；董伟威和童海超，2014；王好和曹柯，2020），这种商业维权保护称为平台商业保护，各地法院对此种情况认定、判决存在不一致性①。著作权人可以自己行使诉讼的权利，也可以委托专业经营代理公司发起诉讼，著作权许可存在多样性，市场化发展也并非无秩序。《著作权集体管理条例》第二十条规定著作权权利人委托著作权代理公司实施大规模许可并不属于非法集体管理范围，因此著作权权利代理公司基于自己名义行使权利由此认定为非法集体管理有待进一步商榷。如果仅以"行使权利"字面的解释无法满足实践的需要，因此需要对该条例第二条集体管理组织"行使权利"进行进一步解释，将著作权集体管理组织集体管理与著作权代理公司的许可行为进行区分，为实现竞争性的著作权集体管理市场提供法源支持（熊琦，2017）。

著作权人授权非集体管理经营公司，根源在于对著作权集体管理制度不信任、不了解或者此种方式使著作权人获得的预期收益更多。根据《著作权集体管理条例》，对非著作权集体管理要禁止，如果单方面对著作权进行垄断管理，则无法从根本上解决不同类型著作权作品的保护需求，单一的垄断会扼杀自由。但如果对非著作权集体管理组织不加限制，过度自由又会扰乱秩序。对于非著作权集体管理经营公司诉讼主体的问题，是放开还是严守，从利益平衡的原则而言，需要选择受限的有序而非自由的混乱（丁春燕，2019）。

从诉讼法角度而言，商业维权诉讼是一种信托关系，诉讼信托

---

① 2016年深圳场景公司诉上海颐和曼哈迪侵害作品复制权、表演权纠纷一案中，一审法院审理查明，深圳场景公司并没有取得著作权的转让授权，仅获得对播种者公司相应的著作权利在固定范围内进行管理的权利。深圳场景公司非著作权集体管理公司，因此并不能以自身的名义发起诉讼，因此法院驳回其诉讼。深圳声影及其关联公司深圳莱之鸟唱片有限公司在上海、北京、广东、浙江等全国多地针对卡拉OK歌厅发起上千起诉讼案件，上海知识产权法院、广东高院、江苏高院等法院认定深圳声影及深圳莱之鸟唱片有限公司为非法集体管理，驳回其诉讼。中国音像著作权集体管理协会：《上海知识产权法院终审判决非法集体管理》（https://www.cavca.org/newsDetail/919）。

理论是平台商业维权诉讼的法理支撑（王好和曹柯，2020）。根据平台商业维权的法律特征分为隐名型、担当型和信托型三类（董伟威和童海超，2014）①。不能简单以从多个著作权权利人处获得授权便认定为非法著作权集体管理。法院在审理过程中要审查著作权授权许可的模式、授权的内容、授权的期限、授权许可内容履行及许可使用费的支付情况，重点查看原告取得著作权权利的授权内容是否明确，权利链条是否完整清晰。如果有证据证明著作权小权利人仅获得诉讼权利，可以认定原告适格性存在问题予以驳回，如果著作权小权利人既获得著作权作品实体权利又获得诉讼权利，则可以以自己的名义发起诉讼。

从交易成本与收益的角度考察，按照责任规则理论②，商业维权诉讼有其存在的合理性与正当性（邓昭君，2015）。商业维权诉讼没有违背诉讼规则，也没有违反《著作权法》，原告搜集侵权证据材料，同时向多名被告发起诉讼，有效节约诉讼成本，以此实现规模经济效应获取高额利润（Balganesh，2013；Booth，2014）。

综上所述，著作权集体管理组织保护与平台商业维权保护两种规模化的保护模式均可以降低著作权人的维权成本和交易成本，提高收益水平，所适用的许可方式及对象各有侧重，两种方式相互补充，共同提高著作权人的收益（王好和曹柯，2020）。著作权集体管理组织保护与平台商业维权保护具有各自的优势，共同提高了著作权保护水平。

---

① 隐名型诉讼是指著作权权利人没有向维权人转让诉讼实施权也没有转让著作权实体权利，维权人只是受著作权权利人的委托开展调查侵权，搜集证据资料，以著作权权利人的名义向法院发起诉讼。担当型诉讼是指著作权权利人向维权人只转让了诉讼实施权，但并没有转让著作权实体权利，维权人受著作权权利人的委托以自己的名义向法院发起诉讼。信托型诉讼是指著作权权利人向维权人转让诉讼实施权和部分著作权实体权利，维权人受著作权权利人的委托以自己的名义向法院发起诉讼。

② 当产权交易成本较高时，产权市场交易存在障碍时，双方按照责任规则以损害赔偿的方式进行定价取代市场交易，为事后产权交易，责任制度是更有效的权利保护方式。

第三节　关于著作权侵权法院判决特点的研究

一　法定赔偿适用率较高

相关文献研究显示无论国内国外著作权侵权法定赔偿适用率均较高。Cotropia 和 Gibson（2014）对 2005—2008 年提交的近千件著作权案件进行编码实证分析，发现 69.71% 的案件采用法定损害赔偿的方式，法定损害赔偿是著作权权利人寻求补救的主要方式。2014年，中南财经政法大学知识产权研究中心统计数据显示，2008—2012 年，78.54% 的著作权侵权案件采用法定赔偿的方式（詹映和张弘，2015；吴汉东，2016），在此基础上中南财经政法大学知识产权研究中心继续对 2012—2015 年著作权侵权案件进行调研统计，99.62% 的著作权侵权案件采用"法定赔偿"的方式，"许可费倍数""违法所得""实际损失"的赔偿方式分别占 0.02%、0.15%、0.23%，93.29% 的著作权侵权案件原告并未对其主张的诉求金额进行举证，即使原告进行举证，法院也很少采信，因此有些原告主动放弃对赔偿额进行举证，要求法院采用"法定赔偿"方式进行判决，导致法院大量适用"法定赔偿"的标准进行判决（詹映，2020）。另据北京法院 2002—2013 年著作权侵权案件统计数据显示法定赔偿比例占案件总数的 98.2%（谢惠加，2014），2008—2012 年，中国侵犯著作权软件纠纷法定赔偿适用率达 94.5%（张广良，2014）。本书以 2015—2020 年全国 30 个省（自治区、直辖市）14825 份著作权侵权案件为样本进行统计，发现 99.17% 的案件按照侵权情节采用法定损害赔偿。

按照《著作权法》（2010）第四十九条规定，著作权侵权损害赔偿有三种标准，先后次序分别为依据权利人的实际损失、侵权人的违法所得、法定赔偿①，在著作权侵权案件中由于按照侵权人的获利、权利人的损失难以计算赔偿数额导致法定赔偿泛化，成为最常用的确定损害赔偿的方法。过多采用法定损害赔偿的方式，容易引起重复赔偿、同案不同判的问题（袁秀挺和凌宗亮，2014），引发版权蟑螂诉讼投机行为，使版权蟑螂发起大量诉讼案件并以此进行盈利（DeBriyn，2012；Sag，2015；Sag and Haskell，2018；易继明和蔡元臻，2018；李欣洋和张庆宇，2018），造成严重的司法资源浪费，背离《著作权法》的立法原则，因此根据法定赔偿确定赔偿金时要以全部赔偿为基础，不能让权利人进行反侵权经营，也不能让侵权人通过侵权获利（刘铁光，2008）。

Depoorter（2019）运用2005—2008年联邦法院近千件著作权案件数据信息，通过数理统计方法分析著作权侵权案件信息，对著作权法定损害赔偿进行全面实证研究，提出著作权侵权诉讼虽然80%的原告声称遭受故意侵权行为，但只有2%原告获得法院判定故意侵权的有利判决。法定赔偿使原告提出过高的侵权索赔，以便规避诉讼风险从被告那里获得和解，为了遏止原告机会主义诉讼大量适用法定赔偿，建议改革法定赔偿补救措施适用范围和程序，使原告诉讼成本增加，被告诉讼威胁减少。

Sag（2016）建立了2001—2014年联邦法院巡回法庭受理的著作权案件数据库，从理论和实践方面对版权蟑螂案件进行实证研究，通过统计大量案件数据发现近年来版权蟑螂案件以惊人的速度增长，共同虚名被告（Multi-Defendant John Doe，MDJD）诉讼成为最常见的著作权诉讼方式，涉及淫秽作品的著作权案件占新案件的50%以上。当事人发起诉讼的主要目的不是阻止非法活动或者寻求赔偿，而是为了获得诉讼收益，存在诉讼投机行为，淫秽作品侵权案件的指控特别适

---

① 《著作权法》（2010）为《中华人民共和国著作权法（2010年修正）》，下文同。《著作权法》（2010）规定法定赔偿是实际损失、违法所得无法确定的情况下，根据侵权情节合理确定不超过50万元的赔偿数额，酌定赔偿和法定赔偿适用情况类似，但酌定赔偿不受法定赔偿50万元最高额限制，即酌定赔偿可以超过50万元。

合此类诉讼模式（易继明和蔡元臻，2018）。Goodyear（2020）提出解决版权蟑螂的问题，需要降低《著作权法》规定的法定损害赔偿金，并对恶意侵权行为采取罚款措施。

法院法定赔偿适用率较高，一方面由于部分原告虽然进行举证，但是诚信不足，夸大被告非法获利或者自身损失，导致法院对其举证采信度降低，导致法官偏好法定赔偿；另一方面司法体制法官考核的原因使法官判决倾向求稳，法院法官受到"发改率"考核要求，为了避免出格，法官判决倾向保守，更愿意采用法定赔偿。在司法实践中应防止滥用惩罚性赔偿，限制法定赔偿在司法实践中适用的比例。法官要鼓励当事人积极举证，根据证据事实准确计算侵权人的获利或权利人的实际损失，考量侵权人的主观恶意行为，进行相应的惩罚性赔偿，以遏止、预防侵权行为的发生（孙那，2021）。

知识产权损害赔偿的适用性有先后次序规定，根据侵权人的获利计算损害赔偿结果较低，根据权利人的实际损害取得证明较为困难，建议以充分保障权利人的利益为基础，突破著作权侵权损害赔偿的先后次序（熊琦，2018）。对于著作权侵权法定赔偿制度规定模糊的问题，建议参照美国著作法的经验，对中国现行法定赔偿制度进行细化，使法定赔偿制度更加明确具体（王迁等，2016）。在法定赔偿下需要规范法官行使自由裁量权，恰当分配举证责任，强化法定赔偿惩罚作用，考虑侵权人的主观过错，避免重复赔偿（袁秀挺和凌宗亮，2014）。司法实践中法定赔偿存在很大的不确定性，确定法定赔偿金额需要考虑侵权性质、作品价值、作品类型、侵权后果、合理费用等因素综合确定，在不同地域根据经济的发展情况、行业发展空间要体现出合理差异，不低于权利人的许可使用费用和维权成本（孙海龙和赵克，2015）。

二 原告胜诉率较高，法院判决金额较低

中国著作权侵权法院判决存在原告胜诉率高、损害赔偿额低、赔偿数额缺乏个案差异的现象（夏强，2014；谢惠加，2014；詹映和张

弘，2015）。中南财经政法大学知识产权研究中心统计的2012—2015年11984件知识产权案件数据显示，著作权诉求支持率（法院判决金额与权利人诉求金额之比）约为25.6%，平均判决金额2.8万元，专利、商标的平均判决金额分别为9.8万元、3.2万元，远低于专利、商标等知识产权侵权案件法院判决金额和诉求支持率。99.62%的著作权侵权案件采用"法定赔偿"的方式，"超限额法定赔偿"（超过限额50万元以上的酌定赔偿数额）占著作权侵权案件的0.18%，"惩罚性赔偿"在司法实践中已经出现但适用很少，建议根据侵权损害结果取消法定赔偿的限额（詹映，2020）。本书以2015—2020年全国30个省（自治区、直辖市）14825份著作权侵权案件为样本进行统计，发现96.09%的案件原告胜诉，法院平均判决金额为23857.4元[①]，法院平均判决比（法院判决金额与原告诉求金额之比）为33.09%。

著作权侵权案件采用原告就被告属地审理的原则，大部分为批量案件涉及多家被告，如果判决金额较高会影响市场秩序和地方经济发展，法院在确定赔偿金额时较为谨慎，一般就低确定判决金额。另外随着著作权案件的增长，特别是批量案件的增多，法院倾向压低判决金额避免高额判决金额引发的更多著作权诉讼案件。虽然《著作权法》（2020）引入惩罚性赔偿，但是著作权侵权损害赔偿金额难以确定，司法制度导致法官倾向保守，惩罚性赔偿极少适用（詹映，2020）。

詹映和张弘（2015）运用一般的数理统计方法实证分析了侵权代价和维权成本，发现知识产权维权存在周期长的情况，但维权经济成本高的问题并不显著，由于举证难，法院过多适用法定赔偿标准确定赔偿额，侵权赔偿低的问题十分突出。权利人如果主张较高的赔偿额，可以提高证据证明力，加强举证，避免出现判赔与举证之间的恶性循环，建议解决举证难的问题，加大惩罚力度，提高侵权赔偿额（宋健，2016）。

---

① 剔除法院判决50万元以上的样本均值为14056.95元。

徐剑（2012）通过实证分析上海近十年 697 份网络知识产权判决书，发现中国司法系统高效完成了立法框架下的目标，但由于侵权赔偿额低、维权时间成本高等因素，权利人不愿意通过司法救济进行维权。另外，通过对 2002—2011 年各级法院 3004 份网络著作权侵权司法判决书进行研究，分析了涉外网络著作权侵权案件判决问题，发现虽然境外法人比境内法人、自然人获得更高的赔偿额和胜诉率，但是也付出了更多的经济成本和时间成本，诉讼获得的预期收益与实际收益存在较大差距，导致境外法人产生"厌诉"，境外法人网络著作权侵权案件所占比例显著下降（徐剑，2017）。

Favale 等（2016）收集了 1992—2012 年欧洲法院判决的著作权案件并进行编码统计分析，发现法院由于缺乏专业领域知识，没有形成统一的著作权法理学，法院通过分配系统把案件分配给指定专业法官，法院与法官制定了"相对平衡"的判决机制，一半著作权案件司法判决缩小了而不是扩大了著作权保护范围。

著作权维权成本高，举证困难，损害赔偿低，导致著作权权利人维权积极性较差，长此以往影响社会创新发展及文化繁荣（李扬和陈曦程，2020）。在正确认识知识产权市场价值的基础上确定损害赔偿金额，加大损害赔偿力度，保护创新成果和知识产权（李明德，2016）。已有的研究从制度层面对著作权侵权损害赔偿进行探讨，但著作权相关制度并没有彻底解决赔偿金额较低、法定赔偿适用过多等问题（蒋华胜，2017；曹新明，2019；石宏，2021）。解决这些问题一方面需要完善著作权相关制度，另一方面需要有明确的计算方法。

著作权定价是司法判决的关键，在著作权保护中发挥着重要作用，需综合考虑著作权市场定价、事前与事后谈判及定价对行为选择的影响等因素，静态与动态分析方法相结合，确定科学合理的定价方法，解决法院著作权侵权司法实践中著作权定价的问题（李兆轩，2022）。根据著作权权利属性及损害认知论确立著作权损害赔偿制度的逻辑基点，在遵循利益平衡原则的基础上，以立法论与解释论为完善路径，构建侵权获利、市场利润计算规则体系，推进著作权司法定价机制的规范化适用（杨涛，2020）。

当前中国著作权损害赔偿数额计算标准主要根据法定赔偿、非法所得、实际损失、许可使用费、酌定赔偿、约定赔偿及综合赔偿方法，为了提高著作权保护，应采取提升损害赔偿额度、增加计算标准等措施完善中国著作权损害赔偿数额计算标准，促进创新驱动发展（曹新明，2019）。吴汉东（2016）提出要根据著作权价值形态、价值载体、价值实现及价值变量等无形性特点，以成本加收益为判决基础，重塑著作权司法保护价值观念，建构损害赔偿司法判决的规范体系，形成以权利分类为基础的损害计量、以市场价值为基础的全面赔偿以及以补偿性赔偿为基础的损害赔偿制度。《著作权法》（2020）引入惩罚性赔偿制度，可以采取惩罚性赔偿制度解决著作权侵权赔偿额低的问题（李扬和陈曦程，2020）。

第四节　关于著作权侵权法院判决影响因素的研究

Priest and Klein（1984）在"选择假说"理论中提出诉讼就像一个过滤器，选择法律不确定、利益不对称、期望不对等的案件解决当事人的纠纷。判决结果如果从判决标准来看是不确定的，但如果从当事人的行为决策出发，判决结果具有可预测性，从当事人诉讼策略的角度，发现著作权侵权司法判决的一般影响机制。当事人根据预期判决结果、司法标准、和解费用、诉讼费用、胜诉产生的预期收益等因素调整决策，形成均衡行为（Priest，1980）。法院判决应当秉承客观公正的原则，但是不是存在特定的标准对原告还是被告当事人更为友好？根据法院司法判决实践和前人的研究，我们从当事人诉求、当事人资源、当事人类型主体特征、当事人代理律师、当事人属地、当事人多次诉讼及社会公众舆论等角度分析对法院判决的影响。

一　当事人诉求对法院判决的影响

Chapman 和 Bornstein（1996）提出司法决策存在锚定效应，原告诉求越多，法院判决也越多，以一种量化表达的锚点会影响另一种量化表达的决策判断。随后，Hastie 等（1999）、Marti 和 Wissler（2000）控制原告诉求金额、被告公司的地理位置及原告所在地等因素对法院判决的影响进行研究，同样发现原告诉求金额越多，法院判决金额也越高。在民事司法判决中，存在很强的锚定效应，似乎要求的越多，得到的也越多，如果想要获得大笔赔偿金，必须要求更多的赔偿金（Stein and Drouin，2018）。在控制参与者对原告和被告惩罚与经济损失理解的基础上，发现有意义的锚点比无意义的锚点更具有影响力，有意义的大锚点加大了损害赔偿；有意义的小锚点降低了损害赔偿，无意义的锚点对判决没有影响，当事人通过向陪审员提供有意义的锚点数据将会使判决更加公平合理（Reyna and Brainerd，2011；Reyna，2012；Helm et al.，2020）。

杨彪（2018）对司法判决中的锚定效应进行实证检验，发现不同类型的案件，法官对原告诉求的反应并不相同，大部分案件显示随着原告诉求金额增加，法院判决金额也会增加；但对于实际损失相对明确的案件，法官会有具体的判断，在这种情况下原告诉求金额越多，越远离真实损害赔偿金额，越会引起法官反感，感觉原告诉求离谱，从而做出远离原告诉求的判决结果。由此也可以看出锚定效应虽然无处不在，但启发方式具有边界条件，人们会在一定范围内受到锚点的影响，威胁力极高的锚点是无效的（Joel et al.，2017；Hans et al.，2018）。

台湾学者 Lin 等（2020）运用中国台湾地区诉讼案件数据资料，以 2000—2014 年律师代理的案件数量或者律师执业年限指标来衡量律师经验，运用最小二乘法（OLS）检验了律师质量对法院判决的影响，结果发现经验丰富的原告律师索要损害赔偿额高于经验不足的律师，原告的诉求对法院判决产生锚定效应，以此影响法院判决结果。

二 当事人资源对法院判决的影响

Galanter（1974）开创性地提出了当事人资源优势理论，提出

"富人"在财富、权势、地位、重复诉讼经验方面比"穷人"更具有优势,虽然司法审判体系制度安排公平、程序公正、司法独立、防范私权特权,但是"富人"在司法判决中仍处于有利地位。此后,Wheeler(1987)、Black 等(2019)通过对美国最高法院案例的实证研究发现,法律、法院、法官、诉讼当事人及其代理律师的特征会影响法院判决决策,法律制度设计并不一定完全向强者倾斜,有时也会偏向弱者。Haynie(1994)、Dotan(1999)、Haynie 等(2001)等分别对菲律宾、以色列法院司法判决进行研究得出一致的结论:出于政治原因,为了社会更加和平稳定,法律制度设计偏向弱者,法院判决时更倾向弱势群体,资源较弱的一方比资源丰富的一方赢得更多的案件。当事人类型、代理律师、属地是决定当事人资源的主要因素,下文将从当事人类型、代理律师、属地的角度分析对法院判决的影响。

(一) 当事人类型对法院判决的影响

传统上根据当事人拥有的地位、权力和资源分为优势者和劣势者,在最高法院的判决研究中,政府和企业因有更多的资源和更高的地位被列为优势者,而个人因资源较少、地位较低被列为劣势者。虽然对于优势者和劣势者的区分有很多的衡量标准,但最常用的方法是将当事人分为组织和个人,企业、政府部门都属于组织机构。Galanter(1974,2005)通过比较企业组织、政府机构和自然人的资源与权力,发现企业组织、政府机构处于优势地位,大量证据表明企业组织、政府机构拥有更多的财富资源,在法律诉讼方面有更多的经验,拥有解决疑难案件的能力,是诉讼案件重复的玩家。也有证据表明组织机构在每一种诉讼案件中,不管在哪个阶段,不管是作为原告或是被告,比个人拥有更好的表现(Dunworth and Rogers,1996;Szmer et al.,2020)。

在诉讼中,谁有能力向法院提供强用力的证据信息,就可以获得对自己有利的判决结果,大企业、利益集团或行业协会支持的企业可以做到,而个人从资源角度来讲是弱者,无法做到(侯猛,2015)。

Songer 和 Sheehan（1992）、McCormick（1993）、Szmer 等（2016）对上诉人成功的案例进行研究，也发现上诉者的成功率随着他们资源力量的增加而增加。

不同类型当事人对法院判决的影响存在异质性。Cotropia 和 Gibson（2014）对 2005—2008 年提交的近千件著作权案件进行编码并运用数理统计分析方法和计量分析方法进行实证研究，发现著作权侵权案件比其他民事诉讼案件更容易引起争议，存在复杂性和不确定性，诉讼时长比普通的民事诉讼长 37 天；无论原告还是被告，企业都是主要的诉讼当事人，当原告是企业时，被告获胜的可能性下降 70% 以上；当原告是个人时，被告胜诉的机会增加了六倍。原告为个人时，资源的禀赋效应导致拥有著作权的个人过高地评价自己版权作品的价值，无法客观预测胜诉的概率。Sag（2012）把当事人按个人和公司进行分类，对当事人的辩护律师质量赋值进行实证分析，并没有发现对著作权作品合理使用原则法院判决更有利于弱者的结果。张维迎和柯荣住（2002）以基层法院契约纠纷判决书为例，对企业类型对法院判决结果的影响进行研究，发现国有企业作为原告胜诉概率高于私营企业，政府部门作为被告时胜诉概率较高，政府的独特地位使它在诉讼中拥有明显的优势地位。

He and Su（2013）对上海法院 2724 份司法判决书进行实证分析，检验了当事人资源理论，研究发现在诉讼中资源处于优势者将胜于劣势者。诉讼当事人按社会地位和组织机构进行分类时，组织机构在诉讼中比个人有更好的表现，政府部门或与政府相关联的企业是最大的赢家，具有最强的优势，农民是劣势者中的最弱势者，公司和个人介于两者之间。资源丰富诉讼能力较强的当事人会在各类案件中重复出现。於勇成和魏建（2017）也发现国有企业、行政单位等与政府联系紧密的体制内当事人由于自身的资源优势，在诉讼中作为原告胜诉率高于个体、私营企业、民营企业等体制外当事人。徐剑（2017）对中国涉外网络著作权侵权案件进行研究，发现境外法人比境内法人、自然人有更高的胜诉率和赔偿金额，付出的经济成本和时间成本也高于境内原告。

由此可以看出,当事人类型影响胜诉率,政府、企业具有较强的讨价还价能力,在诉讼中无论原告还是被告胜诉率较高,个人诉讼定价能力较弱,在诉讼中处于不利地位,胜诉率较低。司法不平等的根源不仅在于资源的差距,还在于法律的根源和法院的性质。法律能够反映国家官员和领导人的价值观和利益,一些法律和规则是由政府相关部门订立,而且还受其解释。从法律本身就可以看出倾向于政府部门、国有企业和大型垄断企业,与一般的公众相比从法律的制定上处于有利地位,从立法的角度就会倾向其商业利益,法院判决时行政单位、国有企业处于较为有利的地位。

(二) 当事人律师对法院判决的影响

Sandefur(2015)提出律师用专业知识帮助法院遵循规则进行判决,律师的影响最大。Poppe 和 Rachlinski(2016)对律师是否重要进行研究,发现律师在侵权、住房、政府福利、家庭法、就业法、小额索赔、税收、破产等民事案件领域在法院判决中对当事人有正面影响。McGuire(1995)、Bailey 等(2005)、Shanahan 等(2016)对律师在美国最高法院决策中的作用进行研究,得出当事人有律师比没有律师会有更好的结果,律师可以更好地满足法院的信息需求,律师的参与影响了法官的行为,从而影响了判决的结果,大大提高当事人成功的可能性。

经验丰富的律师利用自己专业的知识向法院提供易于接受的有效信息,以使其证据更具有吸引力,从而影响法院中间派成员,并对法官的投票产生重大影响。McAtee 和 McGuire(2007)、Szmer 和 Ginn(2014)对法官专业知识、外部信息对法院法官决策的影响进行研究,检验了具有较少法律专业知识的法官是否更受律师能力的影响,研究发现随着法官专业知识的增加,律师对法院判决的影响降低,随着法官专业知识和律师质量的提高,法庭之友的影响趋于减少。

Szmer 等(2007)运用 1988—2000 年加拿大最高法院受理的上诉

案件数据，建立律师诉讼经验和诉讼团队规模指标，控制了当事人资源、案件领域和司法政策偏好，运用计量软件实证分析了律师能力对加拿大最高法院决策的影响，回归结果得出律师的诉讼经验、诉讼团队规模对最高法院的决策具有统计学上显著的正相关关系。Nelson 和 Epstein（2019）运用 1980—2017 年美国最高法院诉讼案件数据信息，采用因果推断的方法评估了环境相似情况下新手律师、经验丰富的律师与联邦政府更高质量律师进行辩论的结果，发现一般而言经验丰富的律师会取得更好的判决结果。Lin 等（2020）对律师经验对判决的影响进行研究发现，经验丰富的原告律师索赔高于经验不足的律师，也具有更好的判决结果。

Szmer 等（2016）运用 1997—2002 年上诉法院数据库信息，建立律师质量指标，运用 OLS 方法分析检验了"富有"的当事人是否雇用了质量更好的律师，同时结合对 60 多位美国上诉法院法官访谈数据，得出"富人"或重复参与者聘请了更好的律师，雇用更好的诉讼团队，使法院做出对其更为有利的判决；除此之外，重复参与者与法律体系的其他机构参与者建立了良好的关系，提高重复参与者的可信度，使法官对重复参与者的可信度提高，需要信息的法官更重视事实和对重复参与者提出的证据解释，即使控制了法官意识形态以后，结果仍然稳健。因此，在事实和规则影响法官的情况下，诉讼经验带来的可信度提高将影响判决结果（McGuire 1995）。

叶斌（2019）提出律师水平是影响判决结果的主要渠道，本地当事人为了维护市场声誉，出于声誉机制的考虑，通过聘请高水平的律师，提高胜诉概率，降低判决结果的不确定性。

（三）当事人属地对法院判决的影响

当事人属地对于法院判决的影响形成两种观点：一种观点认为当事人属地影响法院判决；另一种观点认为当事人属地因素对法院判决的影响并不大。

张维迎和柯荣住（2002）以基层法院契约纠纷判决书为例对地域

对法院判决结果的影响进行研究，发现当地企业的胜诉率比外地企业高，当地原告对外地被告时原告胜诉率最高，外地原告对当地被告时原告胜诉率最低。由此可以看出地域差别影响原告胜诉率，存在地方保护主义。龙小宁和王俊（2014）以知识产权案件为样本考察了原被告与审理法院属地关系对法院判决结果的影响，发现一审诉讼原告与法院所在地是否一致对于原告能否获得有利判决具有显著的正面影响，但是二审中并没有发现类似的结果，通过对司法地方保护影响的机制研究发现，加大对外开放有助于降低司法地方保护主义。於勇成和魏建（2017）发现本地当事人更易于接近本地体制核心，获取相关诉讼资源，本地原告在司法判决中胜诉率更高，同时发现当事人律师为本地人也能够提高其胜诉率。

徐剑（2017）以网络版权诉讼案件为样本，对原被告与审理法院的属地关系对诉讼主体胜诉率的影响进行研究，并没有发现地方司法保护主义，但细节方面仍然可以看出司法保护的痕迹，比如法院对本地原告经济赔偿诉求支持力度更大，法院判决比更高，被告为事业单位、政府部门时裁判更为温和。叶斌（2019）按照律师的学历、从业时间以及是否为律师事务所合伙人对律师水平进行划分，验证司法是否存在地方保护主义，提出原、被告当事人律师水平是影响判决结果的主要因素，原、被告当事人所在地因素对法院判决的影响并不大。当地企业隐性收益促使其加大诉讼投入，当地企业胜诉并不一定是司法不公平的结果。

三 当事人多次诉讼对法院判决的影响

同一原告基于类似案由向多名被告发起关联案件诉讼，称为批量案件，中南财经政法大学知识产权研究中心统计的 2012—2015 年 11984 件知识产权案件（著作权案件 6705 件）数据显示，85.12% 的著作权侵权案件为批量案件，这些案件大多采用法定赔偿的方式，法院判决结果和理由高度相似，判决金额也普遍较低（詹映，2020）。

音乐短片小权利人也是批量诉讼的发起者。音乐短片小权利人批量诉讼呈现可复制性强，模式单一；法院判决标准不统一；挑选地区诉讼，各地案件数量不均衡；KTV 经营者败诉率高的特点。各地之间赔偿数额差距较大，案件相对集中的地方一般是著作权小权利人成功诉讼并赔偿金额较高的地方。随着著作权小权利人案件的批量激增，各地区采取各种方式降低此类案件数量，这种方式不仅使案件处理趋于复杂，而且加剧了判赔不统一的问题。虽然最高人民法院对该类案件[1]维持每首音乐作品 100 元赔偿金额，在一定程度上缓解了各地方判决金额不统一的问题，但仍然存在很多法律适用问题。即使每首音乐作品 100 元，甚至 100 元以下，仍高于著作权集体管理组织的分摊到每首音乐作品的许可使用费[2]，使著作权小权利人放弃许可授权方式传播作品，选择将著作权权利卖给规模诉讼的著作权代理机构，利益驱动之下，著作权小权利人选择退出著作权集体管理组织（陈为，2021）。

Galanter（1974，2005）提出"富人"通过重复多次诉讼累积诉讼经验影响法院法官决策，使法院做出对其更为有利的判决。大部分学者对当事人资源优势理论的研究通常只考察诉讼当事人自身资源情况，Songer 等（2000）研究了资源水平较低诉讼当事人得到利益集团的帮助对法院决策的影响，发现利益集团对低资源水平一次性诉讼当事人的干预会抵消重复诉讼当事人所具有的优势。先前的当事人资源理论没有考虑由利益集团会改变重复参与当事人的优势地位，而且也没有控制利益集团作为法庭之友对法院决策的影响。虽然资源水平较低的个人作为单次诉讼当事人在最高法院胜诉的概率较低，但通过利益集团的干预可以大大提高他们获胜的机会。大部分利益集团是重复诉讼的参与者，其律师在诉讼方面有较强的专业知识，利益集团的加

---

[1] 最高人民法院（2019）最高民法申 910 号再审裁定书。
[2] 以 2020 年为例，中国音像著作权集体管理协会管理音乐作品数量 188781 首，按 10 元/包房/天向中国音像著作权集体管理协会缴纳许可作用费的经营者，如果拥有 50 个包厢，受到小权利人起诉时，按照向中国音像著作权集体管理协会缴纳的许可使用费计算每首歌曲赔偿数额为 $50 \times 10 \times 365 \div 188781 \approx 0.97$ 元 。

入使资源有限的单次诉讼当事人变成诉讼经验丰富的当事人,"穷人"也能够在诉讼中胜诉(Moyer et al.,2020)。

Sag 和 Haskell(2017)对美国版权蟑螂案件进行详细分析,发现原告利用信息不对称、诉讼成本较高、法定损害赔偿等与侵权者或无辜者进行和解。法定赔偿是版权蟑螂存在的重要因素,他们对法定赔偿具有较高的热情,通过法定赔偿来恐吓和骚扰大量被告。法定损害赔偿激励原告发起诉讼,浪费司法资源,这与美国版权法的立法初衷是相悖的(DeBriyn,2012)。法定赔偿制度是引起版权蟑螂发起诉讼的重要原因,据统计每张摄影作品判决金额大约 0.42 万元,在根据侵权人违法所得、权利人的实际损失难以确定的情况下,大部分法官采用法定赔偿的形式。当大部分版权蟑螂发现图片作品的诉讼价值时,批量发起诉讼案件,创造更多的诉讼收益(李健,2021)。

版权蟑螂是在著作权作品中获得特定利益的实体,不是作品的创造者、发行者、表演者,而是在著作权市场上的运作者,他们的行为并不违反诉讼规则,也并没有违反版权法,但是存在诉讼投机行为,影响到普通用户和创新者。《著作权法》的目标是实现在激励创新与使用之间寻求平衡,但是版权蟑螂的出现破坏了这种平衡(Balganesh,2013)。只要版权蟑螂诉讼模式是成功的,版权蟑螂就会存在。如果要解决该问题,通过修改《著作权法》,制定法定诉讼理由,禁止版权蟑螂采取法律行动,使版权蟑螂放弃诉讼,减少向联邦法院提出版权诉讼案件的数量(Alderfer,2014)。或者每当涉及群体共同侵权时,可以将《著作权法》对每件侵权作品的最大追偿作为限制原则,一旦同一群体中其他人因为侵权支付了总计 15 万美元的和解金,要求原告停止对其他被告提起诉讼,阻止原告获得超过 15 万美元的上限赔偿,这种方法解决了原告多次追偿的风险(Booth,2014)。

中国版权蟑螂发起多起诉讼尚处于初级阶段。孙芸(2013)通过对华盖创意(北京)图像技术有限公司多次诉讼分析发现当事人非诉讼和解所占比例几乎为零，诉讼调解所占比率下降，判决所占比率大幅提高，法院判决金额逐年下降。李欣洋和张宇庆（2018）对诉讼当事人北京三面向版权代理有限公司（以下简称三面向公司）诉讼案件进行研究发现，当事人向大量使用者发起诉讼，请求法院进行法定赔偿，通过对诉讼案件裁判文书进行分析，发现法院也判了较高的赔偿金额。毛昊等（2017）基于2000—2014年专利一审诉讼案件数据实证分析了专利蟑螂诉讼模式，提出中国专利蟑螂诉讼模式基本特征为发起多次诉讼，通过索要较低赔偿金额累积诉讼收益，专利多次诉讼法院判决具有低赔偿额、高胜诉率的特征。重复多次诉讼造成司法资源过度使用，浪费司法资源，降低国家司法保护运行效率。全媒体时代摄影作品著作权侵权案件数量激增，甚至出现"版权蟑螂"现象，其主要原因在于《著作权法》立法关于摄影作品的条款存在制度缺陷，司法实践对摄影作品的独创性认定标准较低。建议在著作权中增设"照片"邻接权，在司法实践中提高摄影作品的独创性认定标准，解决摄影作品著作权保护问题，促进著作权作品传播使用（孙昊亮，2021）。

对于版权蟑螂的问题，有学者认为将著作权保护视为商业开发模式，以利益最大化为著作权保护策略。视觉中国将维权变为销售，在诉讼判决前与被告达成合解，将其变为签约合作客户，最终通过法院判决生效的不足0.1%（夏子航和王雪青，2018）。视觉中国有一套"鹰眼"系统，可以对公司享有著作权的图片追踪使用情况，对图像进行对比，同时可以提供在线侵权证据保全功能，通过人工智能发现侵权行为，进行取证，精准锁定侵权对象。

数字经济时代，版权蟑螂多次规模化诉讼破坏了著作权的激励机制，浪费国家司法资源，影响社会创新，对于版权蟑螂的问题，基于著作权集体管理制度视角，可以通过建立著作权线上交易系统，进行平行授权等方式规制版权蟑螂大量滥诉行为，推进著作权治理体系、治理能力与时俱进（杨磊和杨建，2022）。同时需要提高社会公众著作权意识层面素养，著作权素养的意识形态取决于社会公众的认同与信仰，从思想意识形态上将著作权保护作为著作权创作、使用的规范和判断准则。如同在互联网发展初期，盗版音乐十分盛行，经过一段时间的引导与治理，公众著作权付费使用意识提高，著作权保护意识增强（刘彤，2019）。明确版权蟑螂的认定标准，对于版权蟑螂需要明确其认定标准，法院通过认定标准明确版权蟑螂的主体范围及商业策略，在著作权侵权案件中加强对诉讼主体资格审查，如果只转让诉讼权利，则适格性存在问题，需要降低法定赔偿数额，减少版权蟑螂诉讼动机（杨磊和杨建，2022）。

四 其他因素对法院判决的影响

法院法官思想意识形态对司法决策具有重要影响，有时甚至大于当事人在资源和经验上的差异（Songer and Sheehan，1992；McAtee and McGuire，2007）。Sag 等（2009）研究了法官的司法意识形态对知识产权案件判决的影响，与普遍的观点相反，他们发现越是保守的法官，越可能赞成和执行知识产权的权利，当然司法意识形态对案件判决结果的影响仅限于最高法院案件。而 Beebe（2008）对 200 多项版权合理使用的判决进行研究，并没有发现法官的意识形态与合理使用辩护的判决之间呈现显著关系。

Dalla Pellegrina 等（2017）研究了政治因素对法院判决的影响，发现欧洲国家大部分法院在政治上中立的假说是错误的，法院判决受到政治变量的影响，与其他法律学者观点不同的是，比利时法官对政治因素的反应并不强烈，法院判决并未受到政治因素的影响。Rachlinski 等（2017）对 2200 名法官进行了 25 个不同的实验，评估了法官的政治意识形态是否会影响案件的判决，结果发现法官的政治意识形态对司法决策并没有形成较大的影响。Box-Steffensmeier 等（2013）提出利益集团对最高法院法官投票的影响具有异质性，与其具有密切关系的群体对法院法官投票产生较大的影响，而与其关系不紧密的群体对法院法官投票影响较小，法官的决定反映出各群体的相对权力。

Levinson 等（2017）提出法外因素会影响法院判决，比如法官和诉讼当事人的人口特征影响法官的决定，法官会对与其相似人口特征或使其更有同情心的诉讼当事人做出更有利的判决，另外，法官的直觉推理也会影响其决策行为。Bushway 和 Piehl（2001）、Bowie 等（2014）、Curry 和 Miller（2015）、Garoupa（2018）、Tillman 和 Hinkle（2018）通过已有研究发现法官的意识形态、年龄、性别、种族、宗教、语言和专业背景会影响其决策行为，不同的个人属性被考虑为解释世界各地司法政策的偏好。新法律主义以法律规则为中心，但也承认法律并非完全自治，法院判决受到个人偏见、政治、性别种族等因素的影响（王彬，2018）。

法定的量刑情节以外，案件社会结构因素，比如当事人的性别、职业、学历、年龄等案件社会结构，也会对法官判决产生重大影响（胡昌明，2018）。量刑规范化试图通过统一量刑标准、规范量刑步骤方法实现同案同判，但法官认知的机制、量刑决策的本质及司法环境决定了量刑规范化只能减少但并不能消除法外因素对量刑的影响，可以借助算法与大数据技术控制法外因素引起的量刑偏差（劳佳琦，2022）。Wistrich 等（2014）采用实验方法，检验法官认知偏误与个人情感法外因素对判决的影响，发现情感因素对法官判决产生重要影响。王志远（2016）以美国联邦最高法院司法判决方向为因变量，以法官政策偏好、公众心态及下级法院既有判决倾向为自变量，发现公众对最高法院判决的影响基本可以忽略不计，下级法院的既有判决、法官的政策偏好比公众心态更具影响力。锚定效应、损失厌恶等行为认知偏误也会对法官决策起到关键作用（Rachlinski et al.，2017）。甚至认知流畅度法外因素也会影响法官判决，认知流畅度高，有利于形成正面积极决策；认知流畅度低，容易增加负面结果概率（李学尧，2014）。总体来说，优秀的法官会降低法外因素的影响，做出更公正的判决。

第五节　文献评述

通过分析各种司法决策模型可以发现，法院判决结果受到法律法条、法官意识形态、公众的意见、诉讼当事人策略行为、政府部门偏好、预期产生的政治经济后果及司法制度成本收益等因素的影响，在相应的解释框架下各种因素相互作用，在不同的法律体系、不同地区的法院、不同级别的法院及不同的时间段，其中一些因素极为突出地影响法院判决结果。

著作权属于无形资产，兼具私权和公权的属性，其无形性、垄断性、使用价值的衍生性特点决定了其保护制度的特殊性。既要避免形成较强垄断，降低著作权产品社会传播，无法使公众接触，又要避免著作权无保护使创新回报不足，导致社会福利效应减少，影响著作权产业发展。在社会经济发展的不同阶段，著作权保护制度设计也存在较大差异，应根据科技发展水平、国内经济发展状况调整著作权制度，当科技发展水平、国内经济发展水平较低时，可以采取弱保护制度，确保著作权产业快速发展，当经济实力较强时，著作权产业发展处于较高水平时，可以采取强保护制度。一直以来著作权保护制度是理论与实践受到广泛关注的重要问题。

中国著作权实行司法保护、行政保护"双轨制"保护模式，应妥善处理好行政保护与司法保护的关系，对行政保护与司法保护进行有效衔接，提高著作权整体保护效果。著作权侵权法院判决存在法定赔偿适用率高、损害赔偿金额较低的问题，与著作权具有无形性特点、当事人获取证据较为困难、损害赔偿难以计算有很大关系。法定赔偿适用率较高，法官在司法实践中拥有较多的自由裁量权。

关于法院判决影响因素的研究，国内外学者主要从当事人诉求、当事人资源、当事人代理律师、当事人属地、当事人多次诉讼、法官意识形态等角度进行探讨。国外学者大部分以美国为研究对象，对中国是否适用有待于进一步证实。无论著作权法律制度还是司法体系，中美两国存在较大的不同。美国《著作权法》规定法定赔偿范围在750美元至15万美元之间，权利保护力度较大，损害赔偿相对较高。因网络空间权利边界不明确，侵权现象较为严重，且对侵权行为处罚力度较大，导致侵权成本较高，比如Righthaven公司经历多次败诉宣告破产。中国《著作权法》（2010）规定法定赔偿不超过50万元①，但实际损害赔偿远低于50万元，侵权行为处罚力度较小，侵权成本较低，法院判决存在较大不同。

结合著作权侵权法院判决的研究进展，按照本书研究的初衷，在中国司法审判制度体系下，发现中国著作权侵权法院判决研究有以下需要改进的地方。

第一，经济学或法学领域对著作权侵权法院判决影响因素的研究，大部分学者分别从法律模型、态度模型、策略模型、制度模型、"选择假说"模型角度解释法院法官决策行为，侧重一元分析。司法决策模型的建立需要依据本国司法制度和司法行政化的事实，对案件事实特征进行量化设计，中国与欧美西方国家实行不同的司法制度，因此在借鉴国外司法决策模型的基础上，针对中国的司法体制与司法实践建立适用中国的司法决策理论。本书将前人的研究更推进一步，综合各种司法行为决策模型，在法律制度、案件事实、当事人策略行为框架下提出中国法院判决影响因素理论，从多因素角度分析研究法院判决影响因素。结合《著作权法》利益平衡机制，锚定效应理论、当事人资源理论、信息不对称理论分析著作权侵权法院判决影响机制。

第二，国内学者对于著作权侵权法院判决的研究大部分利用宏观数据，以定性分析为主，或者选取一些省市样本数据进行简单数理统计实证分析，缺少规范实证分析数据支持。著作权司法判决书可以从微观视角考察法院判决情况，是研究法院判决直接有效的信息来源，通过对大量案件的研究可以看到理论研究无法观察到的影响法院判决的因素。本书利用判决书微观数据，运用计量模型，实证检验著作权侵权法院判决影响因素，从更深层次了解著作权侵权法院判决影响机制，对于当事人采取有效策略具有重要意义。

第三，国内外学者实证检验了当事人资源理论对法院判决的影响，

---

① 《著作权法》（2020）将法定赔偿限额50万元提高到500万元，同时规定了法定赔偿额下限500元。

更多地关注哪些因素有利于当事人胜诉，但并没有进一步分析当事人资源影响司法判决的决策机制，本书从当事人诉讼定价能力视角丰富补充了著作权侵权法院判决决策的研究。在已有研究中，鲜有学者将诉讼定价能力因素纳入分析，本书从诉讼定价能力视角将当事人资源对法院判决的影响更推进一步，利用中介效应模型实证检验法院判决影响机制，推进当事人资源理论研究的同时提出了诉讼定价能力理论，提高了理论的解释力。

因此，在分析著作权侵权法院判决影响因素理论的基础上，结合中国著作权侵权司法实践，从法律经济学视角，运用计量模型，实证检验相关因素对法院判决的影响，发现著作权侵权司法实践存在问题，检验《著作权法》（2020）的修改是否适用经济社会发展，这是著作权侵权法院判决研究需要突破和解决的问题，也是本书和已有研究的差异。

第三章

著作权侵权法院判决影响因素的理论框架

本章综合各种司法行为决策模型及理论，在法律制度、案件事实、当事人策略行为框架下提出中国法院判决影响因素理论，针对著作权侵权案件特点，将上述影响法院判决的因素进行具体化分析，从《著作权法》的利益平衡机制，案件事实证据对法官形成的锚定效应，当事人资源形成的诉讼策略，结合信息不对称、信息冲击理论分析著作权侵权法院判决影响机制。著作权无论立法还是司法实践都具有自身的利益平衡机制。司法量化决策也会受到锚定效应的影响，原告诉求金额、法定最高50万元限额、当事人身份类型等因素形成外生锚点，法官工作压力、庭审方式等因素形成内生锚点，影响法官判决决策。根据当事人资源理论，当事人身份类型、当事人代理律师、重复多次诉讼及当事人属地等因素也会影响法官司法量化决策。在信息不对称、信息冲击的情况下，法院会采取规避风险的态度防止消极后果的发生。法官综合考虑各项因素，按照既定的规则（法律制度），评估预测可能出现的后果，考察可以采取的方案，做出着眼于未来的判决。著作权侵权法院判决影响因素理论还需要进一步的考察，接下来几章会对其中的作用机制进行进一步的实证检验（见图3-1）。

```
著作权侵权法院判决影响因素理论
├─《著作权法》
│  ├─立法利益平衡机制
│  └─司法实践利益平衡
├─锚定效应理论
│  ├─外生锚
│  │  ├─原告诉求金额
│  │  ├─法定50万元赔偿额
│  │  ├─当事人身份类型
│  │  └─人民陪审员
│  └─内生锚
│     ├─法官工作压力、工作经验
│     └─庭审方式、案件审理难度
├─当事人资源理论
│  ├─当事人身份类型
│  ├─律师
│  ├─重复多次诉讼
│  └─当事人属地
└─信息不对称、信息冲击
   ├─规避风险
   └─从低定价
```

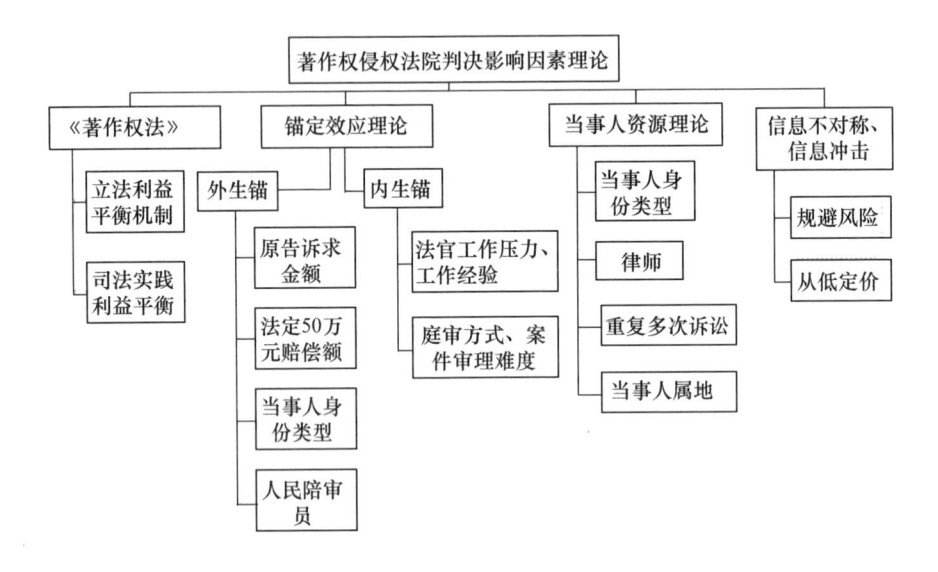

图 3-1 著作权侵权法院判决影响因素理论框架

第一节 中国法院判决影响因素理论

根据法官在司法实践中的表现，形成了司法判决的法律模型、态度模型、策略模型、制度模型，分别强调从法律法条、意识形态、内外部因素、司法制度环境等角度解释法院法官决策行为。波斯纳（2008）对于法官如何思考，从实证角度提出了司法决策行为的九种理论，具体包括态度理论、法条理论、战略理论、经济学理论、心理学理论、社会学理论、实用主义理论、组织理论和现象学理论。法官是市场的劳动者，作为一个理性人，法官也会积极追求自身利益最大化，受到晋升、价值观、闲暇等因素的影响，特别在审判时间紧任务重，追求时间效用的情况下，法官有时会考虑顺从民意进行判决（陈林林，2018）。司法行为的经济学理论把法官视为理性的、经济效用最大化者，他有自身的效用约束函数，受到权力、名誉、自尊、特权、晋升、收入、休闲、工作获得的快乐及其他方面的满足等因素的制约，

（爱泼斯坦等，2017）。

上述影响司法判决的机制理论侧重一元分析，大多以西方国家的法律制度环境、司法体系为背景。中国与欧美西方国家实行不同的司法制度，因此在借鉴国外司法决策模型的基础上，针对中国的司法体制与司法实践建立适用中国的司法决策理论。西方国家法律制度是判例法形式，司法实践按照判例法进行判决。法官进行决策时需要考虑政党出身、利益集团等因素。法官所属不同党派，具有不同的意识形态偏好，形成不同的判决结果。中国法律是成文法形式，司法实践按照具体法律条文进行判决。法官判决"以事实为依据，以法律为准绳"，在原告提供充分证据的基础上，法官依据法律条文形成最终的判决结果。当一些典型事件发生后，新闻媒体、社会公众会对焦点问题做出反应，法院判决结果也会受到社会舆论的监督。

基于上述研究基础，根据中国著作权法律制度及著作权的特点，我们将前人的研究更推进一步，综合各种司法判决模型考虑到当事人及法官信息不对称的因素，在法律制度、案件事实、当事人策略行为框架下提出中国法院判决影响因素理论，从多角度研究中国法院判决影响机制。对于加强法官司法决策的合理性、正常性，促进法院司法决策的科学化，具有重要的现实意义。

法官是理性人，在既定约束条件下寻求最优目标，使各方当事人利益处于相对平衡的状态。法官在进行判决时受到法律制度、司法体制、政府部门、社会公众、当事人及案件事实的影响。法官司法决策既要考虑法官司法意识形态，及法官群体之间的策略互动，也需要关注法院与其他政治机构的博弈关系（王彬，2018）。司法判决是"理性选择"下各种因素相互博弈的结果：与法律制定部门的博弈——要受到法律制度的约束；与上级政府部门的博弈——要受到政府权力部门的影响干预；与诉讼当事人的博弈——要平衡协调双方当事人的利益关系；与媒体、社会公众的博弈——要受到媒体、社会公众舆论监督使判决结果顺应民意。

总之，法官在进行判决时随着各项影响因素的相互博弈不断进行调整修正，使各项因素形成的锚更趋于案件事实的锚，在法律制度规定下，迎合满足各方当事人利益的同时，实现自身的偏好。法官判决量刑的过程本质是一种评价过程，最终结果由评价对象与评价主体共同决定。法官作为评价主体受到的影响更多，各类影响因素并不能自动转化为数字决定判决结果，需要经过法官的加工实现最终判决结果，无论如何细化量刑标准、统一司法尺度，法官总会有一定的自由裁量权。

第一，法律制度对法院判决的影响。中国法律是成文法形式，司法实践按照具体法律条文进行判决。在这种司法制度环境下，法官按照既定法律程序，依据具体法律条文，充分陈述判决理由后做出判决。具体到著作权侵权案件，法官要考虑《著作权法》、著作权相关法律法规立法的目的及法律的基本含义审理案件，在判决中要通过援引法律条文及制定法律的初衷对案件进行解释，对当事人具有争议的部分进行裁判。另外，在司法实践中，民事诉讼法等程序法也有相关的制度约束法官行为，从司法程序上限制法官的行为，同时也为法官提供了保护，只要法官按照既定程序进行判决，法官从程序规范角度而言就尽到了自己的职责。

第二，案件事实证据对法院判决的影响。案件事实证据与法律法条相互结合，形成证据链条和判决依据。法官根据案件事实进行判决，如何更好地还原事实，需要原告、被告提供相应的证据材料，在此基础上法官根据双方当事人提供的证据材料进一步进行决策。双方当事人的证据材料形成不同锚点，影响法官的行为。原告决定发起诉讼时一般有备而来，根据律师的建议提供相应的证据材料，提出相对合理的诉求，诉求金额是其索赔侵权赔偿的具体量化表达，形成具有意义的锚点，在有限信息及信息不对称的情况下是法官考量的重要因素，对法官的决策具有重要的影响。而大部分被告当事人考虑到诉讼成本及侵权成本，一般较少聘请律师，提供的证据信息证据证明力不强，对于法官的影响也较小。

第三，当事人策略行为对法院判决的影响。理性当事人决定将他们的案件发起诉讼前会估计可能的产生结果，考虑各项信息，权衡成本与收益，在其诉讼约束条件下，选择个体效用最大化，形成诉讼的最优决策。当事人诉讼"选择假说"理论把影响判决结果的各项因素具体化，包含于当事人理性选择中，所有影响判决结果的因素，比如预期胜诉概率、预期判决金额、诉讼交易成本、当事人对交易成本的承受能力、法律法条标准等，当事人对所有因素进行成本收益的分析，使判决结果更趋于预期（Priest and Klein，1984）。由于信息不对称，双方当事人对损害赔偿金额存在不确定性与模糊性。原告当事人会根据先前的案件对侵权行为进行综合评估，按照《著作权法》分析被告侵权行为，并把具体侵权事件映射于对应法律条文、司法解释中。当事人为了进一步减少判决结果的不确定性，根据自身资源聘请律师对案件损害赔偿进行合理评估，判断可能出现的结果，特别在多次反复的诉讼中，当事人对法律条文、法官习惯、先前判例有更深入的了解，减少了判决的不确定性，对预期法院判决结果有更精确的判断。

第四，政府、媒体、社会公众对法院判决的影响。法院判决既受到法律因素的影响，也受到非法律因素的制约，即除了法律法规制度因素以外，政治、政府、社会公众、新闻媒体等因素也会影响法院判决。已有的研究也表明，法官进行决策时要考虑政府的偏好，也要考虑公众的偏好，对这些主体的态度需保持司法的回应性与敏感性，这样既不会遭到政府及社会公众的反对与指责，还可以实现法院的政策目标（徐霄飞，2018）。中国司法系统实行自上而下垂直性管理，上级法院对下级法院具有监督职能，但财政和人事并没有实行垂直管理，而是由地方政府管理。在此环境下，法院判决不得不考虑当地政府领导的意见或者指示（张千帆，2012）。当法院判决遇到地方利益时，容易引发激励相容的机制，需要权衡各方利弊进行判决。通过2019年中国视觉"黑洞"照片著作权事件，我们也会发现针对于版权蟑螂诉讼案件，法官在该新闻事件前后判决略有差异，这说明法官进行判决前也会考虑社会公众的态度偏好以及他们对判决的可能反应。对于社会公众较为关注的案件法官要"向前看"，评估预测可能出现的后果，考察可以采取的方案，做出着眼于未来的判决。法官决策是目标导向或后果导向，根据可能的结果，法官展现出不同的司法行为和决策。

　　法官是政府委托的代理人，他们会受到激励与约束的制约，这些激励与约束有些来自委托人，有些来自法官自身。在进行判决时会受到法律制度、司法体制、政府部门、社会公众、当事人及案件事实证据的影响。这些因素有些是内部因素，有些是外部因素，在不同的时间，一些因素会显得特别突出。在上述各因素的作用下，法官综合考虑各项因素进行判决，如同在游戏中，各个角色不断博弈，影响最终的判决结果。法官想要达到既定目标，需要按照既定的规则（法律制度）行事，同时要考虑预期结果与行为之间的关系，比较几种可行的方案，最终选择一个效益最大化的方式进行决策，使目标与预期利益相符。下文将在此框架之下，针对著作权侵权案件特点，将上述法院判决影响因素作用机制进行具体化分析，从《著作权法》的利益平衡机制，案件事实对法官形成的锚定效应，当事人资源形成的诉讼策略，结合信息不对称、信息冲击分析著作权侵权法院判决影响因素理论。

第二节　《著作权法》对法院判决的影响

　　《著作权法》是随着技术进步与社会经济发展不断与时俱进的文化创新促进法。中国自1991年《著作权法》实施以来，先后经历三次修订，不断提高著作权保护。随着技术进步，原有平衡机制被打破，需要修正著作权法律制度，实现新的平衡，无论《著作权法》如何修订，利益平衡是其遵循的原则。著作权保护制度设计要与经济及行业发展相适应，无论著作权立法还是著作权司法实践都以利益平衡为基础，实现著作权价值最大化（冯晓青，2020）。著作权立法从源头上设定了利益平衡的法律框架，著作权司法担负着利益平衡的具体实践，在不同的判决案件中既要考虑利益平衡的一般性，也需要考虑利益平衡的特殊性。著作权立法利益平衡相对静态凝固，由具体法律条文固定，而著作权司法实践利益平衡则相对动态发展，随着新的利益格局不断调整变化（熊琦，2018，2019）。

一　著作权立法的利益平衡机制

1990 年中国颁布第一部《著作权法》，此后分别在 2001 年、2010 年、2020 年完成了三次修订。前两次修订《著作权法》主要是由于世界贸易组织（WTO）和国际社会的要求，其次考虑到适应经济技术的进步发展。2020 年完成《著作权法》第三次修订，主要是顺应中国国情发展、产业发展和技术变革的需要进行的主动调整，使《著作权法》更好地适应当前经济、技术、社会、文化发展。

《著作权法》自产生以来，经济、社会、技术不断发展变化，利益平衡机制始终是著作权立法的基本原则和精神，也是著作权制度和《著作权法》修改的指南，著作权制度是利益平衡的结果。《著作权法》规定的权利与义务充分体现着利益平衡的思想，比如著作权合理使用制度、法定许可制度、保护时间限制等都以利益平衡为原则设立（冯晓青，2008，2019；阎晓宏，2012）。科学技术发展变化，打破了原来有平衡状态，需要调整《著作权法》进而实现新的平衡状态，利益平衡机制是《著作权法》应对新技术挑战的关键。利益平衡原则一方面为著作权制度设计提供准则，另一方面也为《著作权法》的改革完善提供理论指导。

著作权具有思想与表达的二分法，由此界定了著作权公共领域与私人领域的二重属性，利益平衡机制是处理公共领域与私人领域的基石。数字经济时代，著作权在创作、发行、传播、使用过程边界越来越模糊，创作者、发行者、传播者、使用者共同推进了著作权价值链增值与延伸。著作权制度要平衡创作者、传播者与使用者之间的利益，《著作权法》的核心是构建公众利益与著作权人私人利益的平衡机制，无论国际国内立法还是司法实践都贯彻了这一思想，国际立法比如《世界知识产权组织表演与录音制品公约》《世界知识产权组织版权条约》《与贸易有关的知识产权协定》等都有相应规定。

合理使用制度是著作权利益平衡的精髓，新修订的《著作权法》

（2020）对合理使用制度进行完善，合理使用制度类似著作权作品资源的"公共蓄水池"，为公众接触利用信息、传播知识提供源泉。著作权保护一方面要激励作者进行创作，另一方面要使公众能够接触到作品，实现激励与接触之间的平衡，确保思想的传播。

随着数字技术的发展，技术进步大幅降低复制传播成本，著作权市场相关利益群体均衡关系受到影响，原有均衡关系发生变化，需要改革调整现有著作权保护制度，综合考虑著作权产业价值链上创作者、服务平台和使用者的利益，实现著作权市场新的平衡，建立著作权产品从创作、传播到消费使用等环节利益良性循环机制，激励创作者创作的动力，确保复制者合理使用，在价值链上实现著作权价值最大化（魏建和田燕梅，2020）。

简言之，《著作权法》的核心目标是在激励创作者创作和公众获取使用之间实现平衡，解决协调私人利益和公共利益的矛盾冲突，保护创作者的合法权益。著作权制度的设计既要能够激励创作、激励传播，又要激励使用，保持著作权人的财产权与其他人的权益乃至社会公众利益的平衡，同时还要便于管理保护作品，促进科学文化的繁荣与发展（曹文泽和王迁，2018）。

二　著作权司法实践中的利益平衡

著作权法律条文是利益平衡相对静止的文本，著作权司法实践是利益平衡真实的应用体现。法官考虑所有影响案件的因素，基于利益平衡进行决策。著作权是一种相对的权利，利益平衡原则体现了著作权保护的适度性。著作权保护的适度性具体表现为著作权保护范围、保护水平要适度合理。如果著作权保护力度较强，保护范围较宽，限制了正常使用作品，无法扩大著作权作品的传播，实现文化繁荣发展；如果著作权保护力度较弱，著作权保护范围较窄，影响原创者创作的动力，产品创作受阻。特别是近年来随着互联网的发展，出现大量网络著作权侵权案件，打破了传统著作权原创者、使用者和传播者的利益，但以利益平衡为基础协调各方当事人的利益，保障原创者利益的同时，确保使用者和传播者能够合理使用作品。著作权保护无论过强或者过弱都不利于著作权产业的发展，著作权保护强度要与经济发展相适应，著作权侵权司法判决也要注意平衡各方当事人的利益，惩罚侵权的同时，也要促进当事人的著作权交易（吴汉东和刘鑫，2018；魏建等，2019）。

著作权侵权法院判决要综合考虑各方当事人的利益，协调私人利益和公共利益的矛盾冲突，实现公共利益与私人利益的平衡，激励与接触的平衡，保护创作者的合法权益，保障使用者的合理使用权利（冯晓青，2009）。在司法实践中，很多的案例体现了利益平衡的思想，比如 Computer Assocs. Int'l Inc. v. Altai Inc. 案件，法院认为要适当限制著作权保护内容，激励作者继续创作，但也要避免垄断使作品能够传播。又如 Feist Publ'ns, Inc. v. Rural Tel. Serv. Co. 案中，法院指出需要保护原创者的权利，但也要使其他人能够获取作品的信息和思想（冯晓青，2012）。

随着数字技术的发展，作品传播出现新的形态，比如聚合平台、深度链接等新技术的出现带来著作权产业发展模式的变革，也引发了一系列的新问题，给传统法律的适用性带来一定的挑战，法院在处理此类新型网络纠纷时以利益平衡为原则协调各方当事人的利益关系，这种利益平衡既要考虑到当前网络技术的发展，又需要结合著作权立法的精神和目标（冯晓青和潘柏华，2020）。著作权立法、执法、司法实践都处于探索的过程，法律法规及其适用在著作权产业发展过程出现的新问题面前具有滞后性，但无论新技术怎样变革发展，本着《著作权法》"利益平衡"的原则，界定其法律性质和法律责任，设计合理的著作权制度，既要保护创作者的权益，又要确保传播渠道畅通，满足受众群体的使用（魏建和田燕梅，2020）。

从发达国家知识产权法的发展过程来看，社会经济发展的不同阶段，知识产权制度设计存在较大差异。在社会经济发展水平较低阶段，知识产权采取弱保护，有利于知识外溢，促进行业产业快速发展，在社会经济发展水平较高阶段，随着国力增强，知识产权采取强保护有利于促进社会经济长期可持续发展（吴汉东和刘鑫，2018；宋伟和阮雪松，2019）。新修订的《著作权法》（2020）加大法定赔偿标准，将法定赔偿限额 50 万元提高到 500 万元，同时规定了法定赔偿额下限 500 元，引入惩罚性赔偿制度，由此可以看出，随着中国经济实力的增强，著作权司法保护力度加大。总之，无论社会经济发展处于哪个阶段，著作权侵权法院判决都要以利益平衡为基础，协调各方当事人的利益，既要激励原创者进行创作，又要使公众能够合理使用、接触作品，促进知识传播，促进著作权产业发展（吴汉东，2017）。

三 《著作权法》利益平衡机制的模型分析

《著作权法》的"利益平衡"从经济学角度而言即为"均衡"，无论动态还是静态使各方当事人都能达到相对稳定的状态，协调平衡各方当事人的利益，使各主体之间实现共赢。《著作权法》的利益平衡机制我们可以从上述法学的角度去认识，也可以从经济学的角度去思考。从法经济学角度而言，《著作权法》是要使原创者创作作品获得报酬与作品在公众进行传播失去利益之间寻求平衡，因此为了在经济功能上发挥作用，法律在赋予原创者权利与公众接触作品之间要实现平衡（魏建和周林彬，2017）。

从经济学角度而言，原创者为了实现作品的社会价值和经济价值，需要将其作品推向市场，但如果没有法律的保护会受到剽窃复制，原创者将失去创作的动力，同时为了扩大作品的价值需要让社会公众能够合理使用作品，促进知识的传播扩散，著作权是"他用型"权利，受众群体使用越多著作权价值也越大，因此《著作权法》的制度设计需要保障社会公众能够在一定范围内接触到著作权作品。本书借鉴兰德斯和波斯纳（2016）著作权形式模型，结合当前数字技术复制传播特点，从著作权传播创造著作权价值角度，构建著作权价值与保护模型，验证著作权立法及司法实践的利益平衡机制。

(一) 著作权价值与保护模型的假设条件

相关假设：著作权价值包括思想价值和经济价值，创作者的边际成本保持不变，复制者的边际成本随复制传播技术的进步而降低；创作者创作作品的全部成本包括思想成本 i 和表达成本 $e(z)$；复制传播面临搜寻成本 s 和使用成本 $u(z)$。

P 表示著作权市场原创作品的价格；Q 表示著作权市场对作品的需求数量；C 表示原创作品生产的边际成本。z 表示著作权综合保护水平，$z \in [0, 1]$，当 $z = 0$ 时，表示不存在任何著作权保护，当 $z = 1$ 时，表示著作权保护非常严格，如果没有经过著作权人的同意，不得进行复制，属于完全保护。i 表示创作者创作作品的思想成本（因《著作权法》规定只保护表达不保护思想，所以思想成本并不随著作权保护水平而发生变化）；e 表示创作者的表达成本，$e = e(z)$，表达成本是著作权综合保护水平的函数，著作权保护水平越高，表达成本越高；著作权保护水平越低，表达成本越低（兰德斯和波斯纳，2016）。

(二) 复制作品产生的著作权价值

由于复制传播技术的出现导致著作权市场出现复制者利益群体，复制传播的供给水平主要由著作权综合保护水平和复制品的价格决定，复制者的供给曲线表示如下：

$$Y = Y(P_c, z) \qquad (3-1)$$

其中，Y 表示著作权作品复制传播的数量，$Y_{P_c} > 0$，$Y_z < 0$，表示著作权作品复制传播数量随着复制品价格的增加而增加，随着著作权保护水平的增加而降低。P_c 表示复制品的价格，$P_c \in [P_l, P]$，P_l 为复制者愿意生产复制品的最低价格，$Y = (P_l, z) = 0$。复制传播面临搜寻成本 s 和使用成本 u，s 表示复制传播需要的搜寻成本，在数字经济环境下，随着数字技术的发展，信息检索速度加快，创作者能够准确

快速找到所需信息,使创作者完成作品所需知识的搜寻成本大大降低;u 表示复制传播需要的使用成本,$u = u(z)$,使用成本随着著作权保护强度的增加而增加。复制者进行传播复制不产生著作权的思想价值,只具有著作权的经济价值,复制者进行复制产生的著作权价值可以表示为:

$$\pi_c = (P_c - s - u(z)) \times Y(P_c, z) \quad (3-2)$$

令 $d\pi_c / dP_c = Y(P_c, z) + [P_c - s - u(z)] \times Y_{P_c} = 0$

由此得出复制者进行复制产生著作权价值最大化时的价格:

$$P_c^* = s + u(z) + Y(P_c, z)/Y_{P_c}$$

《著作权法》保护作者的表达形式,并不保护作者的思想,同样的思想表达形式可以多样化,表达性作品被创作者创作出后,复制者可以在此基础上以多种方式创作更多的演绎作品。在原创作品的基础上进行复制传播产生两种形式的复制品:一种是在原创作品的基础上,完全复制思想和表达形式,并没有任何的创新,这是一般意义上的复制品;另一种是在原创作品的基础上,复制思想但创新表达形式,有增量独创性表达,可以称为演绎作品。如果用 X 表示存在复制传播情况下原创者的销售数量,Q 表示著作权市场对作品的需求数量(包括原创者的销售数量 X 和复制者销售复制品的数量 Y),二者关系可表示为:

$$X = Q - \theta \times Y \quad (3-3)$$

其中,θ 表示复制品增量独创性表达情况,$\theta \in [0, 1]$,当 $\theta = 0$ 时,表示复制思想创新表达形式,具有增量独创性,此时的复制品即为演绎作品,原创作品与演绎作品的需求相互独立,并不构成任何替代;当 $\theta \in (0, 1]$ 时,表示复制思想同时复制表达形式,原创作品和复制品内容和载体相同,复制品与原创作品具有一定的替代性,随着复制品的增加,有可能引起原创作品销售数量下降。

(三)原创者创作作品产生的著作权价值

原创者创作作品产生的著作权价值包括思想价值和经济价值,假设著作权思想价值为 V_i，原创者著作权总价值可以表示为：

$$\pi = (P - C) \times X - e(z) - i + V_i = (P - C)[Q(P) - \theta \times Y(P_c, z)] - e(z) - i + V_i \quad (3-4)$$

令 $d\pi/dP = [Q(P) - \theta \times Y(P_c, z)] + (P - C)Q'(P) = 0$

由此得出原创者创作作品产生著作权价值最大化时的价格：

$$P^* = C + [\theta \times Y(P_c, z) - Q(P)]/Q'(P)]$$

（四）消费者消费著作权作品产生的著作权价值

消费者消费著作权作品产生的著作权价值（CS）包括消费原创作品产生的著作权价值（CS_1）和消费复制品产生的著作权价值（CS_2）两部分：

$$CS_1 = \int_{P^*}^{\infty} Q(P) dP \quad (3-5)$$

$$CS_2 = \int_{P_l}^{P_c^*} Y(P_c, z) dP_c \quad (3-6)$$

$$CS = CS_1 + CS_2 = \int_{P^*}^{\infty} Q(P) dP + \int_{P_l}^{P_c^*} Y(P_c, z) dP_c \quad (3-7)$$

（五）著作权保护对单部作品著作权价值的影响

单部作品的著作权价值为原创者、复制者、消费者产生的著作权价值之和，可以表示如下：

$$w = (P^* - C)[Q(P^*) - \theta \times Y(P_c, z)] + [P_c - s - u(z)] \times Y(P_c, z) + \int_{P^*}^{\infty} Q(P) dP + \int_{P_l}^{P_c^*} Y(P_c, z) dP_c - e(z) - i + V_i \quad (3-8)$$

著作权综合保护水平 z 对单部作品著作权价值的影响如下：

$$\partial w/\partial z = (P^* - C)\{Q_P \frac{dP^*}{dz} - \theta[Y_{P_c} \frac{dP_c^*}{dz} + Y_z]\}$$

$$+ [P_c - s - u(z)][Y_{P_c} \frac{dP_c^*}{dz} + Y_z]$$

$$-u_z \times Y(P_c,z) + \int_{P_c}^{P_c^*} Y_z dP_c - e_z \qquad (3-9)$$

式（3-9）中 $(P^* - C)\left\{Q_P \dfrac{dP^*}{dz} - \theta \left[Y_{P_c} \dfrac{dP_c^*}{dz} + Y_z\right]\right\}$ 是随着著作权综合保护水平变化原创者创作作品产生的著作权价值发生的变化，由作品价格与作品边际成本之差和销售作品数量的变化决定，大括号内的项是复制品总量的变化与复制者销售复制品变化的差。一般情况下，随着著作权保护水平的提高，复制者的搜寻成本和使用成本上升，复制传播速度下降，复制品销售数量下降，创作者的作品销量会增加；当著作权保护水平较低时，复制者的搜寻成本和使用成本下降，复制传播速度加快。同时随着复制传播技术的发展，产生较多的演绎作品或复制品，当在边际状态时，边际成本等于产品价格，无生产者剩余和消费者剩余，原创者创作作品产生的著作权价值达到最大。$[P_c - s - u(z)]\left[Y_{P_c} \dfrac{dP_c^*}{dz} + Y_z\right]$ 随着著作权综合保护水平变化复制者复制作品产生的著作权价值发生的变化，由复制品价格与复制搜寻和使用成本之差与销售复制品数量的变化决定。在边际状态，复制品价格与复制搜寻使用成本相等，同样无生产者剩余和消费者剩余，复制者复制作品产生的著作权价值达到最大。第三项 $-u_z \times Y(P_c, z) + \int_{P_c}^{P_c^*} Y_z dP_c$ 为负，随着著作权保护水平的提高，复制者的搜寻成本和使用成本上升，著作权复制传播速度降低。第四项 $-e_z$ 为负，表达成本随着著作权综合保护水平的增加而增加。由此可见，随着著作权保护水平的提高，引起原创作品复制传播降低，单部作品著作权价值减少，当著作权保护水平降低时，原创作品复制传播加快，产生更多的复制品和演绎作品，著作权价值增加。

（六）著作权保护对 N 部作品著作权价值的影响

总的著作权价值 W 既取决于原创者、复制者、消费者产生的著作权价值，也取决于设立著作权制度激励创作者完成作品的总数量 N，作品的总数量受两方面因素的影响,一方面受创作者毛利润 R 的影响①,随着作者毛利润的增加而增加;另一方面受到著作权保护水平的影响,在著作权保护水平较低时,著作权思想和形式复制传播基本不受限制,复制者可以创新原创作品的思想或者形式,形成更多的著作权作品,产生更多的著作权价值,在著作权保护水平一定范围内,作品总数量随着著作权保护水平的提高而增加,但当著作权保护水平增加到一定程度后,复制传播成本大幅增加,复制者复制产品的积极性降低,作品总数量随着著作权保护水平的提高而减少,作品总的数量取决于两方面的平衡。作品供给曲线等于:

$$N = N(R, z) \qquad (3-10)$$

其中,$N_R > 0$,作品的数量随着毛利润的增加而增加。

M 表示创作作品的著作权制度成本,包括著作权制度执行成本和管理成本,由设立著作权制度激励创作者完成作品的数量和著作权综合保护水平决定,著作权制度成本随着完成作品数量的增加而增加,随着著作权综合保护水平的增加而增加。

$$M = M(N, z) \qquad (3-11)$$

其中,M 是 N 和 z 的递增函数,$M_N > 0$,$M_z > 0$。

N 件被创作出来的作品总著作权价值表示如下:

$$W = W[N, w, M(N, z)] \qquad (3-12)$$

其中,N 表示创作作品的总数量,w 表示单部作品的著作权价值,M 表示创作作品的著作权制度成本;W 是 N 和 w 的递增函数,是 M 的递减函数,即总著作权价值随着著作权数量和单一作品著作权价值的增加而增加,随着著作权制度成本的增加而降低;总的著作权价值公式如下:

$$W = N(R, z) \times w - M(N, z)$$

---

① 毛利润 R 等于产品销售收入减去制作成本,$R = (P - C)X$,R 随着版权保护 z 的增加而增加。

$$W = N(R,z) \times \{(P^* - C)[Q(P^*) - \theta \times Y(P_c,z)]$$
$$+ [P_c^* - s - u(z)] \times Y(P_c,z)$$
$$+ \int_{P^*}^{\infty} Q(P)dP + \int_{P_l}^{P_c^*} Y(P_c,z)dP_c - e(z) - i + V_i\} - M(N,z)$$

$$(3-13)$$

为了简便,式 (3-13) 可以写为:

$$W = f(N)w - M(N,z) \qquad (3-14)$$

其中,$f_N > 0$ 且 $f_{NN} < 0$,即随着被创作出来的作品数量增加发生边际效用递减。

著作权综合保护水平 z 对 N 部作品总著作权价值的影响如下:

$$\partial W/\partial z = f_N N_z w + f(N)w_z - M_N N_z - M_z \qquad (3-15)$$

当著作权价值最大化时,

$\partial W/\partial z = f_N N_z w + f(N)w_z - M_N N_z - M_z = 0$,对等式左右进行调整可得:

$$N_z(f_N w - M_N) = -f(N)w_z + M_z \qquad (3-16)$$

其中,$N_z = (\partial N/\partial R)R_z + (\partial N/\partial z)$,$N_z$ 衡量的是著作权保护提高对创作作品数量的反应,可以是正值也可以是负值,当著作权保护水平 z 达到最优时,N_z 是正值(兰德斯和波斯纳,2016),$w_z < 0$ 参见式 (3-9),$M_N > 0$,$M_z > 0$,式 (3-16) 右边为正值。著作权价值最大化时,由 f_N 衡量的单部作品的著作权价值要大于边际作品的著作权制度成本,否则,式 (3-16) 左边为负值。也就意味着,在较低的著作权保护水平下,单一作品的著作权价值较高,而边际作品的著作权制度成本较低,可以产生较高水平的著作权总价值。即随着著作权保护水平的提高,复制传播降低,总著作权价值是降低的,由此可以看出,著作权保护存在最优保护水平,著作权保护较强著作权作品传播较慢,总著作权价值降低,著作权保护较弱著作权作品传播较快,著作权产品价格较低创新回报不足,无法激励作者继续进行创作,创造更多著作权价值。复制传播对于著作权价值创造具有重要作用，传播创造价值。

随着现代数字技术的发展，复制传播速度加快，边际复制成本逐渐降低，在著作权保护水平较低市场容量较大的情况下，可使复制品销售数量大幅增加。当 $\theta \in (0, 1]$ 时，简单复制思想和表达形式，可能会降低原创作者的经济价值。但是复制品数量的增加有利于思想价值的增长，创造出更多数量的著作权作品，《著作权法》第一百〇七条对合理使用原则有具体规定，不属于著作权侵权行为。当 $\theta = 0$ 时，复制思想创新表达形式，产生独创性增量，形成演绎作品，独创性增量越多，演绎作品越不容易判定侵权，此种形式的复制传播是最优形式。《著作权法》的合理使用也正是为创造更多的创新性表达，产生更多的新思想，激励创作者进行创作，进一步使社会作品的总数量 N 增加，总著作权价值增加（魏建和田燕梅，2020）。

通过著作权价值与著作权保护模型，从理论上深入了解著作权保护存在最优保护水平，复制传播可以创造价值，技术进步降低复制传播成本。著作权保护制度要以利益平衡为原则，在著作权立法、司法实践中要协调好创作者、复制者及使用者的关系。需要完善著作权人创作者权益保护机制，同时提升著作权作品使用者的地位，创作者与使用者要基于平等的主体地位，强调对使用者所有权的尊重，赋予使用者接触著作权作品的权利，明确转换性使用的合法地位，通盘考虑著作权作品生产、传播、使用、再生产的过程，平衡创作者、传播者、投资者与使用者各方当事人的权益（易继明和初萌，2022）。赋予原创者专有权利与公众能够接触作品的著作权保护制度可以有效地分配著作权客体，提高作品的使用效率，实现使用与创作者共同参与文化建设，最大限度地创造价值（巴苏，2020）。无论在经济学还是在法学角度，《著作权法》的激励机制与合理接触之间利益平衡都是适用的原则（冯晓青，2012）。

第三节　法院判决中的锚定效应

锚定效应无处不在，在司法量化决策中表现得尤为突出，法官过多地受到初始信息的影响，以初始信息作为参考，制约着法官的最终决策。锚分为外生锚与内生锚，在著作权侵权法院判决中，原告诉求金额、法定最高50万元赔偿限额、当事人身份类型、人民陪审员等因素形成外生锚点影响法院判决；法官的学历专业、工作压力、工作经验、庭审方式、案件审理难度等因素形成内生锚点影响法院判决。法官判决量刑的过程本质是一种评价过程，最终结果由评价对象与评价主体共同决定。法官作为评价主体受到的影响更多，各类影响因素并不能自动转化为数字量化指标决定判决结果，需要经过法官的加工实现最终判决结果，无论如何细化量刑标准、统一司法尺度，法官总会有一定的自由裁量权。

一　锚定效应

诺贝尔经济学奖获得者丹尼尔·卡尼曼与心理学家阿莫斯·特维斯基1974年率先提出"锚定效应"。"锚定效应"指在不确定环境下，人们对事物的估计会受到初始信息的影响，通过参照初始信息做出估计。在法院判决中锚定效应表现得较为突出，初始的信息会使法官形成一定的初始印象，量化决策呈现出不确定性和随意性，使司法认知产生偏差（Tversky and Kahneman，1974）。

虽然法官经过专业训练，但并不是司法机器，并不能摆脱其认知水平的制约。认知心理学发现，人有两套认知系统：经验—直觉系统暂且称为系统1，理性—分析系统暂且称为系统2（丹尼尔·卡尼曼，2012）。前者运行快后者运行慢，前者经验—直觉系统处于先行主导地位，为后者理论—分析系统奠定基础，当前者运行受阻时，后者才会加速运作，直觉一旦参与量刑，会受到先前经验信息的影响，这种认知机制为法外因素影响判决创造条件。从认知的角度来看，锚定效应、框架效应、自我意识、事后归纳等因素是引起法官裁量出现偏差的直觉问题。特别是各地法院著作权案件"人少案多",进一步减少了法官理性—分析机制,增加了经验—直觉法外其他因素的影响(劳佳琦,2022)。

锚定效应心理过程经历锚定和调整两个阶段,由于不确定的决策环境及认知经验的缺乏使调整阶段无法充分进行,产生偏向于该锚的偏差现象,特别在量化决策时需要具体的判断,更容易受到情绪化的影响,认知结果的可预测性也就更无规律,这就说明锚定效应在量化决策中起到非常重要的作用。已有的研究也证实了锚位值的选择对于估计结果具有重要影响,有时甚至是决定性的因素(Ariely et al.,2003)。锚定效应左右人们在量化决策过程的心理过程,后期有价值的信息无法进入判断决策范围,有时甚至刻意减少后期进入大脑的信息,而锚位置的设定是随机的,形成了毫无规律的估计结果(Englich et al.,2006)。

根据传统锚定效应理论模型,法院判决中锚定效应根据不同启动方式可以分为三类:调整启发范式、选择通达范式、双重心理加工范式(吴平和池元超,2013)。调整启发范式指人们将"锚"作为一个起始点,以此为核心围绕一定的区间进行调整得出估计结果,区间范围取决于个体的知识储备和主观认知,只要进入这个可行区间,个体停止调整接受该值(Tversky and Kahneman,1974)。选择通达范式指当个体进行判断决策时,预设了"锚值"为目标值,通过搜索提取与"锚值"最大一致性的信息逐步进行验证,最终达到与目标值信息的通达(Strack and Mussweiler,1997)。双重心理加工范式把锚分为内生锚和外生锚,内生锚是由个体根据自身的知识经验、专业、学历、工作负荷、审理难度等由个体自行产生的比较标准,外生锚是由他人直接提供的信息为参照标准。由外部提供的锚值在个体进行决策时,如果这个值是正确的,锚一致信息通过验证最终实现通达,影响个体判断;锚值来自于内生时,这个值不是正确值但接近正确,个体需要进行调整得到接近自发锚的值(Epley and Gilovich,2005)。通过锚定效应理论模型我们可以发现,获得的初始信息是影响人们判断决策的关键,人们根据初始信息资料形成定位,影响最终的判断决策(Sailors and Heyman,2019)。

在法院判决中,锚定效应使判决机制陷入困境。诉讼过程法官需要将判断转化为可量化的具体决策,转化受到诉讼当事人及社会公众评价的同时,需要遵守已有的法律规范。在判决过程中,法官要听取各方当事人的信息,会受到各种不同锚点的影响,因此法院判决中锚定效应更为复杂,人们一般会有先入为主的判断,遇到类似问题总是以初始的锚为中心进行考虑,容易造成司法认知偏差(杨彪,2017)。特别是著作权侵权诉讼领域,著作权损害价值具有无形性,法官可能根据原告当事人的诉求金额、以往的判决经验、被告的抗辩理由、当事人的类型等因素确定损害赔偿金额,法官面对各种锚时,可能选择按照原告诉求金额锚位置进行判决,也可能选择远离原告诉求金额锚位置,向着被告有利的方向进行判决,法院判决中锚定效应不能一概而论,在各种锚的相互作用下,需要综合考虑各种情况进行量化决策(李安,2013)。

二 外生锚与法院判决

(一)原告诉求金额锚点对法院判决的影响

法院法官按照诉讼程序和法律规则进行判决,与生活中的非正式决策相比具有较强的正式决策特点,法院判决锚点的设置有规律性、共通性。在诉讼中,法官听取诉讼当事人的意见进行判决,诉讼当事人提出其观点和意见形成影响法官判决的外生锚点。著作权侵权案件原告根据被告侵权损害情况提出诉求金额形成外生锚点为案件判决定下基调。由于著作权侵权案件损害价值具有无形性,法官在无法确定原告诉求是否合理的情况下,一般会将原告诉求金额作为参考,特别原告聘请律师情况下,将原告提出的诉求金额作为重要的考量因素,倾向于支持原告当事人,诉求金额越高,法院判决金额也越高(Chapman and Bornstein, 1996; Hastie et al., 1999)。已有实验研究发现原告的初始建议对法官判决具有正向影响，法官习惯听从初始的建议(Malouff and Schutte, 1989; Englich et al., 2005; Chang et al., 2016)。

当然，也有研究得出相反的结论，发现原告诉求金额超出一定范围后，诉求金额越多，法院判决金额越少。因为毫无根据地漫天要价会引起法官的反感、怀疑，产生负面印象，起到适得其反的作用，不仅不会增加法院判决金额，还会使法院判决金额减少（Marti and Wissler, 2000; Lammers and Burgmer, 2017）。究竟原告诉求金额对法院法官判决金额的影响是正面还是负面？从认知的角度而言，接受总比反驳要轻松，在一般案件中不着边际任意夸大诉求金额的案件极少，在繁重的工作压力之下法官选择接受原告诉求建议的可能性或许更高（杨彪，2018）。

(二) 法定赔偿最高限额锚点对法院判决的影响

著作权侵权法定赔偿最高50万元设定最高限额锚点。根据《著作权法》(2010) 第四十九条规定，法定赔偿最高额度50万元[①]，如果实际损失超过50万元以上的，可以酌定进行赔偿，即损害赔偿可以超过50万元，但据统计，著作权侵权损害赔偿超过50万元的案件极少，绝大部分在50万元以下，甚至远远低于50万元。法定赔偿50万元为法官设定了赔偿的上限，法官以此为锚点推理判断进行决策。虽然为了提高判决的稳定性，防止滥用自由裁量权设定了法定赔偿的最高限额，但在实际中法官以此为上限，相当于设定了一个最高限额的锚点，降低了法官对实际损失的内心确认，进一步降低了著作权侵权损害赔偿金额，长此以往形成著作权侵权损害赔偿整体偏低的情况。

[①] 《著作权法》(2020) 将法定赔偿最高额度提高到500万元，于2021年6月1日开始实施。

(三)当事人身份类型锚点对法院判决的影响

当事人的身份类型是法官判决参考的重要因素,原、被告当事人的身份类型代表着不同的经济实力,对法官形成不同的锚点,法官在此基础上根据原被告的经济实力确定赔偿金额。已有的研究表明,即使损害程度大致相当的情况下,法官在衡量具体赔偿金额时也会呈现异质性,被告当事人的规模是决定损害赔偿的关键因素(Kahneman et al.,1998)。法官根据原、被告当事人的身份类型计算损害赔偿金额,既迎合了社会公众对侵权索赔的道德判断,也符合经济学思维习惯。不同类型的案件法官对于弱者与强者表现出不同的态度,可以看出法官对不同类型当事人认知存在差异(Baker,2001)。对于著作权侵权案件企业组织与个人相比在经济实力方面更强,法官会做出对企业组织更为有利的判决(Hans et al.,2018)。

(四)人民陪审员锚点对法院判决的影响

人民陪审员在影响法官量化决策方面也发挥着重要作用,著作权侵权诉讼案件涉及损害赔偿的专业判断和计算,人民陪审员相对于其他工作人员而言具备相关专业背景知识,可以进行专业中肯的评价。对于著作权侵权诉讼案件,人民陪审员的加入加大了法官对其依赖程度,虽然有时会发现一些不合理的地方,但是缺乏足够的知识储备和证据进行反驳,法官此时极容易确信人民陪审员的意见,量化决策的稳定性更差。人民陪审员的加入可能会改变法官先前的判断,过于确信人民陪审员的意见,确定损害赔偿金额(杨彪,2017)。

三 内生锚与法院判决

在不确定的环境下,法官的工作压力、专业经验,案件的审理难度、庭审方式等形成了内生锚点导致判决结果发生偏差(李安,2013;陈林林和何雪锋,2015)。法官的专业素质、业务能力存在差异,不同法官的教育背景、家庭出身、法律信仰与人生阅历会让法官对同一事物产生不同的观点。法官的不同的价值观与道德感在进行案件事实认定与法律适用时会形成不同的结果，在这些结果上会渗透法官自身的思维模式与法律态度。如果法官的品德素质不高，容易造成司法认知偏差，难以形成公正的判决（刘盛炅和杨富元，2021）。

近年来著作权侵权案件数量直线上升，法官工作负荷增大，随着工作压力的不断增加，法官的认知流畅度降低。认知流畅度低的情况下法官趋向于负面的判断，认知流畅度高的情况下法官趋向于正面的判断（李学尧等，2014）。法官判决时也会根据案件信息及证据资料大体得出案件初步结论，在此基础上寻找支持结论的证据，在此过程中会对支持该结论的信息较为关注，而其他信息则会选择性忽略。简言之，法官工作压力越大的情况下，判决的可预测性越差，锚定效应越显著。

著作权侵权案件与一般的民事案件相比较为复杂，法官在加工处理信息时难度较大，对于法律适用与事实认定信心不足，决策没有十足的把握，此时需要参考锚点信息，锚定效应的影响较为明显（资琳，2018）。法官虽然经过专业培训和锻炼，与普通人相比认知决策较为理性，案件审理也受到程序和法律的严格控制，但事实证明法官审判经验再丰富、专业训练再强化，也会有认知偏见，受到锚定效应的影响，在随机出现的锚点初始值上，法官无异于常人（Enough and Mussweiler，2001；Englich et al.，2006；李安，2013），当然具备良好专业知识经验丰富的法官可以减少锚定效应带来的影响（Stein and Drouin，2018）。

庭审分为独任制与合议庭形式，独任制是由法官单独决策，合议庭是法官集体决策，在合议庭审判方式下，法官决策会受群体影响，多数意见形成后，会出现"沉默效应"。如果观点得到他人认可，这类观点会占主导地位；如果观点得不到认可，群体成员会选择沉默，特别是高阶法官表明观点后，在办案压力及各类复杂的关系之下，大部分法官会基于从众心理，赞同该观点。除了受同侪观点的影响外，法官判决也会受到与案件有关的专业人士观点的影响（陈林林，

2018）。集体决策环境下产生从众效应使决策者改变原有的判决，案情类似的情况下，合议庭审理的形式比独任制审理形式有更强的随意性，锚定效应更为突出（Eisenberg，2002）。

第四节　当事人资源对法院判决的影响

当事人资源理论最早由 Galanter（1974）提出，富人在财富、诉讼经验、权力等方面的优势使他们在诉讼中更容易获胜。根据当事人诉讼参与的次数分为单次参与者与重复参与者，重复参与者可以进行策略性选择，具有成本优势，可以实现规模经济，在诉讼经验、法律知识方面更加专业，能够进行策略性选择，影响判决规则和结果，重复诉讼的参与者绝大部分为富人。尽管司法独立、制度合理、程序公正，法官业务能力不断提升，但富人的资源优势仍然存在，在诉讼中占据上风。随后大量学者对当事人资源理论从不同国家的案件进行实证分析，得出相似的结论（Wheeler et al.，1987；Songer and Sheehan，1992；Songer et al.，2000；Black and Owens，2012；於勇成和魏建，2017）。资源丰富的当事人，有能力雇用更好更专业的律师，通常为重复多次诉讼的参与者，选择对自己更为有利的地点发起诉讼。

一　当事人身份与法院判决

Galanter（1974）根据当事人的身份特征、财务资源、诉讼经验，将当事人分为政府、企业组织、个人。一般而言，政府在诉讼中处于绝对的优势，企业组织紧随其后，可以称为强者当事人；个人在诉讼中处于劣势地位，可以称为弱者当事人。资源丰富的强者当事人一般拥有丰富的诉讼经验、专业的法律知识，并能熟悉法律规章制度程序，甚至在一定程度上影响法律制度设计，形成对自己更为有利的规章制度。特别是政府部门能够以其他诉讼当事人无法实现的方式说明公共利益的合法性，所有法官都知道政府筛选案件的方式，如果他认为没有强有力的证据就不会提起诉讼（Szmer et al.，2016）。

从立法、执法角度来讲，法律本身向资源丰富的当事人倾斜。特别是垄断行业大企业，在法律制定和修改过程方面也比个人有更多的影响力，政府机构更是处于有利的地位（Myers and Downey，2017）。法院审理案件实行陪审员制，陪审团为法院判决的最高决策机构，通常由法院行政领导人而不是专业的法官组成，因此也会影响法院判决决策（刘作翔，2003）。

法院判决呈现不同结果，资源禀赋是权力实现差序格局的内在原因（郝铁川，2002）。不同类型当事人因资源禀赋不同，形成不同的证据证明力。著作权侵权诉讼案件采用当事人主义诉讼模式，法院采取"不告不理"的态度，即一方当事人发起诉讼、提出诉讼请求，法官仅在当事人提出的诉求范围内进行审判，即使有些损失可以获得法院支持，但是在诉讼中没有提及，法院也不会主动追加发动审判。因此在法院司法审判消极原则下，当事人提出合理的诉讼请求，并根据诉讼请求在庭审前搜集证据，在诉讼中进行有效证明，使法官采纳其证明材料尤为关键。资源禀赋在权利实现的过程中具有重要的作用，决定着权利实现的程度（林孝文，2008；张姝，2013；郑晓英，2017；田燕梅等，2021）。

另外，著作权侵权诉讼案件专业性较强，当事人与法院之间传递案件信息需要一定的程序机制作为保障，纠纷解决机制相对复杂，诉讼过程充满质证、举证及辩论等，需要当事人具有专业的法律知识和法庭举证辩论能力。法官根据当事人搜集的证据材料进行裁量，如果证据材料不具有证明力或者证明力较小，那么不能作为或者不能单独作为认定案件事实的依据，如果证据材料证明力较强，那么可以作为认定案件事实的依据。强者当事人的诉讼经验、专业法律知识、财富权力资源优势在发起诉讼时，使其投入较多成本，更加专业有效地搜集法官审判所关注的证据材料，向法院提供强有力的信息，进一步形成较强的证据证明力，在诉讼过程中进行充分的辩论、有效的防御和攻击。而弱者当事人资源处于劣势，无法投入更多成本搜集有效证据材料，提供强有力的信息。

二 律师与法院判决

资源丰富的当事人除了自身较高的诉讼定价能力影响法院判决外，更重要的是可以充分利用其优越的财富资源聘请更加优秀的律师、雇用更加专业的诉讼团队等提高诉讼定价能力影响法院判决决策。著作权诉讼案件与其他民事案件不同，涉及较强的专业性，需要专业人士在法官与当事人之间建立对话的平台，保障诉讼活动的正常进行，专业律师在诉讼中扮演了重要的角色，发挥了巨大作用，完成了当事人不能进行的大量工作，推动了当事人有效地进行举证，提高当事人的证据证明力。虽然法官、律师都受到正规的法律培训，但整体素质参差不齐，在著作权专业知识领域缺乏经验，资源丰富的当事人有更多的物力财力聘请更好更专业的律师，律师的诉讼经验也更丰富，对于著作权领域诉讼案件较为熟悉，也更为了解诉讼技巧；资源处于弱势的群体没有物质保障聘请或聘请较好的专业律师，诉讼方面经验相对缺乏（Dumas et al.，2015；Nelson and Epstein，2019）。

已有文献研究表明原、被告当事人律师水平是影响法院判决结果的主要因素（叶斌，2019），政府部门、大公司等强者当事人聘请的律师平均水平高于其他部门，这些律师是特定诉讼领域的专家，较为熟悉审判程序，更为了解法官对案件关注的问题，能够正确估算赔偿损失，指导当事人提出合理的诉讼请求，并根据诉讼请求准备各项证据材料，在庭审时能够对对方的证据进行反驳、提出质疑，同时合理地说服法官并让法官信任他们的陈述材料和证据，有效地预测诉讼过程出现的问题，同时采取相应的方案进行积极应对（Black and Owens，2012；Szmer et al.，2016；Nelson and Epstein，2019）。专业的诉讼团队可以进行有效的分工，合理专业地测算赔偿损失，提供法官可以采纳的证据材料，减少不必要无效的证据材料，提高当事人的证据证明力。当事人诉讼资源投入越多，律师的作用越大，越能够让法院做出对自己更为有利的判决（侯猛，2015）。

三 重复多次诉讼与法院判决

政府、企业强者当事人进行重复性诉讼,对法院的使用为多次,个人对法院的使用大多为单次。从选择效应理论来讲,重复多次诉讼的当事人更有可能获胜,部分是因为他们认为胜诉概率较高所以才会选择上诉,如果没有强有力的证据,胜诉率较低就不会发起诉讼,资源丰富的当事人可以准确评估诉讼成功的可能性,对于判决结果有准确的预估,如果成本大于预期收益就不会发起诉讼(Kritzer and Richards,2003;Kritzer and Silbey,2003;贝克尔,2015)。大量重复的诉讼可以增加当事人的优势地位。一方面可以增加当事人的诉讼经验,使当事人更加熟悉诉讼规则程序和诉讼所需各类证据材料;另一方面在诉讼过程中当事人与法律体系各部门建立了良好的关系,考虑到重复参与者可能会重新出现在法官面前,他们会较为客观地呈现证据事实和材料,否则会面临法官制裁的风险。需要信息的法官更加重视重复参与者提出的证据解释(Galanter,1974),因此,在事实和规则影响法官的情况下,重复多次诉讼提高法官信任度,影响法官判决结果(McGuire,1995)。

多次诉讼当事人发起诉讼的最基本目标是获得胜诉,在此基础上获得更多的赔偿。当事人为了实现多次诉讼获得更多收益,需要减少诉讼过程发生摩擦,对原、被告当事人而言,最关注的问题是索赔金额。多次诉讼当事人发起诉讼时诉求金额与一般当事人相比偏低,一方面合理诉求定价不会引起法院的反感,有利于法院做出判决;另一方面也不会引起被告反驳,"速战速决"避免诉讼时间延长增加诉讼成本。

诉讼当事人通过发起多起诉讼累积收益,而多次的诉讼又为后续的胜诉累积经验。重复多次诉讼当事人为了提高收益率,诉讼过程投入较多的资源,聘请律师进行专业维权运作,根据胜诉经验提出合理诉求金额。尽管多次诉讼当事人诉求金额偏低,但其收集各类证据材料,进行专业化的维权运作,在确保胜诉的情况下,最大限度提高法院判决金额，获得更多诉讼收益，法院判决金额相对其他当事人并不低。这与其丰富的诉讼经验和灵活的诉讼策略有较大关系，多次的诉讼可以累积经验，具有"干中学"效应，先前的胜诉结果对后续的案件审判具有积极正面影响，有时多次诉讼当事人甚至以此为案例模板向被告索要赔偿，因此多次的诉讼促进当事人获得更高的诉讼收益（毛昊等，2017）。

四 当事人属地与法院判决

根据《民事诉讼法》，知识产权案件一般采取"原告就被告"的原则，即案件由被告所在地人民法院管辖，原告一般到被告所在地法院进行起诉。随着网络的发展，被告经营场所也存在不确定性，因此原告选择对自己更为有利的法院管辖地发起诉讼。

中国司法系统实行自上而下的垂直性管理，上级法院对下级法院具有监督职能。但财政和人事并没有实行垂直管理，而是由地方政府管理，如果没有地方政府财力和人事的支持，司法部门难以行使权力。在各种利益的渗透下，地方政府介入司法判决，干预法官决策的情况屡见不鲜，司法量化决策过程中具有浓厚的行政色彩。在此环境下，法院判决不得不考虑当地政府领导的意见或者指示，因此产生了司法地方保护主义（刘作翔，2003；张千帆，2012）。当法院判决遇到地方利益时，容易引发激励相容的机制，法院判决需要权衡各方利弊，可能无法秉承公平正义的原则去审判，造成法官司法判决存在偏差。

诉讼当事人如果在本地，可以与政府或者司法系统通过一定的渠道建立良好的关系，以较低的成本获得更多的诉讼资源，能够在法院判决中获得更为有利的判决，显著提高胜诉率和法院判决金额，如果律师在本地同样可以充分利用当地资源关系，也能够显著提高当事人的胜诉率（於勇成和魏建，2017）。本地当事人如果诉讼失败，会留下"好欺负"的名声，将对未来造成巨大的隐患；如果胜诉，潜在的诉讼可能就不会再发生，可以节省额外的诉讼费用、合作费用等。本地当事人考虑到预期的收益与费用，会额外地增加诉讼投入，加大胜诉的概率，获得市场声誉的预期收益（叶斌，2019）。

因此，当事人在本地一般会提高胜诉率，获得更多判决金额，当然不同类型案件是否存在地方保护主义也存在异质性。著作权侵权案件涉案金额较少，与合同纠纷等其他案件相比，法院判决显著偏低（魏建等，2019）；诉讼当事人以中小企业为主，国有企业、政府事业单位较少，也可能不足以激发地方政府司法保护动机，从著作权保护的角度而言还可以树立法院更加公正的司法形象。

第五节　信息问题对法院判决的影响

法院判决面临信息不对称、信息冲击等问题。原告与被告信息不对称，原告与法院信息不对称，被告与法院信息不对称，社会公众媒体与法院信息不对称。在信息不对称、社会舆论监督的情况下，法官会采取规避风险的态度防止消极后果的发生，同时考虑社会公众的偏好，对这些主体的态度需保持司法的回应性与敏感性，实现法院的政策目标。

一　信息不对称与法院判决

信息不对称理论最早出现于阿克洛夫（Akerlof，1970）的旧车市场模型，在旧车交易市场上，买者与卖者的信息是不对称的，卖者的信息更多。卖者知道旧车的质量，买者并不完全了解，作为买者最保险的办法就是压低价格按照旧车平均质量价格进行支付，以避免信息不对称引起的损失，这样就会出现质量高于平均水平的卖者退出交易市场，市场中只有质量低于平均水平的卖者，如此循环，高质量产品被逐出市场，市场中充斥着低质量产品。通过这个例子就可以看出，当信息不对称时，会造成交易破裂，市场运行效率低下。

关于信息不对称理论已有学者有效运用到法院判决实践。张维迎和柯荣住（2002）发现原告的高胜诉率与高违约率双高并存，发起诉讼的案件案情简单，辩护理由也不复杂，说明故意违约引发诉讼是当事人的策略性选择，法院判决存在逆向选择效应，法律和法院发挥作用的范围具有选择性，只有必胜的、毫不含糊的原告才会发起诉讼，预期胜诉率较低的原告会不断退出诉讼，引起司法效率低下。诉讼程序如果缺乏传递法官依法判决信号的制度，上诉过程会存在"劣币驱逐良币"的逆向选择效应，不应该上诉的机会型案件进入了法院，而应该上诉的实质性案件没有进行上诉（张维迎和艾佳慧，2011）。信息不对称、诉讼双方控辩力量悬殊等因素使司法人员形成司法潜见，对案件结果提前有预期和心理准备；不对称的证据信息使法官形成某种潜见，形成有利于被告的背景信息，案件判决结果有很大概率有利于被告（白建军，2013）。

在法院判决中也存在信息不对称问题，当事人与律师信息不对称、法官与当事人信息不对称、法官之间信息不对称、法官与监督机构信息不对称等。在著作权侵权案件中，法官与当事人的信息是不对称的。诉讼当事人是诉讼结果的利害关系人，了解案件的全部事实信息；法院法官通过双方当事人的举证了解案件信息，根据当事人提交的证据信息按照法律程序进行判决。法院对原告、被告当事人而言信息处于劣势地位，被告是侵权行为人，比原告更为了解侵权的事实（熊琦，2020）。著作权具有无形性，侵权损失价值难以计算，著作权侵权案件与其他的民事案件相比更为复杂（Cotropia and Gibson，2014），如果要获得案件的全部信息，需要支付较高的成本，从成本收益角度来讲并不符合社会效率的原则。

法院判决以事实为依据，以法律为准绳，如果没有足够的证据信息法院无法进行判决。信息不对称、信息冲击条件下如何进行判决？为了防止法官专断，也为了降低法官判错案的风险，司法实践有相应的程序制度约束法官，最主要的是正当程序监督标准规范法官行为，提升法官徇私舞弊的成本。虽然限制法官的行为，但程序上的正当性也为法官提供了保护。只要法官按照既定程序进行，符合法律规定要求，从法律层面而言法官就尽到了自己的义务，即使后来发现是错误的，但也无法追究其责任。从法院、法官、诉讼当事人来看，正当程序使各方达成共识，并固化为制度规范（波斯纳，2008）。

信息不对称、信息冲击的情况下，法官通常选择集体决策的方式规避风险。审判委员会和合议庭是集体决策的方式，按照少数服从多数的原则，最终形成判决意见。大部分集体决策使法官责任分散化，降低了法官责任风险。著作权侵权案件较为复杂，样本数据统计显示，约80%的案件按照一般程序以合议庭的方式进行审理。法院根据当事人的证据信息进行判决，如果没有确凿信息法院无法进行判决。著作权侵权损害价值难以估算，虽然大部分案件法院根据当事人提供的证据可以判定侵权，但是进一步确定侵权赔偿金额较为困难。法院判决需要秉承公平公正的原则，根据侵权性质和严重程度确定赔偿金额，但是在信息不对称著作权侵权损害价值难以确定的情况下，法官充分发挥其自由裁量权采用法定赔偿的方式，使最终的判决存在较大的伸缩空间。

当法官无法准确估计损害赔偿价值时，会采取规避风险的态度防止消极后果的发生，即法院不能做对的事，但要避免做错事（Kahneman and Tversky，1979）。法官首先权衡可能产生的后果，在确保法院行为正当化的情况下，寻找合适的法条使判决结果正当化（侯猛，2015；爱波斯坦等，2017）。法官进行决策时要考虑社会公众的偏好，对这些主体的态度须保持司法的回应性与敏感性，这样既不会遭到社会公众的反对与指责，还可以实现法院的政策目标。

著作权侵权案件法院根据当事人已有的证据信息确定侵权行为并不困难，因此胜诉案件较多，或者潜在认为会败诉的当事人不会再诉诸法院。但在不确定信息的情况下，法院为了规避风险，选择从低进行定价，导致法院判决金额较低。法院对著作权侵权判决有自身的平衡体系，通过调整判决比或判决金额，平衡双方当事人的利益使双方都能得到较为满意的结果，法院在制裁侵权的同时，促成双方的交易，提高著作权的使用水平（魏建等，2019）。

二 社会公众意见与法院判决

法院判决也会受到信息冲击的影响，有些案件经过媒体报道受到社会广泛关注，从案件立案审查到法院最终判决，社会公众及媒体会全程监督。比如视觉中国"黑洞"照片著作权事件发生后，社会公众对相关联企业的著作权侵权诉讼案件极为关注，法院判决结果对公众的行为产生一定的导向作用。

司法信心来自公开，媒体舆论报道会提升公众对法律事实与案件事实的理解，社会公众及媒体的介入会左右诉讼权利的实现（李雨峰，2007），但有时媒体报道会断章取义或者片面报道，存在商业炒作与随意性，干扰司法审判活动。因此新闻媒体、社会舆论对于司法判决的影响具有双面性（杨晓丽，2018；许可欣，2021）。

在司法实践中，影响法官判决的客观因素、主观因素是多种因素的集合。社会公众意见及各类意见构成情况，社会公众提供的意见信息、事实情况及媒体公众发表的舆论、偏见信息都会影响法院判决（陈林林，2012；Lim et al.，2015；陈林林，2018）。媒体对司法判决起到监督作用能够确保判决的公正性，但在判决过程中社会舆论也会产生负面影响，公众媒体会推动司法机关提高审判效率，但也会使司法与媒体的关系更加复杂。已有研究表明，社会舆论在判决前会对陪审员造成影响，陪审员对被告是否是罪犯的直觉、对被告的同情程度、对被告的喜欢程度影响了判决结果，这些不同的影响因素随着舆论的内容、类型和性质的不同呈现一定的异质性（Otto et. al, 1994；Studebaker and Penrod, 1997；Steblay et. al, 1999；Ruva and McEvoy, 2008）。比如美国联邦最高法院因新闻舆论推翻了"比利·索尔·埃斯特斯案件"等六个案件（戴维斯，2014）。

公众意见并不是法律渊源，人们的观点也不是法律条文，法官不能将其作为裁判的理由（陈林林，2018）。在法律规范、案件事实和制度环境下，各影响因素变量保持相对恒定，公众意见对法院判决的影响与法官的认知风格或思维模式紧密相关，公众意见既可以作为情境因素直接影响法官决策，也可以由法官的个体因素间接影响法官决策，这种影响是在较为隐蔽的状态下完成（陈林林，2018）。司法机关应建立完善的舆情公开监测研判机制，当出现社会公众舆论时，及时公开发布相关信息，合理进行控制，对于公众关注的案件，要及时对案件事实、审理经过、审判理由进行公布，让公众与媒体了解法官判决的理由与过程，既使法官审判保持独立性，也使司法审判受到社会监督。

中国的司法体制之下，法官除了扮演传统法官的角色外，还承担了社会职责与政治任务，受到司法制度、政治制度、政党政治、法治环境的影响，法院司法判决要达到法律效果、社会效果与政治效果的均衡统一。法官除了依据法定因素进行判决外，还要考虑社会舆论、绩效考核、社会影响等问题，由此产生的这些法外因素对法官司法量化决策产生重要影响（劳佳琦，2022）。

第六节　本章小结

本章综合司法判决的法律模型、态度模型、策略模型、制度模型及司法判决理论，在法律制度、案件事实、当事人策略行为框架下提出中国法院判决影响因素理论，针对著作权侵权案件特点，将上述法院判决影响因素作用机制进行具体化分析，从《著作权法》的利益平衡机制，案件事实证据对法官形成的锚定效应，当事人资源形成的诉讼策略，结合信息不对称、信息冲击分析著作权侵权法院判决影响因素理论。

随着科学技术的变化，著作权新载体不断涌现，由此也带来新形式的侵权行为，著作权侵权案件发生较大变化，但著作权侵权法院判决遵循利益平衡原则是不变的，法院对著作权侵权判决有自身的平衡体系，通过调整判决比或判决金额，以此协调各方利益，使双方都能得到较为满意的结果。实现既要激励原创者进行创作，又要使公众能够接触到作品，促进知识传播，促进著作权产业的发展。

司法量化决策存在锚定效应。原告诉求金额、最高50万元法定赔偿限额、当事人身份类型、人民陪审员等因素形成外生锚点影响法院判决决策；法官的学历、专业、经验、工作负荷等因素形成内生锚点影响法院判决决策。司法判决中锚定效应不能一概而论，在各种锚的相互作用下，法官需要综合考虑各种因素进行量化决策。当事人诉讼定价能力也会影响法院判决决策，一方面通过自身资源、诉讼经验形成诉讼定价能力影响法院判决决策；另一方面通过聘请律师形成诉讼定价能力影响法院判决决策。

法院判决以事实为依据，以法律为准绳，信息不对称、信息冲击情况下，法官无法准确估计损害赔偿价值时，会采取规避风险的态度防止消极后果发生，选择从低进行定价，使错误成本和决策成本最小化，导致著作权侵权法院判决金额整体偏低，著作权保护呈现弱司法保护状态。

接下来第四章对中国著作权侵权法院判决特征进行统计分析，第五章锚定效应对法院判决金额的影响，第六章当事人诉讼定价能力对法院判决倾向的影响，第七章当事人策略性诉讼对法院判决的影响分别对著作权侵权法院判决影响因素理论进行实证检验，并对《著作权法》司法实践过程利益平衡原则及合理使用制度进行评估，发现当前著作权侵权诉讼存在的问题，为《著作权法》及著作权其他相关法律制度的改进提供思路、借鉴与参考。

第 四 章

著作权侵权法院判决特征统计分析

本章重点考察著作权侵权法院判决特征。当事人身份类型、当事人有无代理律师、当事人与法院属地关系、当事人诉讼持续时长、侵权作品类型及侵犯权利类型等因素会使法院判决呈现出不同的特征。通过分析著作权侵权法院判决特征,有利于发现著作权侵权法院判决规律,有利于发现著作权侵权法院判决存在的问题,有利于评估当前司法实践是否合理,有利于制定修改著作权相关法律法规制度,使著作权侵权法院判决更加公平公正。

第一节 法院判决的衡量和数据来源

一 法院判决的衡量

一般而言,法院判决结果采用胜诉率进行衡量。如果司法判决书中判决结果显示法院确认被告侵权,全部或部分支持原告诉求,可以认为原告胜诉,如果驳回原告诉求,可以认为原告败诉,被告胜诉。为了更进一步确定法院判决轻重和法院判决倾向,我们引入法院判决金额、法院判决比、法院判决倾向指标进行衡量。

法院判决金额采用著作权侵权司法判决书中法院最终判决的损失补偿、精神补偿、合理费用补偿等总金额作为衡量指标,法院判决金额越高,说明法院判决越重,原告获得的损害赔偿金额越多,被告侵权成本越高;法院判决金额越低,说明法院判决越轻,原告获得的损害赔偿金额越少,被告侵权成本越低。

法院判决比(有文献也称之为"诉求支持率"或者"判赔支持度")采用法院判决金额与原告诉求金额的比值作为衡量指标,原告诉求金额采用原告向法院发起诉讼时要求的经济损失补偿、精神补偿、合理费用补偿等总金额表示。法院判决比指标在一定程度上代表了法院的行为选择偏好和判决轻重,决定了原告与被告的利益分配,判决比越低,说明原告获得利益相对较少,被告获得的利益相对较多,法院判决相对轻,著作权司法保护越弱;判决比越高,说明原告获得的利益相对较多,被告获得的利益相对较少,法院判决相对重,著作权司法保护越强(魏建等,2019)。

法院判决倾向采用法律规定的最大判决金额①和最小判决金额对法院法官判决金额进行标准化处理,以此衡量法官进行自由裁量的严厉程度(harshness)。具体的计算公式为:

$$harshness = \frac{实际判决金额 - 法律规定最小判决金额}{法律规定最大判决金额 - 最小判决金额} \quad (4-1)$$

其中,harshness 反映了法官进行自由裁量的严厉程度,数值越大,说明法官从重判决,原告获得赔偿相对较多;数值越小,说明法官从轻判决,原告获得赔偿相对较少。

二 数据来源

本书的数据主要来源于聚法案例数据库②。聚法案例数据库以收集"中国裁判文书网"的判决书为主,也汇集了北大法宝、北大法意、Openlaw 等其他多个专业法律数据网站公布的判例裁判文书数据,资料丰富全面,检索更为方便快捷。随机抽取了 2015—2020 年 30 个省(自治区、直辖市)各级法院公开的著作权侵权一审判决书

---

① 《著作权法》(2010)法定赔偿额最高 50 万元,也存在酌定赔偿 50 万元以上的著作权侵权损害赔偿,因大部分法院判决金额在 50 万元内,酌定赔偿仅占法院判决的很少部分,故法院最大判决金额仍按《著作权法》(2010)法定赔偿最高 50 万元计算。

② 聚法案例数据库网址:https://www.jufaanli.com/。

14825 份用于本章的实证研究。判决书具体检索过程如下：在聚法案例数据库网站选择案由："著作权权属、侵权"进行检索；进一步选择文书性质：判决书；审理程序：一审；审判时间：2015—2020年，按照每个省份司法判决书占总样本的比例，每隔一定数量的样本随机抽取了相应份数的判决书。

通过下载并整理著作权裁判文书内容，提取了裁判文书中与研究相关的变量信息，具体内容包括法院判决金额、原告诉求金额、案件受理日期、案件审结日期、案号、侵权作品类型、侵犯权利类型；当事人信息，含原告、被告当事人名称，原告、被告是否聘请律师，原告是否当地，原告、被告所在省市；审理法院特征，含审理法院、庭审形式、有无人民陪审员、判决依据实体法条数量（不包括程序法和司法解释条例）。另外，根据原告、被告企业名称，通过"天眼查网站"[①] 收集整理了原告、被告当事人企业组织类型、注册资本、经营范围等信息。

随机抽取的 14825 份样本中，2015 年样本数量为 1078 份，2016 年样本数量为 4020 份，2017 年样本数量为 4014 份，2018 年样本数量为 2500 份，2019 年样本数量为 1485 份，2020 年样本数量为 1728 份。东部、中部、西部的样本数量分别为 9315 份、3032 份、2478 份，所占比例分别为 62.83%、20.45%、16.71%（见表 4-1）。

表 4-1　　　　　　　　　　样本统计性说明

年份	2015	2016	2017	2018	2019	2020	总计
样本量（份）	1078	4020	4014	2500	1485	1728	14825
所占比例（%）	7.27	27.12	27.08	16.86	10.02	11.66	100

---

① 天眼查网址：https://www.tianyancha.com/。该网站收录了企业、政府事业单位、社会团体等 1.8 亿家社会实体信息，专业提供单位工商信息（包括公司类型、注册资本、法定代表人等）、企业关联关系、司法风险、经营状况、经营风险、知识产权等数据信息。

通过与中国裁判文书网已经公布的案件区域分布进行比较，样本数据覆盖区域与中国裁判文书网公布案件区域分布基本一致，后面章节进行实证研究及统计分析均来自此样本数据库。

下文将从原被告当事人身份类型、原被告当事人有无代理律师、原被告当事人与法院属地的关系、诉讼持续时长、侵权作品类型、侵犯权利类型等角度分析总结著作权侵权法院判决特征，并对原告诉求金额与法院判决金额分区间进行统计分析，更好地了解原告诉求金额与法院判决金额的关系，发现法院判决影响因素，著作权侵权法院判决规律。有利于发现《著作权法》实施过程中存在的问题，有利于改革现有著作权保护制度，使著作权侵权法院判决更加公正地体现。

第二节　当事人身份类型与法院判决

根据 Galanter（1974）当事人资源理论，不同类型当事人资源禀赋存在较大差异，政府企业组织拥有资源较多，个人拥有资源相对较少，在诉讼中政府企业组织处于优势地位，而个人处于劣势地位，法院判决对政府企业组织更为有利。此后，众多学者对当事人资源理论进行了拓展验证，但在不同国家针对不同的案件得出的结论并不一致。诉讼当事人、法律、法院、法官的特征会影响法院判决决策，经济、法律制度设计会对强者或者弱者产生倾斜，法院、法官及其代理律师可能会偏向或反对强者。这是专家学者基于国外的法律制度环境得出的结论，在中国的经济体制下，针对著作权侵权案件不同类型的当事人对法院判决的影响是否适用还有待于进一步证实。本节主要从原、被告当事人身份类型角度分析总结著作权侵权法院判决特征。

一　原告当事人身份类型与法院判决

根据当事人身份类型特点，我们将当事人分为个人、私企、外资企业、国企、行政事业单位和社会团体。如果著作权司法判决书中当事人信息显示为自然人姓名,我们认定为个人;如果著作权司法判决书中当事人信息显示为企业或单位名称,我们认定为企业组织单位,包括私企、外资企业、国企、行政事业单位和社会团体。进一步根据"天眼查网站"搜索企业或组织机构类型信息,将企业类型为有限责任公司、股份有限公司、其他有限责任公司、个人独资企业、个体工商户归为私营单位,简称私企;将企业类型为中外合作、中外合资、外商独资企业归为外资企业;将企业类型为国有独资、国有控股、全民所有制、集体所有制企业归为国有企业,简称国企;将政府机关、事业单位归为行政事业单位;将社会组织类型显示为社会团体的归为社会团体,以中国五大著作权集体管理组织为主。

(一)原告当事人身份类型与法院判决特征

在14825份著作权侵权司法判决书中,原告当事人为个人、私企、外资企业、国企、行政事业单位、社会团体的样本数量分别为1465份、6489份、752份、150份、151份、5818份,所占比例分别为9.88%、43.77%、5.07%、1.01%、1.02%、39.24%(见图4-1和表4-2)。从不同类型当事人诉讼案件数量可以看出,社会团体发起诉讼案件最多,其次为私营企业。社会团体中中国音像著作权集体管理协会发起侵权诉讼案件占绝大部分,私营企业中有限责任公司发起诉讼案件最多。中国音像著作权集体管理协会是非营利性社会组织,依法维护其会员的合法权利,针对侵犯音像节目著作权的行为依法提起法律诉讼或者申请行政处罚。

9.88%
39.24%
1.02%
1.01%
5.07%
43.77%

□ 个人
■ 私企
▥ 外资企业
■ 国企
▦ 行政事业单位
□ 社会团体

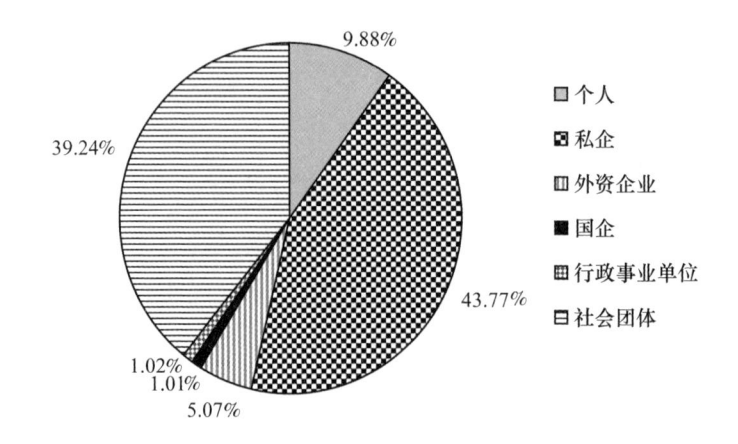

图4-1 原告当事人身份类型

数据来源：根据判决书数据信息整理，本章节下表数据来源均同。

注：部分数据经四舍五入，故相加不完全等于100%，下同。

表4-2　　　　　　　　原告当事人身份类型与法院判决特征

原告身份类型	样本量（份）	所占比例（%）	原告平均胜诉率（%）	平均判决比（%）	平均判决倾向（%）	平均判决金额（元）
个人	1465	9.88	92.83	25.84	2.34	11694.77
私企	6489	43.77	95.21	26.63	2.81	14040.63
外资企业	752	5.07	95.61	22.39	4.4	21977.27
国企	150	1.01	94.00	29.80	5.12	25584.77
行政事业单位	151	1.02	100.00	35.42	1.18	5903.74
社会团体	5818	39.24	97.92	43.54	2.72	13578.54

由表4-2原告平均胜诉率可以看出，原告为行政事业单位平均胜诉率最高，为100%，其次为社会团体97.92%，外资企业胜诉率95.61%，高于私营企业和国有企业，个人胜诉率最低，为92.83%。著作权侵权平均胜诉率为96.09%，这就说明确定侵权并不困难，对于原告当事人而言在确保法院确认侵权的同时要争取更多的赔偿金额。由法院平均判决金额可以看出国有企业、外资企业法院平均判决金额相对较高，分别为25584.77元、21977.27元。其次为私营企业，法院判决金额为14040.63元，行政事业单位法院判决金额最低，为

5903.74元①。由法院平均判决倾向可以看出，国有企业法院平均判决倾向最高，其次为外资企业，行政事业单位法院平均判决倾向最低。法院判决金额为诉讼当事人利益获取的绝对值，法院判决比为诉讼当事人利益获取的相对比例。由法院平均判决比可以看出原告为社会团队当事人法院平均判决比最高，为43.54%，其次为行政事业单位，法院平均判决比为35.42%，外资企业法院平均判决比最低，为22.39%，个人法院判决比外资企业略高，为25.84%（见图4-2）。

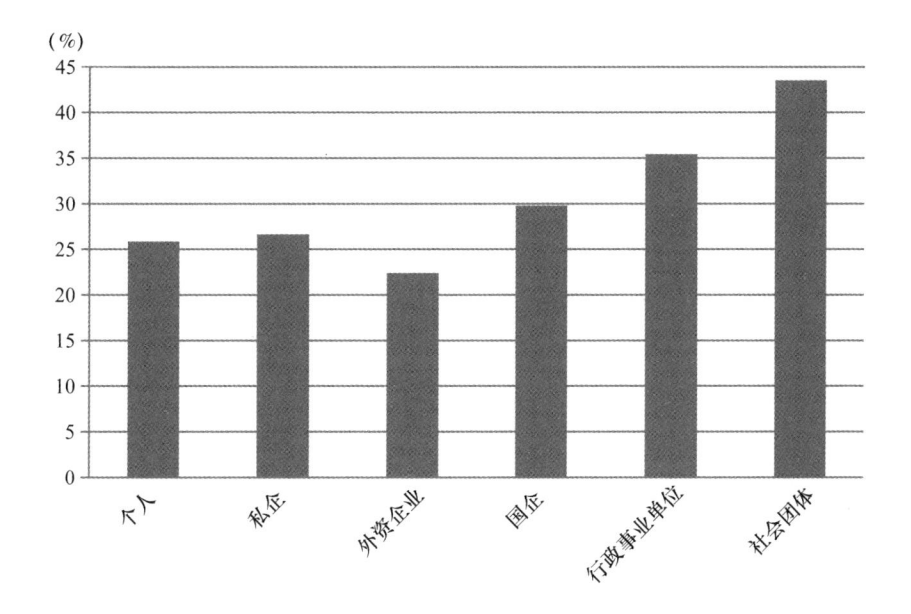

图4-2 不同类型原告当事人平均判决比

当原告为个人时无论原告平均胜诉率、法院平均判决金额、法院平均判决倾向还是法院平均判决比与企业组织相比都较低，这说明当事人资源影响法院判决，但在中国经济体制下又存在变异。比如，原告为行政事业单位资源相对丰富，平均胜诉率和法院平均判决比较高，

---

① 法院判决金额一般在50万元以下，表4-2、表4-4、表4-5法院平均判决金额、平均判决倾向均值为剔除法院判决50万元以上的样本进行统计，减少异常样本对均值的影响，其他列及其他表格均按照全样本进行统计。

但法院平均判决金额较低，说明行政事业单位更注重胜诉与获取判决赔偿相比，虽然资源较为丰富，但并没有投入更多的诉讼资源获取更多的判决赔偿。原告为外资企业平均胜诉率、法院判决金额均较高，但法院平均判决比较低，这说明在著作权侵权司法判决中外资企业获取赔偿与其他单位相比较高，但与其诉求金额相比还存在较大差距，并没有达到预期赔偿金额（徐剑，2017）。

从原告当事人平均胜诉率、法院判决金额、法院判决倾向和法院判决比可以看出，不同类型的当事人发起诉讼的目的存在异质性。原告为个人受到其资源的限制，在著作权侵权司法判决中处于相对不利的地位，无论平均胜诉率还是法院平均判决金额都不高。外资企业发起诉讼不仅要确保胜诉更要获得更多赔偿金额。行政事业单位发起诉讼更注重打赢官司获取胜诉。社会团体平均胜诉率和法院平均判决比都较高，平均判决金额趋近于样本均值，说明社会团体发起大量诉讼，在确保胜诉的情况下，提出相对较低的诉讼金额，减少诉讼摩擦，"速战速决"减少诉讼成本，通过大量诉讼案件实现规模经济获取大量赔偿金额（毛昊，2017），或者与侵权作品类型有关，社会团队发起诉讼案件以中国音像著作权集体管理协会为主，大部分为音乐作品，每首音乐作品大约100元赔偿金额（最高人民法院（2019）最高民法申910号再审裁定书对该类案件维持每首音乐作品100元赔偿金额，当然每首音乐作品各地赔偿略有差异）。

（二）原告当事人身份类型、诉求金额与法院判决金额

著作权侵权诉讼案件采用当事人主义诉讼模式，法院采取"不告不理"的态度，即一方当事人发起诉讼提出诉讼请求，仅在当事人提出的诉求范围内进行审判，因此当事人提出的诉讼请求至关重要，诉讼金额是当事人诉求的具体体现，对于法院判决金额具有重要影响。原告当事人为个人发起诉讼时平均诉求金额最高，为500783.9元，其次为国有企业，发起诉讼时平均诉求金额为189445.1元，再次为外资企业，发起诉讼时平均诉求金额为122952.5元，与全部样本平均诉求金额均值129328.79元最

为接近，行政事业单位发起诉讼时平均诉求金额最低，为17657.22元，社会团体发起诉讼时平均诉求金额高于行政事业单位，为33375.53元。

法院判决金额是法院判决被告给予原告的损害赔偿，原告当事人为国有企业平均判决金额最高，为25584.77元，其次为外资企业，平均判决金额为21977.27元，私营企业与社会团体平均判决金额分别为14040.63元、13578.54元，与样本均值14056.95元[①]最为接近，个人、行政事业单位平均判决金额较低，分别为11694.77元、5903.74元。

图4-3为不同类型原告当事人的平均诉求金额与平均判决金额，因存在较少部分的著作权侵权案件法院判决高于50万元，为了减少极端值的影响，图4-4为去掉判决金额50万元以上的不同类型原告当事人平均诉求金额与平均判决金额，我们可以看出平均诉求金额与平均判决金额趋势及规律基本一致。

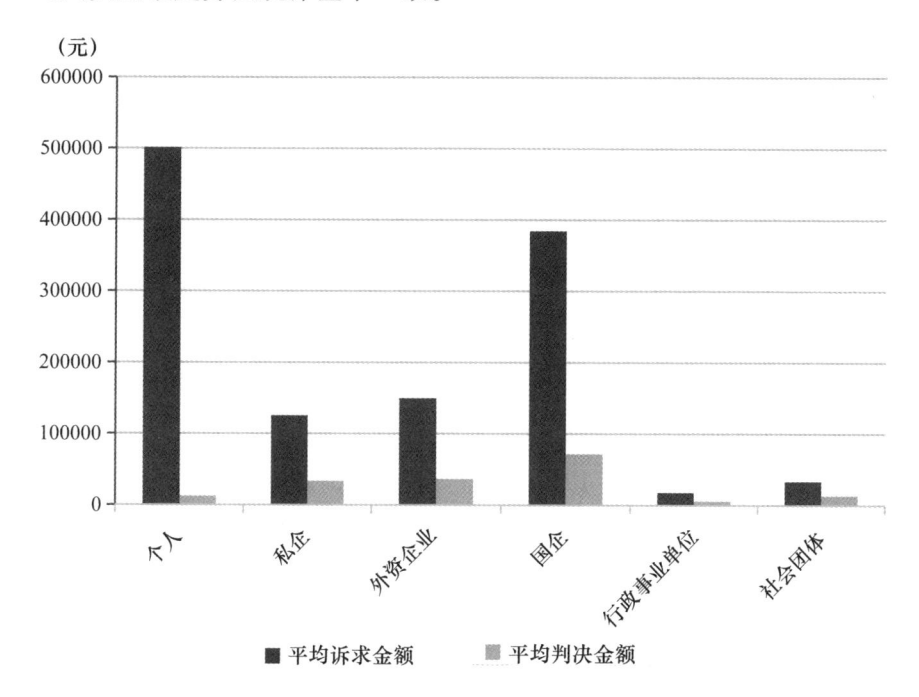

图4-3 原告当事人身份类型、平均诉求金额与平均判决金额

---

① 全样本法院平均判决金额均值为23857.4元，此处为剔除判决50万以上的样本均值。

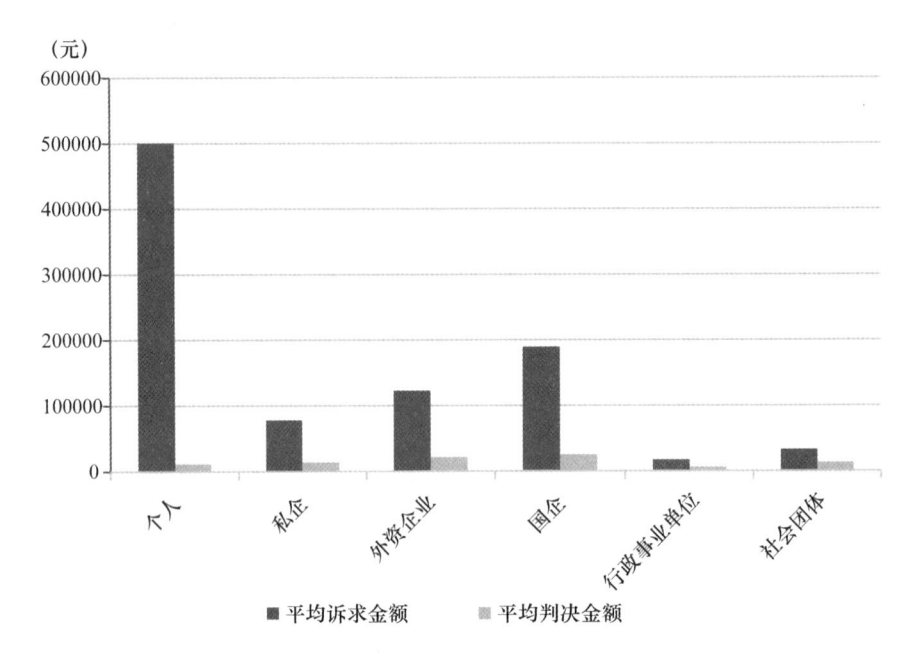

图 4-4　原告当事人身份类型、平均诉求金额与平均判决金额
（去掉判决金额 50 万元以上）

进一步，根据不同类型当事人诉求金额的均值及分布区间，我们以小于等于 5 万元、大于 5 万元小于等于 10 万元、大于 10 万元小于等于 15 万元、大于 15 万元小于等于 50 万元、大于 50 万元划分五个档次，对不同类型原告当事人诉求金额进行统计，见表 4-3。从表 4-3 中可以看出，不同类型原告当事人诉求金额集中在 5 万元以内，约占总样本的 76.51%，以社会团体和私营企业当事人为主；大于 5 万元小于等于 10 万元的样本量为 1602 份，占总样本的 10.81%，以私营企业和社会团体当事人为主；大于 10 万元小于等于 15 万元的样本量为 760 份，占总样本的 5.13%；大于 15 万元小于等于 50 万元的样本量为 839 份，占总样本量的 5.66%，其中外资企业当事人占 0.51%；大于 50 万元以上的样本量为 282 份，占总样本的 1.90%，其中外资企业当事人占 0.36%，仅次于私营企业。

表4-3　　　　　　　　原告当事人身份类型与诉求金额

原告身份类型	平均诉求金额（元）	小于等于5万元		大于5万元小于等于10万元		大于10万元小于等于15万元		大于15万元小于等于50万元		大于50万元	
		样本量	所占比例（%）	样本量	所占比例（%）	样本量	所占比例（%）	样本量	所占比例（%）	样本量	所占比例（%）
个人	500783.9	1143	7.71	154	1.04	60	0.40	67	0.45	41	0.28
私企	78325.41	4772	32.19	893	6.02	261	1.76	399	2.69	164	1.11
外资企业	122952.5	448	3.02	101	0.68	73	0.49	76	0.51	54	0.36
国企	189445.1	85	0.57	24	0.16	18	0.12	10	0.07	13	0.09
行政事业单位	17657.22	143	0.96	7	0.05	0	0.00	1	0.01	0	0.00
社会团体	33375.53	4751	32.05	423	2.85	348	2.35	286	1.93	10	0.07
合计		11342	76.51	1602	10.81	760	5.13	839	5.66	282	1.90

根据不同类型当事人法院判决金额的均值及分布区间，我们以小于等于1万元、大于1万元小于等于5万元、大于5万元小于等于10万元、大于10万元小于等于50万元，大于50万元划分五个档次，对不同类型原告当事人法院判决金额进行统计，见表4-4。从表4-4中可以看出，不同类型原告当事人法院判决金额集中在1万元以内，约占总样本的73.38%，以社会团体和私营企业当事人为主；大于1万小于等于5万元的样本量为2901份，占总样本的19.57%，以私营企业和社会团体当事人为主；大于5万元小于等于10万元的样本量为754份，占总样本的5.09%；大于10万元小于等于50万元的样本量为242份，占总样本量的1.63%，其中外资企业当事人占0.20%；大于50万元以上的样本量为50份，占总样本的0.34%，其中个人当事人占0.01%，外资企业当事人占0.05%，私营企业当事人占0.24%，国有企业当事人占0.03%，其他类型原告当事人为0。按《著作权法》（2010）规定，著作权侵权损害赔偿一般在50万元以内，根据侵权的行为和性质可以进

行酌定赔偿，不受 50 万元最高额的限制，私营企业、外资企业在著作权侵权高额损害赔偿中占有较大比例。

表 4-4　　原告当事人身份类型与法院判决金额

原告身份类型	平均判决金额（元）	小于等于 1 万元		大于 1 万元小于等于 5 万元		大于 5 万元小于等于 10 万元		大于 10 万元小于等于 50 万元		大于 50 万元	
		样本量（份）	所占比例（%）	样本量（份）	所占比例（%）	样本量（份）	所占比例（%）	样本量（份）	所占比例（%）	样本量（份）	所占比例（%）
个人	11694.77	1099	7.41	313	2.11	35	0.24	16	0.11	2	0.01
私企	14040.63	4786	32.28	1289	8.69	262	1.77	116	0.78	36	0.24
外资企业	21977.27	461	3.11	220	1.48	33	0.22	30	0.20	8	0.05
国企	25584.77	78	0.53	45	0.30	13	0.09	10	0.07	4	0.03
行政事业单位	5903.735	128	0.86	23	0.16	0	0.00	0	0.00	0	0.00
社会团体	13578.54	4326	29.18	1011	6.82	411	2.77	70	0.47	0	0.00
合计		10878	73.38	2901	19.57	754	5.09	242	1.63	50	0.34

二　被告当事人身份类型与法院判决

（一）被告当事人身份类型与法院判决特征

由表 4-5 和图 4-5 可以看出，被告当事人为个人、私企、外资企业、国企、行政事业单位、社会团体的样本量分别为 387 份、13711 份、241 份、269 份、212 份、5 份，所占比例分别为 2.61%、92.49%、1.63%、1.81%、1.43%、0.03%。从不同类型被告当事人案件数量可以看出，被告以私营企业为主，其次为个人。

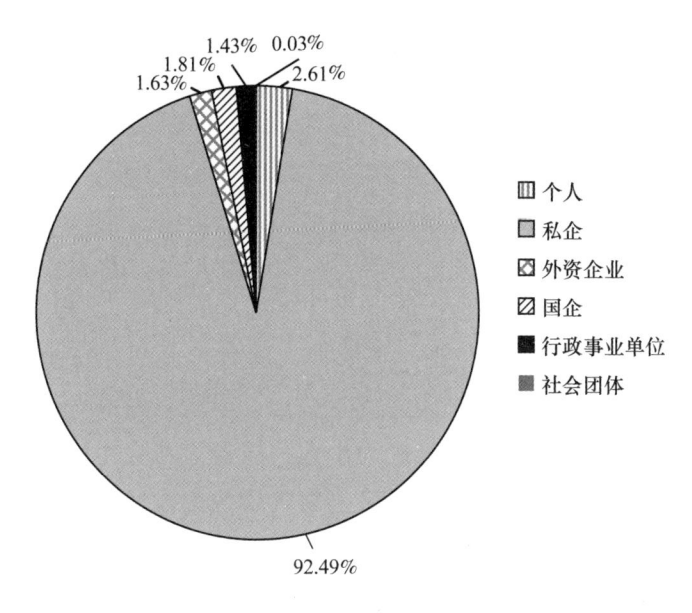

第四章 著作权侵权法院判决特征统计分析 ◂◂ 105

图 4-5 被告当事人身份类型

表 4-5　　　　　　　　被告当事人身份类型与法院判决特征

被告身份类型	样本量（份）	所占比例（%）	原告平均胜诉率（%）	平均判决比（%）	平均判决倾向（%）	平均判决金额（元）
个人	387	2.61	88.63	27.29	3.16	15785.92
私企	13711	92.49	96.38	33.51	2.795	13976.22
外资企业	241	1.63	93.36	22.94	3.1	15526.86
国企	269	1.81	97.40	37.95	3.32	16622.08
行政事业单位	212	1.43	92.92	22.57	2.29	11496.70
社会团体	5	0.03	100.00	29.22	1.97	9882.20

由表 4-5 可以看出，无论哪种类型的被告，原告都具有较高的胜诉率。当被告为个人时原告平均胜诉率最低，为 88.63%，其次当被告为行政事业单位、外资企业时原告平均胜诉率分别为 92.92%、93.36%，当被告为社会团体时原告胜诉率为 100%。从法院平均判决金额来看，当被告为国有企业时法院平均判决金额最高，为 16622.08

元，略高于被告为个人、外资企业的法院平均判决金额，被告为行政事业单位时法院平均判决金额较低，为 11496.70 元。从法院平均判决倾向来看，当被告为国有企业、个人、外资企业时法院判决倾向基本一致，法院判决轻重差异较少，当被告为事业单位时法院判决倾向最小，即被告为事业单位时法院判决较轻。

从法院平均判决比来看（见图 4-6），当被告为行政事业单位时法院平均判决比为 22.57%，被告为外资企业时法院平均判决比比行政事业单位略高，为 22.94%，当被告为国有企业和私营企业时法院平均判决比相对较高，分别为 37.95%、33.51%。当被告为国有企业时法院平均判决金额最高，其次为个人，被告为社会团体时平均判决金额最低，这在一定程度上说明了当事人资源影响法院判决，在诉讼中如果没有加大诉讼资源投入无法转化为诉讼定价能力，诉讼定价能力不强影响法院做出对其更为有利的判决。

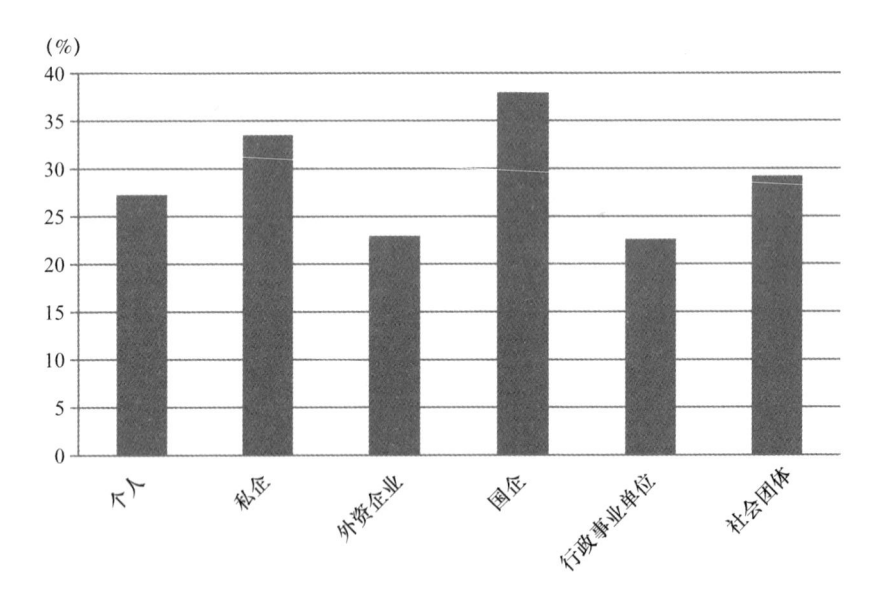

图 4-6　不同类型被告当事人原告平均判决比

(二) 被告当事人身份类型、原告诉求金额与法院判决金额

从图4-7可以看出，被告当事人为国有企业时原告发起诉讼平均诉求金额最高，为211078.50元，其次被告为私营企业时，原告发起诉讼平均诉求金额为128773.69元，再次被告为行政事业单位时，原告发起诉讼平均诉求金额为118119.29元，被告为社会团体时原告发起诉讼平均诉求金额最低，为34240元。被告当事人为国有企业平均判决金额最高，为16622.08元，其次为个人、外资企业，平均判决金额为15785.92元、15526.86元，被告当事人为社会团体时法院判决金额最低，为9882.20元（见图4-7）。

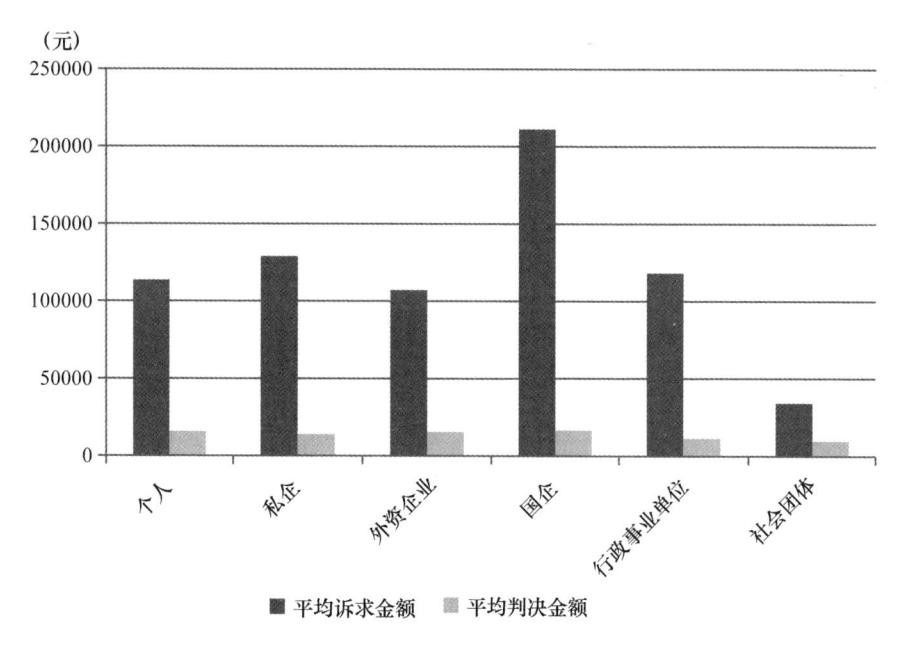

图4-7 被告当事人身份类型、原告平均诉求金额与法院平均判决金额

根据不同类型当事人诉求金额的均值及分布区间，我们以小于等于5万元、大于5万元小于等于10万元、大于10万元小于等于15万元、大于15万元小于等于50万元、大于50万元划分五个档次，对不同类型被告当事人身份类型与原告诉求金额进行统计，见表4-6。从

表 4-6 可以看出，被告以私营企业为主，样本量为 10551 份，约占样本总数的 71.17%。原告发起诉讼时诉求金额集中在 5 万元以内，其次在 5 万元至 10 万元之间，原告诉求金额大于 50 万元以私营企业、国有企业为主，分别占样本量的 1.50%、0.19%。

表 4-6　　　　　　被告当事人身份类型与原告诉求金额

被告身份类型	平均诉求金额（元）	小于等于 5 万元		大于 5 万元小于等于 10 万元		大于 10 万元小于等于 15 万元		大于 15 万元小于等于 50 万元		大于 50 万元	
		样本量（份）	所占比例（%）	样本量（份）	所占比例（%）	样本量（份）	所占比例（%）	样本量（份）	所占比例（%）	样本量（份）	所占比例（%）
个人	113442.81	275	1.85	44	0.30	20	0.13	33	0.22	15	0.10
私企	128773.69	10551	71.17	1478	9.97	711	4.80	749	5.05	222	1.50
外资企业	107004.85	167	1.13	23	0.16	10	0.07	30	0.20	11	0.07
国企	211078.50	200	1.35	27	0.18	4	0.03	10	0.07	28	0.19
行政事业单位	118119.29	145	0.98	29	0.20	15	0.10	17	0.11	6	0.04
社会团体	34240.00	4	0.03	1	0.01	0	0.00	0	0.00	0	0.00
合计		11342	76.51	1602	10.82	760	5.13	839	5.65	282	1.90

根据不同类型当事人法院判决金额的均值及分布区间，我们以小于等于 1 万元、大于 1 万元小于等于 5 万元、大于 5 万元小于等于 10 万元、大于 10 万元小于等于 50 万元、大于 50 万元划分五个档次，对不同类型被告当事人法院判决金额进行统计，见表 4-7。由表 4-7 法院判决金额的五个档次可以看出，法院判决金额集中在 1 万元以内，被告以私营企业为主，样本数量为 10084 份，占总样本的 68.02%。法院判决金额大于 50 万元以上的样本量为 50 份，其中被告为私营企业当事人占 0.22%，被告为国有企业、个人当事人分别占 0.11%、0.01%，其他类型被告当事人为 0。

表 4-7　　　　　　　　被告当事人身份类型与法院判决金额

被告身份类型	平均判决金额（元）	小于等于1万元		大于1万元小于等于5万元		大于5万元小于等于10万元		大于10万元小于等于50万元		大于50万元	
		样本量（份）	所占比例（%）	样本量（份）	所占比例（%）	样本量（份）	所占比例（%）	样本量（份）	所占比例（%）	样本量（份）	所占比例（%）
个人	15785.92	277	1.87	83	0.56	21	0.14	5	0.03	1	0.01
私企	13976.22	10084	68.02	2664	17.97	708	4.78	223	1.50	32	0.22
外资企业	15526.86	174	1.17	52	0.35	11	0.07	4	0.03	0	0.00
国企	16622.08	181	1.22	55	0.37	8	0.05	8	0.05	17	0.11
行政事业单位	11496.7	158	1.07	46	0.31	6	0.04	2	0.01	0	0.00
社会团体	9882.20	4	0.03	1	0.01	0	0.00	0	0.00	0	0.00
合计		10878	73.38	2901	19.57	754	5.08	242	1.62	50	0.34

第三节　当事人有无代理律师与法院判决

一　当事人有无代理律师与法院判决特征

从表 4-8 可以看出原告被告当事人均聘请律师的样本量为 4116 份，占总样本量的 27.76%，原告当事人聘请律师被告当事人无律师的样本量为 9620 份，占样本总量的 64.89%，原告当事人无律师被告当事人聘请律师的样本量为 327 份，占样本总量的 2.21%，原告无律师被告无律师的样本量为 762 份，占样本总量的 5.14%。原告聘请律师比例为 92.65%，被告聘请律师比例为 29.97%。原被告都聘请律师的情况下原告平均胜诉率为 93.88%，原被告都不聘请律师的情况下原告平均胜诉率为 97.64%，其中原告聘请律师被告不聘请律师原告平均胜诉率为 97.17%，原告无律师被告有律师的情况下原告平均胜诉率为 88.69%，由此可以看出律师对于当事人能否胜诉具有重要作用，原告有律师可以提高原告胜诉率，被告有律师可以降低原告胜诉率。从法院平均判决比来看，原告有律师被告有律师、原告有律师被告无律师法院判决比分别为30.84%、34.62%，原告无律师被告有律师、原告无律师被告无律师法院判决比分别为25.38%、29.34%，原告有律师会使法院判决比增加，被告有律师会使法院判决比降低，律师对于当事人的利益争取具有重要作用（Feldman，2016；Szmer et al.，2016，2020）。

表4-8　当事人有无代理律师与法院判决特征

原告有无代理律师	被告有律师 样本量（份）	被告有律师 所占比例（%）	被告无律师 样本量（份）	被告无律师 所占比例（%）	被告有律师 原告平均胜诉率（%）	被告无律师 原告平均胜诉率（%）	被告有律师 平均判决比（%）	被告无律师 平均判决比（%）
原告有律师	4116	27.76	9620	64.89	93.88	97.17	30.84	34.62
原告无律师	327	2.21	762	5.14	88.69	97.64	25.38	29.34

二　原告有无代理律师、诉求金额与法院判决金额

从图4-8可以看出，原告有律师时平均诉求金额为135138.9元，原告无律师时平均诉求金额为56043.31元，原告有律师诉求金额远远大于无律师诉求金额。原告有律师时法院平均判决金额为24712.53元，原告无律师时平均判决金额为13071.26元，原告有律师法院平均判决金额大于无律师平均判决金额。

进一步，根据原告有无代理律师诉求金额的均值及分布区间，我们以小于等于5万元、大于5万元小于等于10万元、大于10万元小于等于15万元、大于15万元小于等于50万元、大于50万元划分五个档次，对当事人有无律师平均诉求金额进行统计，见表4-9。从表4-9中可以看出，原告有律师、无律师诉求金额均集中在5万元以内，原告有律师五个档次的样本量分别为10473份、1469份、716份、813份、265份，占总样本的比例分别为70.64%、9.91%、4.83%、

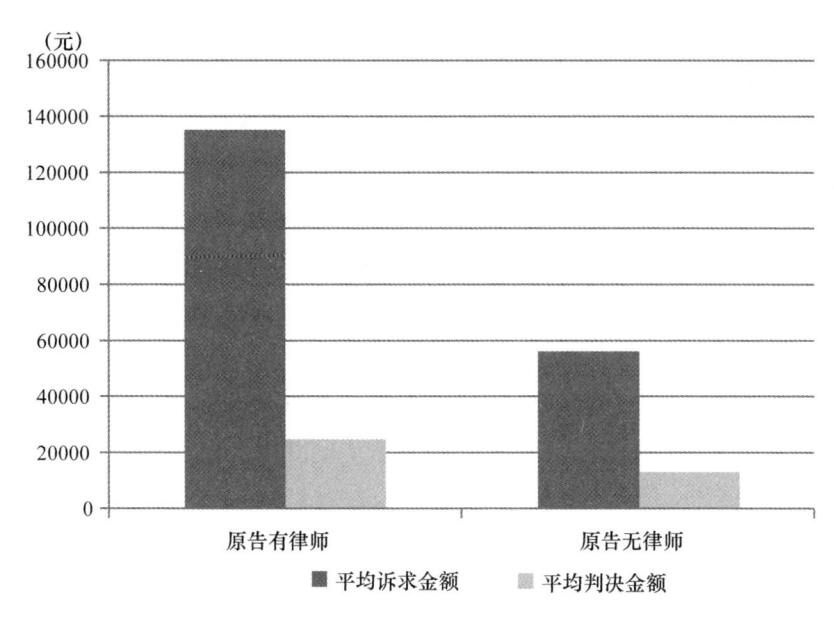

图 4-8　原告有无代理律师、诉求金额与法院判决金额

5.48%、1.79%；原告无律师五个档次的样本量依次为 869 份、133 份、44 份、26 份、17 份，占总样本的比例分别为 5.86%、0.90%、0.30%、0.18%、0.11%。由此可以看出，著作权侵权诉讼案件大部分原告发起诉讼都会聘请律师，诉求金额集中在 5 万元以内。

表 4-9　原告有无代理律师与诉求金额

原告有无代理律师	平均诉求金额（元）	小于等于 5 万元		大于 5 万元小于等于 10 万元		大于 10 万元小于等于 15 万元		大于 15 万元小于等于 50 万元		大于 50 万元	
		样本量（份）	所占比例（%）	样本量（份）	所占比例（%）	样本量（份）	所占比例（%）	样本量（份）	所占比例（%）	样本量（份）	所占比例（%）
原告有律师	135138.9	10473	70.64	1469	9.91	716	4.83	813	5.48	265	1.79
原告无律师	56043.31	869	5.86	133	0.90	44	0.30	26	0.18	17	0.11

根据原告有无代理律师法院判决金额的均值及分布区间,我们以小于等于 1 万元、大于 1 万元小于等于 5 万元、大于 5 万元小于等于 10 万元、大于 10 万元小于等于 50 万元、大于 50 万元划分五个档次,对原告有无代理律师法院判决金额进行统计,见表 4-10。从表 4-10 可以看出,原告有律师、原告无律师判决金额集中在 1 万元以内,说明著作权侵权案件赔偿额较低,以小案件为主;其次在大于 1 万元小于等于 5 万元区间,法院判决金额大于 50 万元以上的其中 49 个案件原告均有律师,这说明著作权侵权大案件当事人加大诉讼资源投入聘请律师参与争取更多赔偿金(Lin et al.,2020)。

表 4-10   原告有无代理律师与法院判决金额

原告有无代理律师	平均判决金额(元)	小于等于 1 万元		大于 1 万元小于等于 5 万元		大于 5 万元小于等于 10 万元		大于 10 万元小于等于 50 万元		大于 50 万元	
		样本量(份)	所占比例(%)	样本量(份)	所占比例(%)	样本量(份)	所占比例(%)	样本量(份)	所占比例(%)	样本量(份)	所占比例(%)
原告有律师	24712.53	10031	67.66	2723	18.37	711	4.80	222	1.50	49	0.33
原告无律师	13071.26	847	5.71	178	1.20	43	0.29	20	0.13	1	0.01

三 被告有无代理律师、诉求金额与法院判决金额

从图 4-9 可以看出,被告有律师时原告平均诉求金额为 337123.10 元,被告无律师时原告平均诉求金额为 40402.74 元,被告有律师诉求金额远远大于无律师诉求金额。被告有律师时法院平均判决金额为 51261.34 元,被告无律师时法院平均判决金额为 12129.82 元,被告有律师法院平均判决金额大于无律师平均判决金额。

进一步,我们以小于等于 5 万元、大于 5 万元小于等于 10 万元、

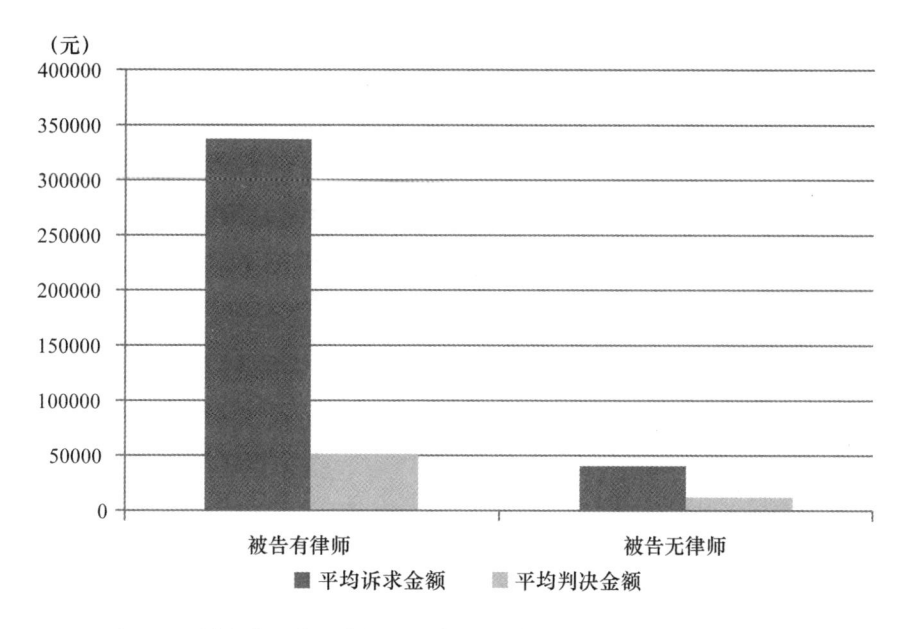

第四章 著作权侵权法院判决特征统计分析 ◀◀ 113

图 4 - 9 被告有无代理律师、原告平均诉求金额与法院平均判决金额

大于 10 万元小于等于 15 万元、大于 15 万元小于等于 50 万元、大于 50 万元划分五个档次，对被告有无代理律师与原告当事人平均诉求金额进行统计，见表 4 - 11。从表 4 - 11 中可以看出，被告不聘请律师样本量为 8522 份，占样本总量的比例为 57.48%；被告聘请律师样本量为 2820 份，占样本总量的比例为 19.02%，由此可以看出，著作权侵权案件大部分被告不聘请律师，无论被告是否聘请律师原告诉求金额大部分集中在 5 万元以内，占样本总量的比例为 76.51%。当原告诉求金额大于 15 万元以上时被告有律师的样本量大于被告无律师的样本量，被告有律师的比例大于被告无律师的比例，说明当原告诉求金额较高的情况下，被告更为重视案件，诉讼资源投入较多，为取得对自身更为有利的判决，被告积极聘请律师应诉（Nelson and Epstein，2019）。

表 4-11　　　　　　　　被告有无代理律师与原告诉求金额

被告有无代理律师	平均诉求金额（元）	小于等于5万元		大于5万元小于等于10万元		大于10万元小于等于15万元		大于15万元小于等于50万元		大于50万元	
		样本量（份）	所占比例（%）	样本量（份）	所占比例（%）	样本量（份）	所占比例（%）	样本量（份）	所占比例（%）	样本量（份）	所占比例（%）
被告有律师	337123.10	2820	19.02	653	4.40	287	1.94	460	3.10	223	1.50
被告无律师	40402.74	8522	57.48	949	6.40	473	3.19	379	2.56	59	0.40

根据被告有无代理律师法院判决金额的均值及分布区间，我们以小于等于1万元、大于1万元小于等于5万元、大于5万元小于等于10万元、大于10万元小于等于50万元、大于50万元划分五个档次，对被告有无代理律师法院判决金额进行统计，见表4-12。从表4-12可以看出，被告有律师、被告无律师法院判决金额集中在1万元以内，以被告无律师案件为主，说明著作权侵权案件赔偿额较低，以小案件为主；法院平均判决金额大于10万元以上的案件，被告有律师样本量为147，占样本总量的0.99%；被告无律师样本量为95，占样本总量的0.64%，判决金额较大的案件被告有律师比例大于被告无律师比例，这说明对于大案件，被告较为重视聘请律师积极应诉。

表 4-12　　　　　　　　被告有无代理律师与法院判决金额

被告有无代理律师	平均判决金额（元）	小于等于1万元		大于1万元小于等于5万元		大于5万元小于等于10万元		大于10万元小于等于50万元		大于50万元	
		样本量（份）	所占比例（%）	样本量（份）	所占比例（%）	样本量（份）	所占比例（%）	样本量（份）	所占比例（%）	样本量（份）	所占比例（%）
被告有律师	51261.34	2840	19.16	1137	7.67	276	1.86	147	0.99	43	0.29
被告无律师	12129.82	8038	54.22	1764	11.90	478	3.22	95	0.64	7	0.05

第四节 当事人与法院属地关系及法院判决

一 当事人属地与法院判决特征

从表4-13可以看出原告被告当事人都在当地的样本量为1506份，占样本总量的10.16%；原告当事人在当地、被告当事人在外地的样本量为1552份，占样本总量的10.47%；原告当事人在外地、被告当事人在当地的样本量为10513份，占样本总量的70.91%；原告当事人在外地、被告当事人在外地的样本量为1236份，占样本总量的8.34%。著作权侵权案件一般"原告就被告"，即原告一般到被告所在地发起诉讼，所以被告在当地的案件数量较多，为12019份，占样本总量的81.07%；原告在当地的案件数量为3058份，占样本总量的20.63%。

表4-13 当事人属地与法院判决特征

	被告当地 样本量（份）	被告当地 所占比例（%）	被告外地 样本量（份）	被告外地 所占比例（%）	被告当地 原告平均胜诉率（%）	被告外地 原告平均胜诉率（%）	被告当地 平均判决比（%）	被告外地 平均判决比（%）
原告当地	1506	10.16	1552	10.47	91.30	96.13	27.45	27.48
原告外地	10513	70.91	1236	8.34	96.65	97.09	34.51	34.92

从原告胜诉率来看，原告在当地、被告在当地情况下，原告平均胜诉率为91.30%，原告在当地、被告在外地时，原告平均胜诉率为96.13%，原告在外地、被告在当地时，原告平均胜诉率为96.65%，原告在外地、被告在外地时，原告平均胜诉率为97.09%。可以看出，原告在当地时，平均胜诉率并不比原告在外地时高，被告在当地、原告在当地时，原告的平均胜诉率比被告在外地、原告在当地时低，而被告在当地、原告在外地时，原告平均胜诉率与被告在外地、原告在外地时的相差不大，说明被告在当地可以降低原告的平均胜诉率，但

原告在当地并不能提高平均胜诉率。

从法院判决比来看,原告当地被告当地、原告当地被告外地的法院平均判决比分别为27.45%、27.48%,原告外地被告当地、原告外地被告外地的法院平均判决比分别为34.51%、34.92%,原告在当地,法院平均判决比比原告在外地法院平均判决比低,被告在当地、原告在当地时的法院平均判决比最低,被告在外地、原告在外地时法院平均判决比最高,由此可以看出,原告在当地并不能增加法院平均判决比,著作权侵权案件并没有明显体现出地方保护主义倾向,但被告在当地时,原告的平均胜诉率和法院平均判决比比被告在外地低,由此仍可以看出地方保护主义的痕迹。

二 原告当事人属地、诉求金额与法院判决金额

从图4-10可以看出,原告在当地平均诉求金额为332115.40元,原告在外地平均诉求金额为76541.86元,原告在当地诉求金额远远大于在外地诉求金额,也远远大于全样本原告平均诉求金额129328.79元,原告在当地提出较高的诉求金额,可能更为熟悉当地的环境政策,也更容易产生禀赋效应,即对自身的作品损失价值有更高的估计,所以提出较高的诉求金额。原告在当地法院平均判决金额为29483.61元,原告在外地法院平均判决金额为22392.85元,原告在当地判决金额大于在外地平均判决金额,由此可以看出,法院对当地的原告诉求更为支持,地方保护主义较为隐晦地体现。

根据原告当事人属地诉求金额均值及分布区间,我们以小于等于5万元、大于5万元小于等于10万元、大于10万元小于等于15万元、大于15万元小于等于50万元、大于50万元划分五个档次,对原告当地、原告外地平均诉求金额进行统计,见表4-14。从表4-14可以看出,原告在本地、原告在外地平均诉求金额均集中在5万元以内,以原告在外地为主,占样本总量的61.84%。随着原告诉求金额的增加,样本量依次减少。大于50万元以上的样本,原告在当地、原告在外地分别为142份、140份,占样本的总量分别为0.96%、0.94%。

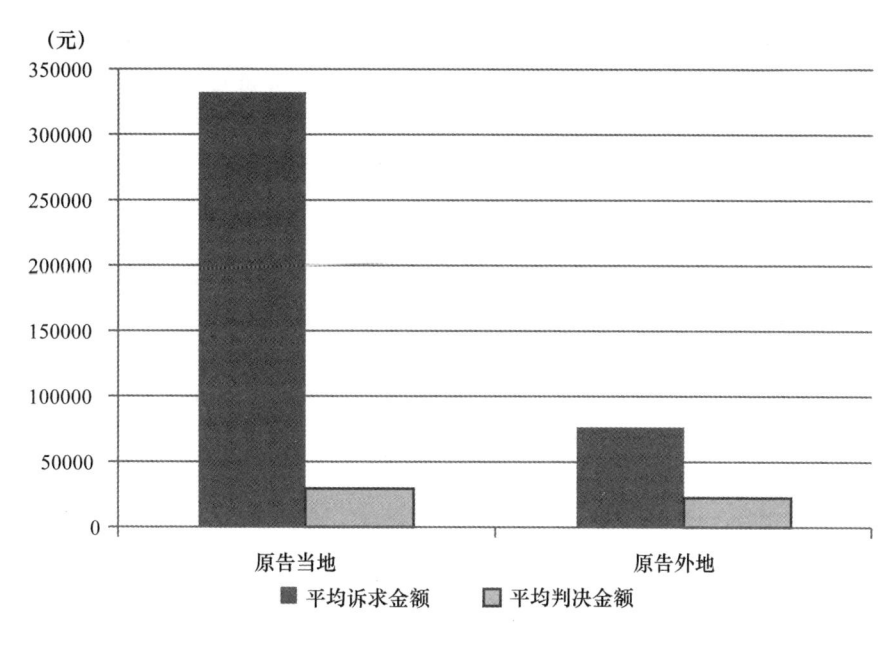

图 4 - 10　原告当事人属地、原告诉求金额与法院判决金额

表 4 - 14　　　　　　　　原告当事人属地与诉求金额

原告当事人属地	平均诉求金额（元）	小于等于5万元		大于5万元小于等于10万元		大于10万元小于等于15万元		大于15万元小于等于50万元		大于50万元	
		样本量（份）	所占比例（%）	样本量（份）	所占比例（%）	样本量（份）	所占比例（%）	样本量（份）	所占比例（%）	样本量（份）	所占比例（%）
原告当地	332115.40	2174	14.66	347	2.34	147	0.99	252	1.70	142	0.96
原告外地	76541.86	9168	61.84	1255	8.47	613	4.13	587	3.96	140	0.94

根据原告当事人属地法院判决金额的均值及分布区间，我们以小于等于 1 万元、大于 1 万元小于等于 5 万元、大于 5 万元小于等于 10 万元、大于 10 万元小于等于 50 万元、大于 50 万元划分五个档次，对原告当事人属地与法院判决金额进行统计，见表 4 - 15。从表 4 - 15 可以看出，原告在当地、原告在外地法院平均判决金额集中在 1 万元

以内，其次在大于 1 万元小于等于 5 万元区间，法院判决金额大于 50 万元以上的 50 个案件，原告在当地 28 份，原告在外地 22 份，分别占样本总量的 0.19%、0.15%。

表 4-15　　　　　　　原告当事人属地与法院判决金额

原告当事人属地	平均判决金额（元）	小于等于1万元		大于1万元小于等于5万元		大于5万元小于等于10万元		大于10万元小于等于50万元		大于50万元	
		样本量（份）	所占比例（%）	样本量（份）	所占比例（%）	样本量（份）	所占比例（%）	样本量（份）	所占比例（%）	样本量（份）	所占比例（%）
原告当地	29483.61	2126	14.34	670	4.52	151	1.02	87	0.59	28	0.19
原告外地	22392.85	8752	59.04	2231	15.05	603	4.07	155	1.05	22	0.15

三　被告当事人属地、诉求金额与法院判决金额

从图 4-11 可以看出，被告在当地，原告平均诉求金额为 131005.80 元，被告在外地，原告平均诉求金额为 122728.30 元，被告在当地，原告平均诉求金额与全样本原告平均诉求金额较为接近。被告在当地，法院平均判决金额为 22029.90 元，被告在外地时，法院平均判决金额为 31814.96 元，被告在当地，法院平均判决金额小于被告在外地法院平均判决金额，也小于全样本法院平均判决金额 23857.40 元，由此可以看出被告在当地可以降低法院平均判决金额，地方保护主义略有体现。

进一步，根据小于等于 5 万元、大于 5 万元小于等于 10 万元、大于 10 万元小于等于 15 万元、大于 15 万元小于等于 50 万元、大于 50 万元划分五个档次对原告平均诉求金额进行统计，见表 4-16。从表 4-16 中可以看出，被告在当地的样本量为 9735 份，占样本总量的 63.24%；被告在外地的样本量为 1951 份，占样本总量的 13.16%，著

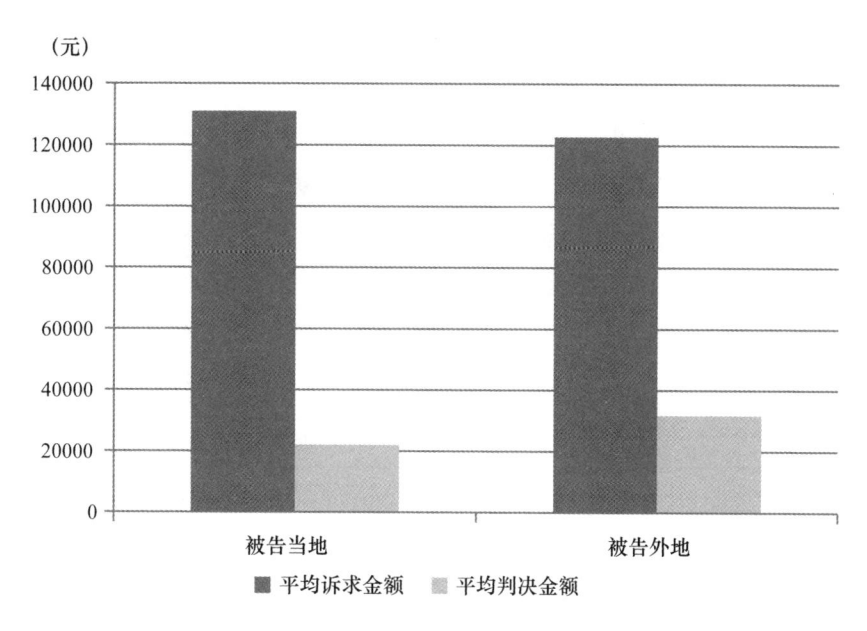

图 4-11 被告当事人属地、原告诉求金额与法院判决金额

作权侵权案件一般"原告就被告",大部分案件在被告当地进行诉讼。无论被告是否在当地,原告诉求金额大部分集中在 5 万元以内,占样本总量的 76.40%。原告诉求金额大于 50 万元以上,被告在当地的样本量为 186 份,占样本总量的 1.25%;被告在外地的样本量为 96 份,占样本总量的 0.65%。

表 4-16　　　　　　　被告当事人属地与原告诉求金额

被告当事人属地	平均诉求金额（元）	小于等于 5 万元		大于 5 万元小于等于 10 万元		大于 10 万元小于等于 15 万元		大于 15 万元小于等于 50 万元		大于 50 万元	
		样本量（份）	所占比例（%）	样本量（份）	所占比例（%）	样本量（份）	所占比例（%）	样本量（份）	所占比例（%）	样本量（份）	所占比例（%）
被告当地	131005.80	9375	63.24	1232	8.31	589	3.97	637	4.30	186	1.25
被告外地	122728.30	1951	13.16	370	2.50	170	1.15	201	1.36	96	0.65

根据被告当事人属地法院判决金额的均值及分布区间，我们以小于等于1万元、大于1万元小于等于5万元、大于5万元小于等于10万元、大于10万元小于等于50万元、大于50万元划分五个档次，对被告当事人属地与法院判决金额进行统计，见表4-17。从表4-17可以看出，被告在当地、被告在外地法院平均判决金额大部分集中在1万元以内，大于50万元以上的50个案件，被告在当地、外地的样本量分别为27份、23份，占样本总量的0.18%、0.16%。

表4-17　　　　　被告当事人属地与法院判决金额

被告当事人属地关系	平均判决金额（元）	小于等于1万元		大于1万元小于等于5万元		大于5万元小于等于10万元		大于10万元小于等于50万元		大于50万元	
		样本量（份）	所占比例（%）	样本量（份）	所占比例（%）	样本量（份）	所占比例（%）	样本量（份）	所占比例（%）	样本量（份）	所占比例（%）
被告当地	22029.9	9047	61.03	2202	14.85	569	3.84	174	1.17	27	0.18
被告外地	31814.96	1816	12.25	697	4.70	184	1.24	68	0.46	23	0.16

第五节　当事人诉讼持续时长与法院判决

一　当事人诉讼持续时长与法院判决特征

根据《民事诉讼法》的规定，一审案件适用普通程序审理的，应当在立案之日起6个月内审结，特殊情况如需延长，经过本院院长批准可以延长6个月，如果没有审结还需要继续延长，需要请示上级人民法院批准。简易程序审理期限一般3个月，普通程序审理期限一般6个月。据此，我们将案件审理时长分为3个月以下、3个月至6个月、6个月至12个月、12个月以上四类，另有一些裁判文书没有记载立案时间，因此无法计算审理时长，我们将此归为无法确定类别。

样本统计数据显示，11637份著作权侵权案件裁判文书记载了立案受理时间，占样本总量的78.5%。从图4-12可以看出，12个月以上的样本量为 83 份,占样本总量的 0.56%,6 个月至 12 个月的样本量为 695 份,占样本总量的 4.69%,3 个月至 6 个月的样本量为 3721 份,占样本总量的 25.1%,3 个月以下的样本量为 7138 份,占样本总量的 48.15%,无法确定审理时长的样本量为 3188 份,占样本总量的 21.50%。由此可以看出,除无法确定审理时长的案件外,绝大部分案件都在 12 个月以内审结,6 个月以内审结的案件占 73.25% 左右,大部分案件都能在规定时间内审结。

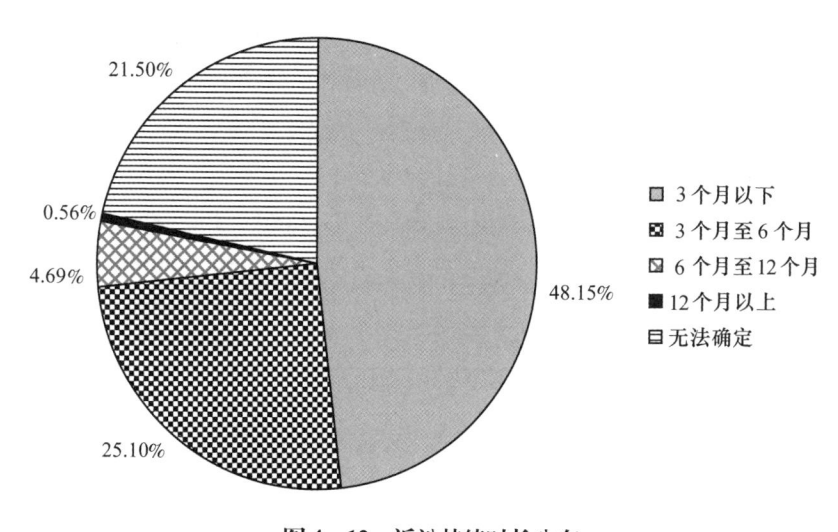

图 4-12 诉讼持续时长分布

从表 4-18 可以看出,从原告平均胜诉率来看,诉讼持续时长在 3 个月以下、3 个月至 6 个月、6 个月至 12 个月、12 个月以上原告平均胜诉率分别为 97.34%、95.16%、91.37%、86.75%,原告平均胜诉率随着诉讼持续时长的增加而降低。从法院平均判决比来看,诉讼持续时长在 3 个月以下、3 个月至 6 个月、6 个月至 12 个月、12 个月以上法院平均判决比分别为 34.27%、33.35%、30.94%、25.62%,法院判决比随着诉讼持续时长的增加而减少。从法院平均判决倾向来看,诉讼持续时长在 3 个月以下、3 个月至 6 个月、6 个月至 12 个月、

12个月以上法院判决倾向分别为 2.02%、3.76%、11.33%、245.35%[①],法院判决倾向随着诉讼持续时长的增加而增加。从法定赔偿所占的比例来看,3个月以下法定赔偿所占比例最高为99.72%,除诉讼持续时长无法确定的样本外,法定赔偿所占比例随着诉讼持续时长的增加而减少。

表4-18 当事人诉讼持续时长与法院判决特征

诉讼持续时长	样本量（份）	所占比例（%）	原告平均胜诉率（%）	平均判决比（%）	平均判决倾向（%）	平均判决金额（元）	平均诉求金额（元）	法定赔偿（%）
3个月以下	7138	48.15	97.34	34.27	2.02	10078.13	34713.80	99.72
3个月至6个月	3721	25.10	95.16	33.35	3.76	18778.12	79985.55	99.64
6个月至12个月	695	4.69	91.37	30.94	11.33	56668.68	304188.10	97.78
12个月以上	83	0.56	86.75	25.62	245.35	1226747.15	3490526.57	97.47
无法确定	3188	21.50	95.67	30.82	4.43	22167.54	273137.25	98.51

随着诉讼持续时间的增加,原告能否胜诉也存在较大的不确定性,因此原告平均胜诉率随着诉讼持续时间的增加而降低,但原告为了达到预期收益,会投入更多的诉讼资源,以提高法院判决金额（Cotropia and Gibson,2014）。法院对著作权侵权判决有自身的平衡体系,通过调整判决比或判决金额,协调双方当事人都能得到较为满意的结果,因此,法院平均判决金额随着诉讼持续时长增加,但法院平均判决比随着诉讼持续时长而减少。

二 当事人诉讼持续时长、诉求金额与法院判决金额

从图4-13可以看出,原告平均诉求金额、法院平均判决金额来看,诉讼持续时长在3个月以下、3个月至6个月、6个月至12个月、

---

① 部分案件法院判决金额大于50万元,因此法院判决倾向存在大于1的情况。

12 个月以上法院平均判决金额分别为 10078.13 元、18778.12 元、56668.68 元、1226747.15 元,原告平均诉求金额分别为 34713.80 元、79985.55 元、304188.10 元、3490526.57 元,原告平均诉求金额、法院平均判决金额均随着诉讼持续时长的增加而增加。

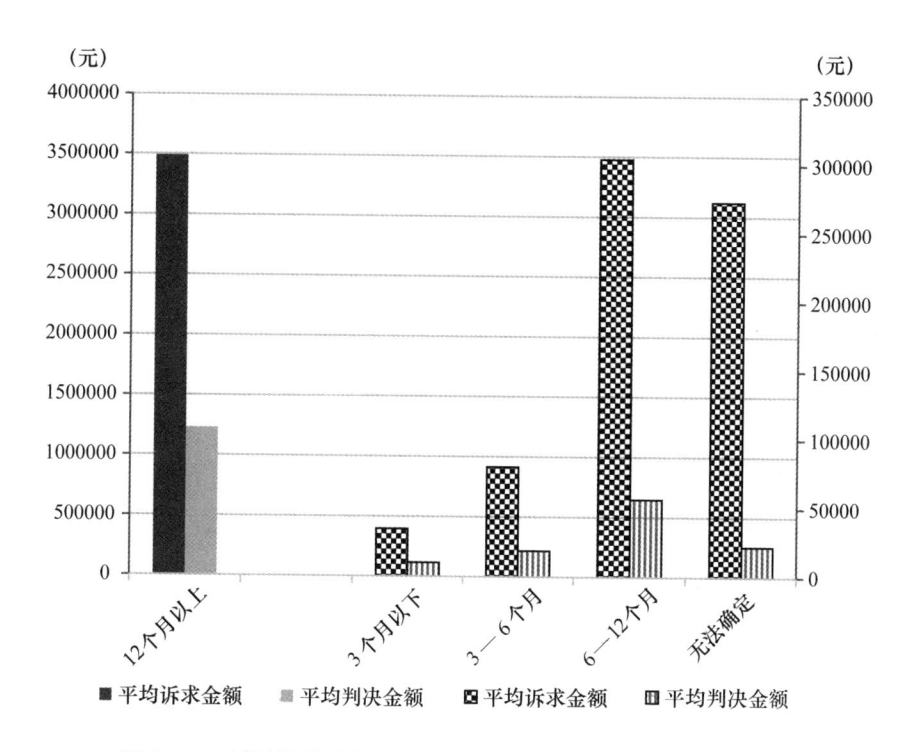

图 4-13 诉讼持续时长、原告平均诉求金额与法院平均判决金额

根据不同诉讼持续时长原告诉求金额的均值及分布区间,我们以小于等于 5 万元、大于 5 万元小于等于 10 万元、大于 10 万元小于等于 15 万元、大于 15 万元小于等于 50 万元、大于 50 万元划分五个档次,对不同诉讼持续时长与原告诉求金额进行统计,见表 4-19。从表 4-19 可以看出,诉讼持续时长以 3 个月以内、5 万元以下为主,占总样本的 40.43%;原告诉求金额大于 10 万元小于等于 15 万元、大于 15 万元小于等于 50 万元诉讼持续时长大部分在 3 个月至 6 个月,分别占总样本的 1.77%、2.09%;原告诉求金额大于 50 万元,诉讼持续时长集中在6个月至12个月，3个月至6个月，分别占样本总量的0.56%、0.46%。

表4-19　　　　　　　诉讼持续时长与原告诉求金额

诉讼持续时长	平均诉求金额（元）	小于等于5万元		大于5万元小于等于10万元		大于10万元小于等于15万元		大于15万元小于等于50万元		大于50万元	
		样本量（份）	所占比例（%）	样本量（份）	所占比例（%）	样本量（份）	所占比例（%）	样本量（份）	所占比例（%）	样本量（份）	所占比例（%）
3个月以下	34713.80	5994	40.43	615	4.15	251	1.69	241	1.63	37	0.25
3个月至6个月	79985.55	2543	17.15	537	3.62	263	1.77	310	2.09	68	0.46
6个月至12个月	304188.10	407	2.75	61	0.41	58	0.39	86	0.58	83	0.56
12个月以上	3490526.57	9	0.06	8	0.05	4	0.03	38	0.26	22	0.15

根据不同诉讼持续时长法院判决金额的均值及分布区间，我们以小于等于1万元、大于1万元小于等于5万元、大于5万元小于等于10万元、大于10万元小于等于50万元、大于50万元划分五个档次，对不同诉讼持续时长法院判决金额进行统计，见表4-20。从表4-20中可以看出，法院判决金额集中在1万元以内，诉讼持续时长以3个月以下为主；法院判决金额大于5万元小于等于10万元、大于10万元小于等于50万元诉讼持续时长大部分在3个月至6个月，分别占总样本的1.49%、0.41%；法院判决金额大于50万元以上，诉讼持续时长集中在6个月至12个月及12个月以上，分别占样本总量的0.08%、0.05%。

表 4-20　　　　　诉讼持续时长与法院判决金额

诉讼持续时长	平均判决金额（元）	小于等于1万元		大于1万元小于等于5万元		大于5万元小于等于10万元		大于10万元小于等于50万元		大于50万元	
		样本量（份）	所占比例（%）	样本量（份）	所占比例（%）	样本量（份）	所占比例（%）	样本量（份）	所占比例（%）	样本量（份）	所占比例（%）
3个月以下	10078.13	5642	30.62	1198	6.50	240	1.30	58	0.31	0	0.00
3个月至6个月	18778.12	2480	13.46	888	4.82	274	1.49	76	0.41	3	0.02
6个月至12个月	56668.68	405	2.20	168	0.91	61	0.33	47	0.26	14	0.08
12个月以上	1226747.15	15	0.08	42	0.23	8	0.04	8	0.04	10	0.05

由此可以看出，诉讼持续时间越短，说明案件简单、证据清晰，侵权纠纷时间短，原告诉求金额及法院判决金额也低。诉讼持续时间越长，说明案件越复杂，原告成本投入越多，因此预期收益越高，原告提出诉求金额及法院判决金额也越高。

第六节　侵权作品类型与法院判决

一　侵权作品类型与法院判决特征

侵权作品类型可以分为计算机软件、图片作品、文字作品、音乐作品、影视作品（包括电影、视频）、其他作品六类，从图4-14统计数据可以看出，音乐作品侵权案件数量最多，为8105份，占样本总量的54.67%，其次为图片作品侵权案件，数量为3456份，占样本总量的23.31%，其他侵权作品依次为文字作品、影视作品、其他作品、计算机软件，分别占样本总量的9.73%、7.87%、3.38%、1.04%。音乐作品和图片作品侵权案件占总数的77.98%，据此可以推断著作权侵权作品类型以音乐作品和图片作品为主。

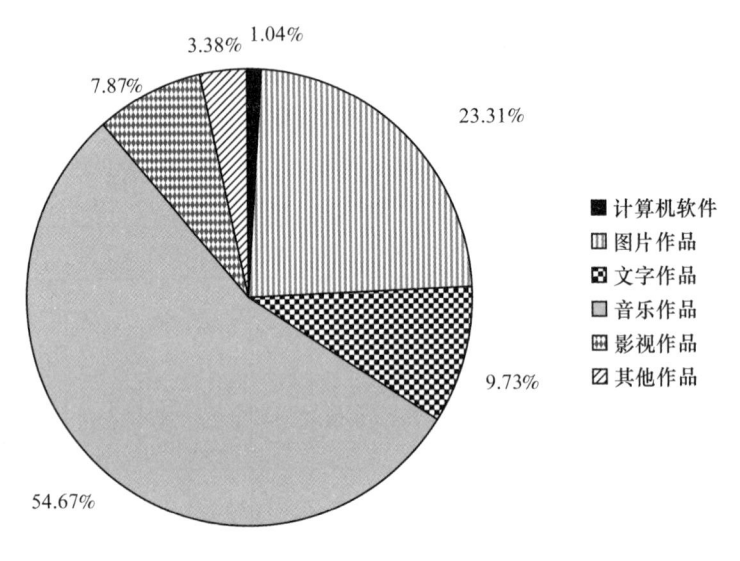

图 4-14 侵权作品类型分布

饼图数据：
- 计算机软件：1.04%
- 图片作品：23.31%
- 文字作品：9.73%
- 音乐作品：54.67%
- 影视作品：7.87%
- 其他作品：3.38%

从表4-21可以看出，从原告平均胜诉率来看，音乐作品原告平均胜诉率最高为98.00%，其次为文字作品、图片作品，原告平均胜诉率为94.38%、94.25%，计算机软件原告平均胜诉率最低，为87.10%。从法院判决比来看，音乐作品法院平均判决比最高，为38.78%，其次为计算机软件，平均判决比为35.99%，再次为影视作品，法院平均判决比为34.03%，文字作品、图片作品、其他作品的法院平均判决比分别为28.04%、23.05%、21.88%。法院判决倾向与法院判决金额走势基本趋于一致。从法院判决适用的方式来看，影视作品基本采用法定赔偿的方式，音乐作品和图片作品紧随其后，法定赔偿所占比例分别为99.74%、98.90%，计算机软件和文字作品法定赔偿略低，分别为97.97%、97.75%。

表 4-21　　　　　　　侵权作品类型与法院判决特征

侵权作品类型	样本量（份）	所占比例（%）	原告平均胜诉率（%）	平均判决比（%）	平均判决倾向（%）	平均判决金额（元）	平均诉求金额（元）	法定赔偿（%）
计算机软件	154	1.04	87.10	35.99	53.77	270598.76	5178316.23	97.97
图片作品	3456	23.31	94.25	23.05	2.5	12480.72	59323.33	98.90
文字作品	1442	9.73	94.38	28.04	3.43	17139.13	92703.39	97.75
音乐作品	8105	54.67	98.00	38.78	2.57	12867.77	36641.19	99.74
影视作品	1167	7.87	93.92	34.03	9.84	49180.93	193359.40	100.00
其他作品	501	3.38	90.82	21.88	32.92	164627.30	515991.00	99.18

从作品类型与法院判决结果可以看出，音乐作品原告平均胜诉率、法院平均判决比最高，但法院平均判决金额最低，法定赔偿所占比例也较高，这与当事人诉讼策略有较大关系，音乐作品侵权案件原告基本为中国音像著作权集体管理协会，发起著作权侵权诉讼案件数量较多，在保证胜诉的情况下，原告提出合理诉求金额，通过大规模诉讼产生规模经济（毛昊等，2017）。计算机软件原告平均胜诉率较低。影视作品与图片作品原告平均胜诉率接近，但法院判决比与判决金额存在较大差异，这与权利人创作成本有较大关系，影视作品创作成本较高。

二　侵权作品类型、诉求金额与法院判决金额

图 4-15 为侵权作品类型、原告平均诉求金额与法院平均判决金额，计算机软件原告平均诉求金额最高，为 5178316.23 元，法院平均判决金额也最高，为 270598.76 元，其次为影视作品，原告平均诉求金额为 193359.40 元，法院平均判决金额为 49180.93 元，文字作品原告平均诉求金额为 92703.39 元，法院平均判决金额为 17139.13 元，图片作品与音乐作品，原告平均诉求金额分别为 59323.33 元、36641.19 元，法院平均判决金额较为接近，分别为 12480.72 元、12867.77 元。各类作品由于侵权人侵权获利不同，权

利人创作成本也存在差异，原告发起诉讼诉求金额及法院判决存在较大差异。

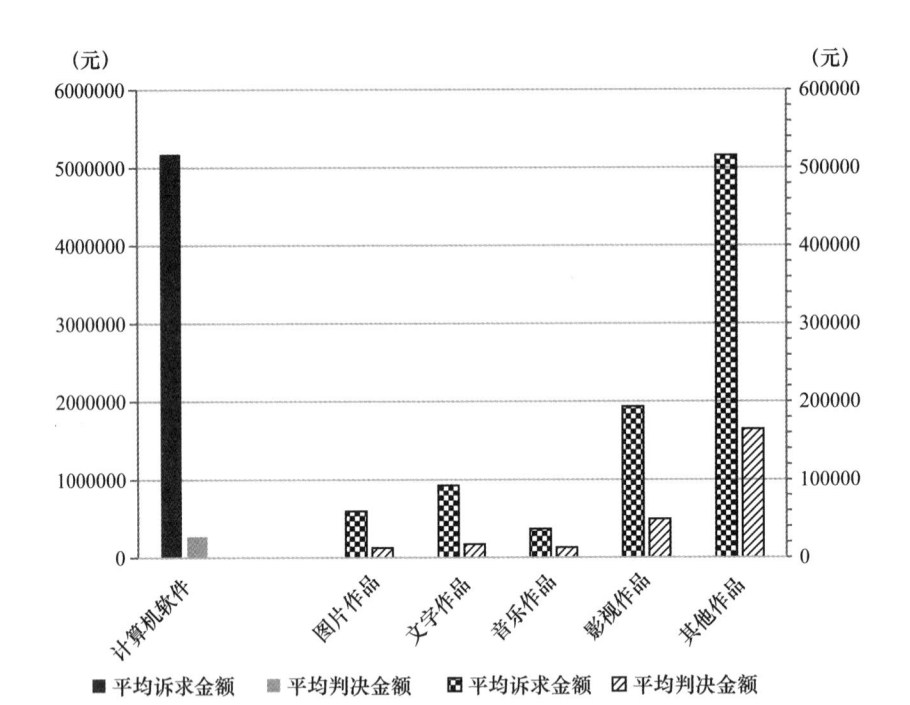

图 4-15 侵权作品类型、原告平均诉求金额与法院平均判决金额

根据不同类型著作权作品原告诉求金额的均值及分布区间，我们以小于等于 5 万元、大于 5 万元小于等于 10 万元、大于 10 万元小于等于 15 万元、大于 15 万元小于等于 50 万元、大于 50 万元划分五个档次，对不同类型著作权作品与原告诉求金额进行统计，见表 4-22。从表 4-22 可以看出，侵权著作权作品类型以音乐作品为主，其次为图片作品，原告发起诉讼时，诉求金额集中在 5 万元以内，其次在 5 万元至 10 万元之间。原告诉求金额大于 50 万元占比较多的分别为影视作品、图片作品及计算机软件，分别为 0.57%、0.42%、0.23%。

表 4-22　　　　　　　　侵权作品类型与原告诉求金额

侵权作品类型	平均诉求金额（元）	小于等于 5 万元		大于 5 万元小于等于 10 万元		大于 10 万元小于等于 15 万元		大于 15 万元小于等于 50 万元		大于 50 万元	
		样本量（份）	所占比例（%）	样本量（份）	所占比例（%）	样本量（份）	所占比例（%）	样本量（份）	所占比例（%）	样本量（份）	所占比例（%）
计算机软件	5178316.23	46	0.31	9	0.06	17	0.11	48	0.32	34	0.23
图片作品	59323.33	2807	18.93	300	2.02	89	0.60	198	1.34	62	0.42
文字作品	92703.39	1129	7.62	116	0.78	79	0.53	85	0.57	33	0.22
音乐作品	36641.19	6401	43.18	833	5.62	497	3.35	353	2.38	21	0.14
影视作品	193359.40	646	4.36	281	1.90	48	0.32	108	0.73	84	0.57
其他作品	515991.00	313	2.11	63	0.42	30	0.20	47	0.32	48	0.32

根据不同类型著作作品法院判决金额的均值及分布区间，我们以小于等于 1 万元、大于 1 万元小于等于 5 万元、大于 5 万元小于等于 10 万元、大于 10 万元小于等于 50 万元、大于 50 万元划分五个档次，对不同类型原告当事人法院判决金额进行统计，见表 4-23。从表 4-23 中可以看出，不同类型著作权作品法院判决金额集中在 1 万元以内，以音乐作品和图片作品为主；法院判决金额大于 50 万元以上著作权作品以影视作品与计算机软件为主，分别占样本总量的 0.18%、0.06%，音乐作品法院判决金额均在 50 万元以下。虽然计算机软件侵权数量占比最低，但法院平均判决金额最高，这与计算机软件具有工业产权的性质有很大关系，发生侵权的情况下，一般造成较为严重的损失，因此无论原告诉求金额还是法院判决金额都比较高（张广良，2014）

表 4-23　　　　　　　　侵权作品类型与法院判决金额

侵权作品类型	平均判决金额（元）	小于等于1万元		大于1万元小于等于5万元		大于5万元小于等于10万元		大于10万元小于等于50万元		大于50万元	
		样本量（份）	所占比例（%）	样本量（份）	所占比例（%）	样本量（份）	所占比例（%）	样本量（份）	所占比例（%）	样本量（份）	所占比例（%）
计算机软件	270598.76	43	0.29	62	0.42	17	0.11	23	0.16	9	0.06
图片作品	12480.72	2799	18.88	520	3.51	86	0.58	48	0.32	3	0.02
文字作品	17139.13	1117	7.53	240	1.62	54	0.36	27	0.18	4	0.03
音乐作品	12867.77	5949	40.13	1574	10.62	494	3.33	88	0.59	0	0.00
影视作品	49180.93	610	4.11	411	2.77	84	0.57	36	0.24	26	0.18
其他作品	164627.30	360	2.43	94	0.63	119	0.80	20	0.13	8	0.05

第七节　侵犯权利类型与法院判决

按《著作权法》规定著作权人享有人身权和财产权。人身权又称为精神权利，包括保护作品完整权、修改权、署名权和发表权。财产权是著作权人对作品享有按法律规定使用作品或者许可他人按法律规定使用作品的权利，包括信息网络传播或改编权、复制权、表演权、广播权、出租权、展览权、发行权、放映权、摄制权、翻译权等。按当事人诉讼赔偿的权利类型分为以财产权为主和以人身权为主两类。

表 4-24 为侵犯权利类型与法院判决情况，由统计数据可以看出，著作权侵权诉讼以财产权为主，样本量为 14799 份，占样本总量的 99.82%；侵权诉讼为人身权的样本量为 26 份，占样本总量的 0.18%。

从原告平均胜诉率来看，侵犯人身权的诉讼，原告平均胜诉率为84.62%，侵犯财权产的诉讼，原告平均胜诉率为96.11%，侵犯人身权原告平均胜诉率远远低于侵犯财产权原告平均胜诉率。从法院平均判决倾向来看，侵犯人身权，法院平均判决倾向较高，为7.65%，侵犯财产权，法院平均判决倾向较低，为4.77%。从法院平均判决比来看，侵犯人身权，法院平均判决比较低，为17.79%，侵犯财产权，法院平均判决比较高，为33.12%。侵犯人身权法定赔偿适用100%，侵犯财产权法定赔偿适用99.33%。侵犯人身权，原告发起诉讼不仅要获得侵权损害赔偿，更需要法院给个"说法"，而侵犯精神权利损失更难以计算，因此法定损害赔偿适用较高（徐剑，2017）。

表4-24　　　　　　　侵犯权利类型与法院判决特征

侵犯权利类型	样本量	所占比例（%）	原告平均胜诉率（%）	平均判决比（%）	平均判决倾向（%）	平均判决金额（元）	平均诉求金额（元）	法定赔偿（%）
人身权	26	0.18	84.62	17.79	7.65	38253.81	254829.19	100.00
财产权	14799	99.82	96.11	33.12	4.77	23832.11	129108.30	99.33

图4-16为侵犯权利类型、原告平均诉求金额与法院平均判决金额，从原告诉求金额及法院平均判决金额来看，侵权诉讼人身权，原告平均诉求金额为254829.19元，法院平均判决金额为38253.81元，侵权诉讼财产权，原告平均诉求金额为129108.30元，法院平均判决金额为23832.11元，侵犯财产权，原告平均诉求金额与法院平均判决金额均远远小于侵犯人身权平均诉求金额及法院判决金额。

(元)
|纵轴刻度: 0, 50000, 100000, 150000, 200000, 250000, 300000|

人身权柱状:平均诉求金额约255000,平均判决金额约38000
财产权柱状:平均诉求金额约130000,平均判决金额约25000

■ 平均诉求金额   ■ 平均判决金额

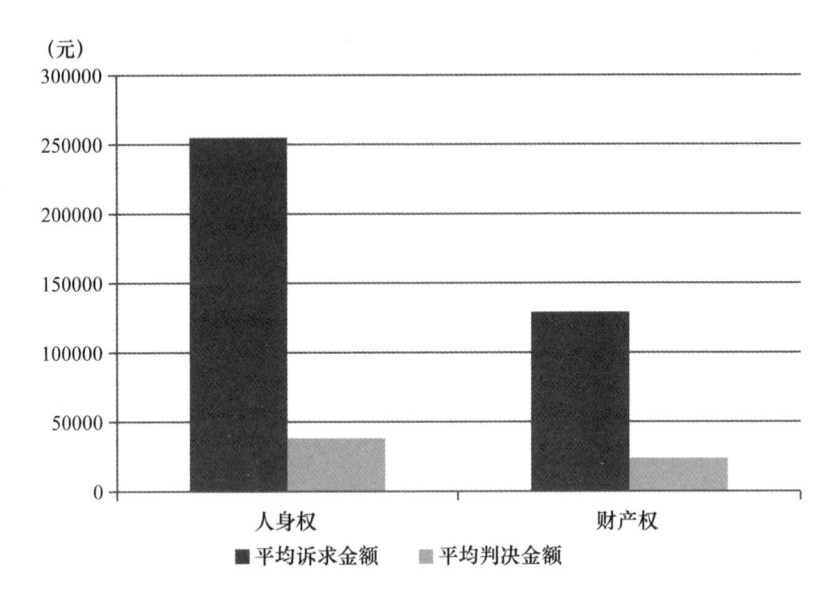

图 4-16　侵犯权利类型、原告平均诉求金额与法院平均判决金额

第八节　本章小结

为了更好地了解法院判决影响因素，我们首先要了解著作权侵权法院判决特征，本章从当事人身份类型、当事人有无代理律师、当事人与法院属地的关系、诉讼持续时长、侵权作品类型、侵犯权利类型等角度分析著作权侵权法院判决特征，总结见表 4-25。

表 4-25　著作权侵权法院判决特点

	当事人身份类型	侵权数量	原告平均胜诉率	平均判决比	平均判决金额	平均诉求金额
原告	个人	中	低	较低	较低	高
	私企	多	中	较低	中	中
	外资企业	较少	中	低	较高	中
	国企	少	低	中	高	较高
	行政事业单位	少	高	较高	低	低
	社会团体	多	高	高	中	较低

续表

当事人身份类型		侵权数量	原告平均胜诉率	平均判决比	平均判决金额	平均诉求金额
被告	个人	少	低	中	较高	中
	私企	多	较高	较高	中	中
	外资企业	少	中	低	较高	中
	国企	少	较高	高	高	高
	行政事业单位	少	中	低	低	中
	社会团体	少	高	中	低	低
当事人有无代理律师						
原告	有律师	多	高	高	高	高
	无律师	少	低	低	低	低
被告	有律师	少	低	低	高	高
	无律师	多	高	高	低	低
当事人与法院属地关系						
原告	当地	少	较高	低	高	高
	外地	多	高	高	低	低
被告	当地	多	较高	低	低	高
	外地	少	高	高	高	低
当事人诉讼持续时长						
	3个月以下	多	高	高	低	低
	3个月至6个月	中	较高	高	较低	中
	6个月至12个月	较少	中	中	中	较高
	12个月以上	少	低	低	高	高
	无法确定	中	较高	中	较低	较高
侵权作品类型						
	计算机软件	少	低	中	高	高
	图片作品	中	较高	低	低	较低
	文字作品	较少	较高	较低	较低	中
	音乐作品	多	高	低	低	低
	影视作品	较少	较高	中	中	较高
	其他作品	少	中	低	较高	高
侵犯权利类型						
	人身权	少	低	低	高	高
	财产权	多	高	高	低	低

从当事人身份类型来看，原告以私营企业和社会团体为主，社会团体中，中国音像著作权集体管理协会占据了绝大部分，国企和行政事业单位相对少；原告为行政事业单位、社会团体时，原告平均胜诉率相对高，为个人时，原告平均胜诉率相对低；原告为社会团体时，法院平均判决比最高，外资企业法院平均判决比最低；原告为国有企业时，法院平均判决金额最高，行政事业单位法院平均判决金额最低；原告为个人时，平均诉求金额最高，为事业单位时，平均诉求金额最低。被告以私营企业为主，其他类型当事人相对少；被告为个人时，原告平均胜诉率最低，为社会团体时原告平均胜诉率最高；被告为国企时，法院平均判决比最高，外资企业、行政事业单位法院平均判决比相对低；被告为国有企业时，法院平均判决金额最高，社会团体为被告时，法院平均判决金额最低；被告为国有企业时，原告平均诉求金额最高，被告为社会团体时，原告平均诉求金额最低。

从当事人有无代理律师来看，绝大部分原告发起诉讼都有律师的参与，而大部分被告都没有律师的参与，聘请律师的被告不足30%；当原告有律师时，原告平均胜诉率高于无律师，被告有律师时，原告平均胜诉率低于被告无律师；原告有律师，法院平均判决比高于原告无律师，被告有律师时，法院平均判决比低于被告无律师；原告有律师时，法院平均判决金额高于原告无律师，被告有律师时，法院平均判决金额高于被告无律师；原告有律师时，平均诉求金额远远大于原告无律师，被告有律师时，原告平均诉求金额远远大于被告无律师时，由此可以看出，无论原告还是被告，律师对于当事人利益争取具有重要作用。

从当事人与法院属地关系来看，绝大部分原告在外地，而绝大部分被告在当地；被告在当地时，原告平均胜诉率低于被告在外地；原告在当地，法院平均判决比低于原告在外地，被告在当地，法院平均判决比低于被告在外地；原告在当地，法院平均判决金额高于原告在外地，被告在当地，法院平均判决金额低于被告在外地；原告在当地，原告平均诉求金额远远大于原告在外地，被告在当地，原告平均诉求金额远远高于被告在外地。从原告胜诉率来看，原告、被告是否在当地都相差不大，但从法院平均判决金额来看，原告在当地可有效增加法院平均判决金额，被告在当地可有效降低法院平均判决金额。

从当事人诉讼持续时长来看，大部分案件诉讼持续时长在 3 个月以下，极少部分案件诉讼持续时长在 12 个月以上。诉讼持续时长在 3 个月以下的案件，原告平均胜诉率最高，12 个月以上的案件原告平均胜诉率最低，原告平均胜诉率和诉讼持续时长成反比；诉讼持续时长在 6 个月以下的案件，法院平均判决比相对高，12 个月以上的案件，法院平均判决比相对低，法院平均判决比和诉讼持续时长也成反比；诉讼持续时长在 3 个月以下的案件，法院平均判决金额相对低，12 个月以上的案件，法院平均判决金额相对高，法院平均判决金额与诉讼持续时长成正比，原告平均诉求金额也与诉讼持续时长成正比。

从侵权作品类型来看，音乐作品侵权案件数量占绝大部分，图片作品侵权案件数量紧随其后，计算机软件侵权案件数量相对少；音乐作品原告平均胜诉率最高，计算机软件案件原告平均胜诉率最低；计算机软件无论法院平均判决比还是平均判决金额都相对高，而图片作品、文字作品无论法院平均判决比还是平均判决金额对相对低，音乐作品法院平均判决比相对高而平均判决金额低。计算机软件原告平均诉求金额最高，音乐作品原告平均诉求金额最低。

从侵犯权利类型来看，绝大部分当事人诉讼赔偿的权利类型为财产权，原告以侵犯财产权发起诉讼时，原告平均胜诉率、法院平均判决比都相对高，法院平均判决金额、原告平均诉求金额相对低；原告以侵犯人身权发起诉讼时，原告平均胜诉率、法院平均判决比相对低，法院平均判决金额、原告平均诉求金额相对高。

通过从当事人身份类型、当事人有无代理律师、当事人与法院属地的关系、诉讼持续时长、侵权作品类型、侵犯权利类型等角度分析著作权侵权法院判决特征，发现法院判决存在的问题及影响因素，更好地了解法院判决影响机制，发现《著作权法》实施过程中存在的问题，为著作权立法及司法改革提供思路，使著作权侵权司法判决更为公正地体现。

第五章

锚定效应对法院判决金额的影响

前面章节分析了著作权侵权法院判决影响因素理论，本章重点是研究原告诉求金额形成的锚点对法院判决金额的影响，以此验证著作权侵权法院判决中的锚定效应。原告诉求金额是呈现给法官的最初始信息，在信息不对称、著作权侵权损害价值难以计算的情况下，原告诉求金额形成的锚点是法官考量的重要因素。本章首先从理论上分析原告诉求金额锚点与法院判决金额的关系，原告诉求金额锚点对法院判决金额影响的路径，然后运用2015—2020年中国30个省（自治区、直辖市）各级法院公开的著作权一审司法判决书数据对原告诉求金额锚点对法院判决金额的影响进行实证检验。本章为前文分析著作权侵权法院司法量化决策受到锚定效应的影响提供了经验证据。

第一节 引言

在法庭上每个人都希望得到公平的待遇，什么是所谓的"公平"？同样的错误行为受到同样的惩罚（Kohlberg，1977）。而事实上，司法量化决策的研究表明，同样的犯罪行为可能经常会受到不同的刑罚，即使法官收到相同的案件信息，也存在很大的量刑差距（Hogarth，1971；Partridge and Eldridge，1974；Diamond，1981）。同样的犯罪行为但受到不同的刑罚很大程度是因为法官受到锚定效应的影响（Enough and Mussweiler，2001；资琳，2018）。锚定效应无处不在，只要信息与自己的首选结论不太矛盾,即使看似无关的锚点也会影响决策和判断(Joel et al.,2017)。著作权原告诉求金额是其利益诉求的量化表达,也是提供给法官最初始的信息。人们在不确定条件下通常以最初的信息为基础进行判断,无论法官有无审判经验,司法量化决策都会受到锚定效应的影响。专业领域知识可以减少但不会消除锚定效应,虽然法官自我感觉不会受到偏见的影响,但实际经验表明他们的自我感觉是错误的(Stein and Drouin,2018)。

法院判决要将定性评估转换为定量判断,由定性评估到定量判断是司法判决的核心,信息不对称情况下做出合理、可靠的定量判断面临着挑战(Cantlon and Brannon,2006;Reyna et al.,2009;Peters,2012;Nieder,2016;Hans et al.,2018)。法官判决量刑的过程本质是一种评价过程,最终结果由评价对象与评价主体共同决定。法官作为评价主体受到的影响更多,各类影响因素并不能自动转化为数字决定判决结果,需要经过法官的加工实现最终判决结果,无论如何细化量刑标准、统一司法尺度,法官总会有一定的自由裁量权。从认知的角度来看,锚定效应、自我意识等因素是引起法官裁量出现偏差的直觉问题(刘盛炅和杨富元,2021;劳佳琦,2022)。

著作权具有无形性特点,侵权行为具有隐蔽性、多样性、技术性等特点,导致著作权损害价值难以计算,司法实践中确定侵权损害赔偿较为困难。法院判决以"事实为依据,以法律为准绳",在有限信息的情况下,法院很难根据著作权侵权事实进行认定,较多采用法定赔偿方式(根据各地法院报告,法定赔偿比例可达98%),此时法官可发挥其自由裁量权,导致著作权司法判决具有较大的伸缩空间,存在同案不同判的问题(宋健,2016)。当然有关司法量化决策的研究表明,一般而言损害越严重得到的赔偿也越多(Wissler et al.,1997;Wissler et al.,2001;Greene and Bornstein,2003);原告诉求越多,法院判决也越多;如果想要获得大笔损害赔偿金,必须要求更多的赔偿金额(Chapman and Bornstein,1996;Stein and Drouin,2018)。

《著作权法》的基本原则是利益平衡,在信息不对称的情况下,与侵权事实的认定者相比,法院更多地是充当原告与被告之间讨价还价的调解人(彭康,2016)。原告诉求金额是其利益诉求的量化表达,在专业知识较为复杂的著作权侵权案件中,90%以上的原告会聘请律师(徐剑,2012),专业代理人律师的参与具有重要的价值,律师能够根据案件实际情况对原告诉求金额提出合理的建议,将其损失转化为有意义的数据并确定损害赔偿金额(田燕梅等,2018)。原告诉求金额在一定程度上代表了原告受到的侵权程度,是提供给法官初始有意义的信息,信息不确定、不对称情况下,是法院考量的重要依据,值得进一步研究的是著作权侵权法院判决是否也受到锚定效应的影响?原告诉求金额锚点是否会影响法院最终判决金额?这是本章关注的问题。

基于《著作权法》的利益平衡原则,在锚定效应理论框架下,分析原告诉求金额锚点对法院判决金额的影响,探究法院判决的影响机制,考察不同地区原告诉求金额对法院判决金额的影响,对于公平合理地确定著作权侵权法院判决金额,更好地保护著作权人的合法权益,有效遏制著作权侵权行为,促进中国著作权产业健康发展具有重要意义,同时也为中国著作权相关法律制度的制定修改提供参考与借鉴。

第二节 锚定效应影响法院判决金额的理论机制

一 原告诉求金额锚点与法院判决金额

中国《著作权法》(2010)规定了三种损害赔偿的计算方式,分别是根据权利人的实际损失、侵权人的违法所得和法定赔偿的方式计算侵权损害赔偿,如果原告的损失远远大于 50 万元,可采用酌定赔偿方式[①]。在司法实践中,由于著作权价值的不确定性,客体的无形性

[①] 根据《著作权法》(2010)规定,著作权侵权法定赔偿最高额 50 万元,但 2009 年最高人民法院印发的《最高人民法院关于当前经济形势下知识产权审判服务大局若干问题的意见》中明确规定,在有证据证明侵权受损或侵权获利超过法定赔偿最高限额的,可根据情节酌定在法定最高限额以上合理确定赔偿额。最新修订的《著作权法》(2020)已经将法定赔偿额度提高到 500 万元,在原来三种损害赔偿计算方式的基础上增加了根据权利使用费给予赔偿的标准,2020 版《著作权法》于 2021 年 6 月 1 日开始实施。

使损害事实难以量化，过多使用法定赔偿方式，过于强化法官的自由裁量权，忽视了法定赔偿的有限性。与此同时，许多案件的当事人证据收集困难重重，需要耗费大量的人力、物力、时间成本，出于提高效率、减少诉讼成本的考虑，当事人不愿意进行调查取证，而是要求法院采用法定赔偿的方式，法定赔偿可以有效提高诉讼效率，节约诉讼成本，被认为是解决著作权侵权损害赔偿有效率的方法（吴汉东，2016；詹映，2020）。

据统计，90%以上的著作权案件原告会聘请律师（徐剑，2012），这说明原告非常重视案件，会精心地收集证据、策划准备，根据其代理律师的建议提出诉求金额。诉求金额在一定程度上代表侵权行为的性质与情节，被告侵权行为性质与情节越严重，原告根据其代理律师的建议提出的诉求金额越多。采用法定赔偿方式在信息不对称、著作权侵权损害价值难以计算的情况下，原告诉求金额形成有意义的锚点，对法官形成锚定效应，即法官在量化决策时过多地重视初始信息，将随机的锚位值（原告诉求金额）作为估测的初始值，原告诉求金额锚点是法院判决时所考量的重要因素（Chang et al.，2015；杨彪，2017；朱富强，2018）。如果原告举证得当，提出的诉求金额对于法院判决具有重要意义，已有研究表明原告在法庭上要求越高，法院判决也越高（Hastie et al.，1999；Marti and Wissler，2000；Helm et al.，2020），即法院判决金额与原告诉求金额存在一定的正向关系。但基于《著作权法》的利益平衡原则，在保护著作权人利益惩罚侵权人的同时还要考虑到社会公众利益，既要加强著作权保护，也要协调著作权人的利益、社会公众利益和相关产业利益平衡协调发展（孙海龙和赵克，2015；王骞，2020；黄先蓉和贺敏，2022）。

《著作权法》（2010）规定损害赔偿最高限额50万元，法官在信息不对称和利益平衡原则下，同时受到损害赔偿最高限额锚点和司法政策的影响，需要控制原告获得赔偿额度，所以随着原告诉求金额的增加，法院判决金额增加呈下降趋势，即法院判决金额随原告诉求金额的增加，呈现边际递减；当原告诉求金额增加到一定程度以后，法院判决金额并不会无限增加，而是随着原告诉求金额的增加而减少。由此提出：

> 假说1：法院判决金额随原告诉求金额的增加，呈现边际递减，当原告诉求金额增加到一定程度后，法院判决金额随原告诉求金额增加而减少。

二 原告诉求金额锚点地区差异、著作权保护强度差异与法院判决金额

作品的效用价值、侵权情节，如侵权时间长短、作品类型、侵权人经营规模、过错行为等是著作权法定赔偿考量的重要因素，原告诉求金额是其量化为货币的体现。中国各地区之间经济发展不平衡，同样的侵权行为在经济发展水平较高的地区和经济发展水平偏低的地区造成的经济损失是不同的，带来的社会危害也不相同。著作权的立法强度和执法强度决定著作权保护强度，中国著作权立法基本相同，执法强度各地存在差异。那么，原告诉求金额锚点对法院判决金额的影响随着地区经济发展水平、诉讼持续时长、著作权保护强度差异又是如何变化的呢？

原告诉求金额的地区差异对法院判决金额的影响。经济发展程度较高的地区人均收入水平较高，同样侵权情况下侵权人在经济发达的地区获利高于经济落后的地区；从维权成本角度考虑，经济发达地区消费水平较高，维权成本较经济落后地区高；为了有效地遏制侵权，经济发展程度较高地区法院可以综合考虑经济发展水平、人均收入水平进行判决（孙海龙和赵克，2015）。原告同样诉求金额的情况下，法院判决金额在经济发展水平高的地区可能会高于经济发展水平低的地区。人均收入水平较高的地区，原告提出的诉求金额也更高，法院为了平衡原告、被告的利益诉求同时兼顾公众利益，原告诉求金额锚点对法院判决金额的影响可能会随人均收入水平的增加而减少。由此

提出：

假说2：原告诉求金额锚点对法院判决金额的影响随着人均收入水平增加而减少。

原告诉求金额锚点随着著作权保护强度差异、诉讼持续时长对法院判决金额的影响。著作权保护强度由著作权立法水平和执法水平共同决定，中国各地方著作权立法水平基本相同，但是著作权执法水平存在较大差异。著作权保护强度较高的地区司法保护意识、行政保护及管理水平较高，地区立法和执法越严格，特别在证据不确凿的情况下，法院以事实为依据进行判决，原告诉求金额锚点对法院判决金额的影响可能会随著作权保护强度增加而减少。著作权侵权案件比一般的民事案件复杂，如果诉讼持续时间较长，一方面说明法院案件积压较多；另一方面说明案件较为复杂，原告提出的证据不足，无法支持提出的诉讼请求，难以进行判决（Helm et al.，2020）。由此提出：

假说3：原告诉求金额锚点对法院判决金额的影响随着著作权保护强度增加而减少。

假说4：原告诉讼金额锚点对法院判决金额的影响随着诉讼持续时长的增加而减少。

第三节　模型设定与变量说明

一　模型设定

为了检验上述假说，参考褚红丽和魏建（2016）提出的腐败金额与惩罚力度模型设计以下计量模型：

$$\ln judgment_{int} = \beta_0 + \beta_1 \ln claim_{int} + \beta_2 (\ln claim)_{int}^2$$

$$+ \gamma X + \mu_i + \mu_t + \varepsilon_{int} \qquad (5-1)$$

进一步，为了检验原告诉求金额锚点对法院判决金额的影响是否会受到地区经济发展水平、著作权保护强度、诉讼持续时长差异的影响，设计以下计量模型：

$$\ln judgment_{int} = \beta_0 + \beta_1 D + \beta_2 \ln claim_{int} \times D$$
$$+ \beta_3 \ln claim_{int} + \gamma X + \mu_i + \mu_t + \varepsilon_{int} \qquad (5-2)$$

模型中被解释变量 $\ln judgment_{int}$ 表示 i 省 t 年第 n 个著作权法院判决金额，$\ln claim_{int}$ 表示 i 省 t 年第 n 个原告诉求金额，$(\ln claim_{int})^2$ 为原告诉求金额的二次项，反映了原告诉求金额对法院判决金额的边际影响，β_0 表示常数项，ε 表示噪声，μ_i、μ_t 表示控制省份固定效应、年份固定效应，X 表示控制变量，主要包括：诉讼双方主体特征，含原告有无律师（$lawyer1$）、被告有无律师（$lawyer2$）、原告是否企业或组织（$enterp1$）、被告是否企业或者组织（$enterp2$）、原告是否本地（$plocal$）；法院特征，含法院审理形式是否合议庭（$coll$）、是否有人民陪审员（$assessor$）、判决依据法条数量（$article$）；信息不对称（$\ln c\_j$）、诉讼持续时长（$\ln length$）、著作权保护强度（$protec$）、人均收入水平（$\ln pgdp$）。D 表示影响法院判决金额的地区经济发展水平、著作权保护强度、诉讼持续时长因素，$claim_{in} \times D$ 表示原告诉求金额和地区经济发展水平、著作权保护强度、诉讼持续时长的交互项，用于分析存在地区经济发展水平、著作权保护强度、诉讼持续时长差异的情况下，原告诉求金额锚点对法院判决金额的影响，模型（5-2）其他变量与模型（5-1）相同。

二 数据来源

我们比较分析了中国裁判文书网、Openlaw、聚法案例司法判决书数据库后，选择了分类检索方便、判决书收录量较大的聚法案例数据库，搜集了2015—2020年中国30个省（自治区、直辖市）各级法院公开的著作权一审司法判决书14825份。需要说明的是，本章的统计分析基于聚法案例网站公开的著作权判决书数据，不包括已经判决但尚未公开的案件，可能会存在一定的偏误，我们通过增加样本数量，同时使用多种计量方法和检验方法确保结论稳健。

判决书具体检索过程如下：在聚法案例网站选择案由："著作权权属、侵权"进行检索，选择文书性质：判决书，审理程序：一审，审判时间2015—2020年。通过下载手工整理著作权裁判文书内容，提取了裁判文书中与研究相关的变量信息，包括法院判决金额、原告诉求金额、原告是否有律师、被告是否有律师、原告是否企业组织、被告是否企业组织、原告是否当地、判决依据实体法条数量、案件受理日期、判决书落款日期、案件审理是否采用合议庭的形式、有无人民陪审员等。

需要注意的是判决书并不是"一案一书"，而是根据原告诉求情况采用"一作一书"或"多作一书"的形式，即每一份判决书对应一件著作权作品或多件著作权作品。在实际中，原告可能会对被告就多件著作权作品提起诉讼，法院会根据情况对每一件著作权作品或多件著作权作品分别做出判决书（彭康，2016）。

三 变量说明

（一）被解释变量

法院判决金额（$lnjudgment$）：使用著作权司法判决书中法院判决金额作为衡量指标，代表原告从被告获得的补偿金额，同时也代表着法院的行为选择和著作权司法保护力度。回归时采用对数形式线性化，由于部分样本法院判决金额为0，所以采用$\ln(1+$法院判决金额$)$的方式用OLS模型进行回归，因被解释变量法院判决金额范围大部分在0—50万元之间，我们借鉴Gordon和Huber（2007）的做法，使用双限Tobit模型进行回归和稳健性检验，左限为0，右限为法院最高判决金额其对数值（伍德里奇，2018）。

(二) 核心解释变量

原告诉求金额（lnclaim）：以原告诉求金额表示法院判决中的外生锚点，使用著作权判决书中原告诉求金额作为衡量指标。一般来讲，原告根据所受损失情况提出赔偿请求，有时还会包括调查费用、制止侵权行为所支付的律师费用、公证费用等，诉求金额在一定程度上可以代表侵权行为的性质与情节，被告侵权行为性质与情节越严重，原告提出的诉求金额越多。如果原告举证得当，提出的诉求金额对于法院判决具有重要重义。样本中平均92.65%的原告会聘请律师，原告一般在确定其诉求金额时会征求律师的意见，律师能够根据侵权的实际情况对赔偿金额做出合理的建议。已有研究表明在一定诉求金额范围内法官将原告提出的诉求金额作为重要的考量因素，倾向于支持原告当事人，诉求金额越高，法院判决金额也越高（Chapman and Bornstein，1996；Hastie et al.，1999；Helm et al.，2020）。

(三) 控制变量

诉讼双方主体特征：我们主要从原、被告有无律师，原、被告是否企业或者组织，原告是否本地来刻画双方特征。原、被告当事人的身份类型，原告是否在本地在一定程度上代表着当事人不同的经济实力与资源，对法官形成不同的锚点，法官在此基础上确定赔偿金额。另外根据 Galanter（2005）的当事人资源理论，当事人在法律知识、财富、诉讼经验的优势使其具有更强的谈判实力，在诉讼中更容易获胜；Songer 和 Sheehan（1992）同样发现相对于被告的实力，上诉人的成功率一直随着他们力量的增加而增加。原、被告如果有律师会提高议价的能力，原告如果有律师会增加判决金额，被告如果有律师会降低判决金额。同样原告是企业组织在司法保护或举证方面比个人具有更多的优势和资源，可能会增加判决金额；被告是否企业组织在应诉能力方面更强，可能会降低判决金额。当原告有律师时赋值为1、无则为0，被告有律师时赋值为1、无则为0；当原告是企业或者组织时赋值为1、否则为0，被告是企业或者组织时赋值为1、否则为0。因著作权诉讼原告就被告的原则，所以只选择了原告是否本地特征，根据龙小宁和王俊（2014）的研究发现原告与法院所在地是否一致对于原告能否获得有利判决具有显著的正面影响，当原告是本地的时赋值为1，否则为0。

审理法院特征：包括审理形式、是否有人民陪审员、判决依据法条数量。审理形式及人民陪审员分别会形成内、外生锚影响法院判决决策。审理形式分成合议庭和独任制。一般情况下，简单案件适用独任制形式审判，复杂案件适用合议庭形式审判，合议庭成员众多，提供信息更加全面丰富。当采用合议庭审判形式时赋值1，采用独任制审判形式赋值为0。人民陪审员参与审判可以提高审判的公开性和司法的透明度，便于尽快查清案件事实，当然也存在少数"陪而不审，审而不议"的现象。当有人民陪审员时赋值1，否则为0。判决依据法条数量指依据《著作权法》等实体法中涉及的法条数量，不包括程序法条数量。

诉讼持续时长（lnlength）：法院最终判决时间与受理时间之间的时长，时间越短说明案件争议较少，容易判决；反之，案件争议较多，取证难度较大，案件难以判定（Cotropia and Gibson，2014）。

地区经济发展水平（lnpgdp）：使用各地人均收入水平来衡量地区经济发展水平差异。人均收入水平指标根据各省（自治区、直辖市）人均GDP衡量各地经济发展程度，数据来源于《中国统计年鉴》。

著作权保护强度（protec）：著作权保护强度由著作权立法和著作权执法水平决定，本章根据彭辉和姚颉靖（2010）建立的指标体系公式计算各地著作权保护强度。$P_t = L_t \times E_t$，P_t表示t时刻著作权保护强度，L_t、E_t分别表示t时刻著作权立法和执法保护强度。著作权立法强度由保护期限、保护客体、保护范围、国际条约成员、专有权范围、执行机制、权利限制指标构成；著作权执法强度由司法保护水平、行政保护及管理水平、社会公众意识、经济发展水平、国际监督制衡指标构成。以上数据来源于各省（自治区、直辖市）《统计年鉴》《中国律师年鉴》（见表5-1）。

表 5-1　　　　　　　　　著作权保护强度指标

著作权保护强度	著作权立法保护强度	保护期限
		保护客体
		保护范围
		国际条约成员
		专有权范围
		执行机制
		权利限制
	著作权执法保护强度	司法保护水平
		行政保护及管理水平
		社会公众意识
		经济发展水平
		国际监督制衡

信息不对称（lnc_j）：使用著作权侵权判决书中原告诉求金额与法院判决金额之差作为衡量指标。原告诉求金额是原告根据已有证据资料信息提出的损害赔偿金额，法院判决金额是法院根据当事人证据资料信息最终判决的损害赔偿金额。两者之间的差额说明原告与法官、被告之间的信息差距。原告诉求金额与法院判决金额差值越大说明原告与法院、被告之间的信息越不对称，差值越小说明原告与法院、被告之间的信息对称差别越小。

四　变量及统计描述

质量指标的说明和统计见表 5-2。

表 5-2　　　　　　　　　变量指标的说明和统计

变量	变量名称	观测值	均值	标准差	最小值	最大值
$lnjudgment$	ln（1+法院判决金额（元））	14825	8.1862	2.2496	0	17.7923
$lnclaim$	ln（1+原告诉求金额（元））	14825	9.9168	1.3580	0	20.2451
$lawyer1$	原告有无律师	14825	0.9265	0.2609	0	1
$lawyer2$	被告有无律师	14825	0.2997	0.4581	0	1
$enterp1$	原告是否企业或者组织	14825	0.8962	0.3050	0	1
$enterp2$	被告是否企业或者组织	14825	0.9495	0.2192	0	1
$plocal$	原告是否本地	14825	0.2065	0.4048	0	1

续表

变量	变量名称	观测值	均值	标准差	最小值	最大值
ln$length$	ln（诉讼持续时长（天））	11637	4.3133	0.6075	2.1972	6.7935
$coll$	是否合议庭	14825	0.7847	0.4111	0	1
$article$	判决依据法条数量（条）	14825	4.8364	2.6511	0	15
$assessor$	是否有人民陪审员	14825	0.4575	0.4982	0	1
$protec$	著作权保护强度	11612	5.1849	0.3402	4.6200	5.7800
ln$pgdp$	ln（人均收入（元））	11612	11.2539	0.3804	10.2544	11.8548
lnc_j	ln（原告诉求金额 – 法院判决金额 + 1）	14825	9.2024	2.0807	0	20.2451

五 原告诉求金额与法院判决金额的相关关系

图 5-1 为原告诉求金额与法院判决金额进行一次及二次拟合线，图 5-2 为去掉 50 万元以上法院判决金额样本的原告诉求金额与法院判决金额一次及二次拟合线。横轴为原告诉求金额，纵轴为法院判决金额。通过图 5-1、图 5-2 可以看出，法院判决金额与原告诉求金额二次拟合线更为吻合，法院判决金额随着原告诉求金额的增加呈现边际递减。去掉 50 万元以上法院判决金额样本的二次拟合曲线弯曲度更大，法院判决金额边际递减现象更为明显，这说明著作权 50 万元的法定赔偿额限制了著作权法院判决金额。

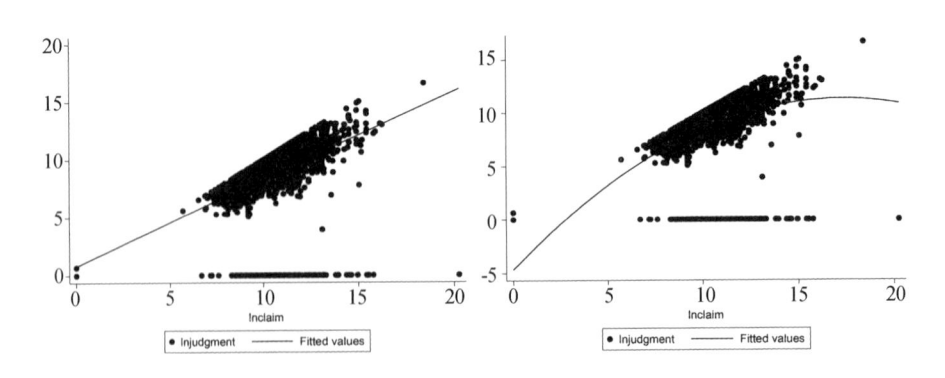

图 5-1 原告诉求金额与法院判决金额一次及二次拟合线

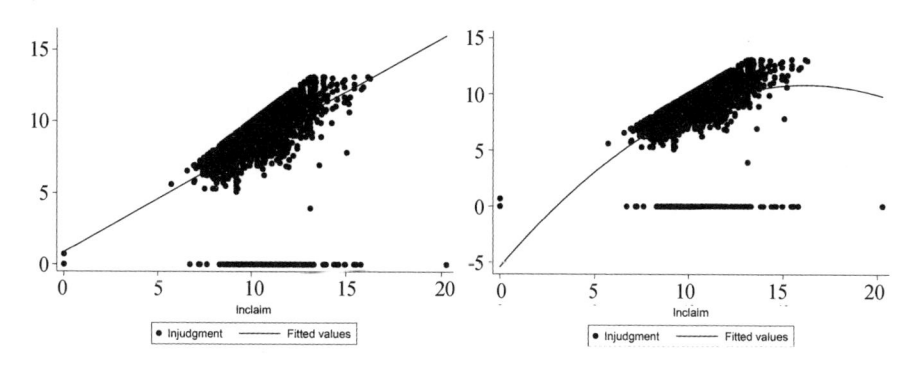

图 5-2 原告诉求金额与法院判决金额一次及二次拟合线
（去掉 50 万元以上法院判决金额）

第四节 锚定效应对法院判决金额影响的实证结果

一 原告诉求金额锚点对法院判决金额的影响

在基本回归模型（5-1）中首先引入原被告有无律师、是否企业或组织因素，考察原告诉求金额锚点对法院判决金额的影响；然后加入原告诉求金额的二次项；在此基础上依次引入原告是否本地、法院审理形式、判决依据法条数量、有无人民陪审员等法院特征因素；最后引入地区经济发展水平、信息不对称因素，考察原告诉求金额锚点对法院判决金额的影响。表 5-3 报告了根据模型（5-1）使用 OLS 和 Tobit 模型进行回归的结果。

表 5-3 原告诉求金额锚点对法院判决金额影响的回归结果

变量	(1) OLS lnjudgment	(2) OLS lnjudgment	(3) OLS lnjudgment	(4) OLS lnjudgment	(5) Tobit lnjudgment
lnclaim	0.7742***	1.2150***	1.2241***	1.9208***	2.0173***
	(0.0204)	(0.1828)	(0.1824)	(0.2926)	(0.3184)
lnclaim2		-0.0215**	-0.0234**	-0.0382***	-0.0427***
		(0.0093)	(0.0092)	(0.0145)	(0.0157)

续表

变量	(1) OLS lnjudgment	(2) OLS lnjudgment	(3) OLS lnjudgment	(4) OLS lnjudgment	(5) Tobit lnjudgment
lawyer1	0.2011***	0.1854***	0.1136	0.1416**	0.1334*
	(0.0707)	(0.0708)	(0.0698)	(0.0713)	(0.0742)
lawyer2	-0.3401***	-0.3230***	-0.3200***	-0.3317***	-0.3449***
	(0.0413)	(0.0418)	(0.0407)	(0.0430)	(0.0449)
enterp1	0.2329***	0.2288***	0.2649***	0.2832***	0.3013***
	(0.0736)	(0.0731)	(0.0715)	(0.0838)	(0.0876)
enterp2	0.1521	0.1484	0.0798	-0.0147	-0.0140
	(0.1050)	(0.1052)	(0.1018)	(0.0857)	(0.0895)
plocal			-0.0570	0.0305	0.0309
			(0.0579)	(0.0580)	(0.0604)
coll			0.1938***	-0.0039	-0.0063
			(0.0485)	(0.0472)	(0.0489)
article			0.1578***	0.1396***	0.1460***
			(0.0144)	(0.0090)	(0.0096)
assessor			-0.0335	-0.1042***	-0.1052***
			(0.0367)	(0.0383)	(0.0399)
lnpgdp				0.7092***	0.7363***
				(0.0625)	(0.0655)
lnc_j				-0.3230***	-0.3271***
				(0.0096)	(0.0100)
Constant	-0.5328	-2.6330***	-3.2475***	-13.4570***	-14.2928***
	(0.4094)	(0.9508)	(0.9634)	(1.6927)	(1.8325)
控制作品类型	是	是	是	是	是
控制省份	是	是	是	是	是
控制年份	是	是	是	是	是
观测值	14825	14825	14825	11612	11612
R-squared	0.2784	0.2797	0.3046	0.3413	
Sigma					1.8352

注：括号内的值为稳健标准误，*、**、***分别表示10%、5%、1%的显著水平。

从表5-3回归结果可以看出，原告诉求金额与法院判决金额存在显著正相关关系，说明原告诉求金额锚点正向影响法院判决金额，在一定诉求金额范围内原告诉求金额越多，法院判决金额也越多，验证了原告诉求金额会对法官判决造成锚定效应的影响。以表5-3第（1）列为例，原告诉求金额每增加1%，法院判决金额会增加0.77%，这说明随着原告诉求金额的增加，法院判决金额也逐渐增加。第（2）~（5）列加入了原告诉求金额二次项，二次项回归系数显著为负，这说明原告诉求金额与法院判决金额呈现倒"U"形曲线关系，在倒"U"形曲线左边法院判决金额随着原告诉求金额的增加而增加，但随着原告诉求金额的增加呈现边际递减的现象，即随着原告诉求金额的增加，法院判决金额增加的程度逐渐减小；在倒"U"形曲线右边法院判决金额随着原告诉求金额的增加而减少。说明法院基于《著作权法》利益平衡原则，考虑双方当事人的利益诉求和社会公众利益，将判决金额控制在一定范围内，并不会随原告诉求金额的增加而无限增加，同时也说明《著作权法》（2010）规定最高50万元赔偿限额锚点对法官判决也具有锚定效应的影响，法官以此为上限限制法院判决金额（田燕梅等，2018）。

对其他控制变量进行回归结果基本一致，不同类型的内、外生锚点对法院判决的影响不同。以表5-3第（4）列为例，诉讼双方主体特征若原告有律师会使法院判决金额增加0.14%，被告有律师会使法院判决金额减少0.33%，原告是企业或组织会使法院判决金额增加0.28%，原告在本地并不能增加法院判决金额，说明著作权侵权案件一般涉案金额较少，不足以激发地方政府司法保护动机，从著作权保护的角度而言还可以树立法院更加公正的司法形象。被告是否企业或组织对法院判决结果影响并不显著。审理法院特征判决依据法条数量每增加1条，法院判决金额会增加13.96%，有人民陪审员会减少法院判决金额。随着地区经济发展水平的提高法院判决金额也增加，经济发展水平高的地区侵权获利、维权成本也相对较高，因此法院判决金额也会增加。信息不对称回归系数为负，说明信息不对称会减少法院判决金额，法院在信息不对称的情况下，会采取规避风险的态度防止消极后果的发生，选择从低进行定价。第（5）列运用 Tobit 模型进行回归，与 OLS 模型回归结果基本一致，说明结果具有稳健性，实证结果验证了假说1。

二　原告诉求金额锚点对法院判决金额影响路径

模型（5-1）研究了原告诉求金额锚点对法院判决金额的影响，从表5-3结果可以看出原告诉求金额与法院判决金额呈现倒"U"形曲线关系，为了更深入地研究原告诉求金额锚点对法院判决金额影响的路径，接下来用模型（5-2）对原告诉求金额是否会随着地区经济发展水平、著作权保护强度、诉讼持续时长影响法院判决金额做进一步的研究。表5-4报告了根据模型（5-2）使用 OLS 模型进行回归的结果。

表5-4　原告诉求金额锚点对法院判决金额影响路径的回归结果

变量	(1) OLS lnjudgment	(2) OLS lnjudgment	(3) OLS lnjudgment	(4) OLS lnjudgment	(5) OLS lnjudgment	(6) OLS lnjudgment
lnclaim	2.9526*** (0.3910)	2.7854*** (0.3904)	2.7853*** (0.3264)	3.0652*** (0.3883)	1.5729*** (0.1389)	1.9010*** (0.2277)
lnclaim2		-0.0416*** (0.0051)		-0.0323** (0.0148)		-0.0213** (0.0092)
lnpgdp	2.7069*** (0.3565)	1.7865*** (0.3729)				
lnclaim × lnpgdp	-0.1877*** (0.0348)	-0.0976*** (0.0364)				
protec			4.9408*** (0.6335)	4.1898*** (0.5926)		
lnclaim × protec			-0.3771*** (0.0641)	-0.3044*** (0.0604)		

续表

变量	(1) OLS lnjudgment	(2) OLS lnjudgment	(3) OLS lnjudgment	(4) OLS lnjudgment	(5) OLS lnjudgment	(6) OLS lnjudgment
lnlength					1.4035***	1.1978***
					(0.3042)	(0.3183)
lnclaim × lnlength					-0.1475***	-0.1254***
					(0.0311)	(0.0325)
Constant	-32.0000***	-25.7199***	-27.2413***	-26.4995***	-9.0359***	-10.0960***
	(3.9963)	(4.0581)	(3.2549)	(3.1251)	(1.4129)	(1.6661)
加入控制变量	是	是	是	是	是	是
控制作品类型	是	是	是	是	是	是
控制省份	是	是	是	是	是	是
控制年份	是	是	是	是	是	是
观测值	11612	11612	11612	11612	11637	11637
R-squared	0.2845	0.2886	0.2927	0.2951	0.2924	0.2936

注：括号内的值为稳健标准误，*、**、***分别表示10%、5%、1%的显著水平。所有回归均控制了诉讼双方当事人主体特征、审理法院特征，限于篇幅，未一一列出。

表5-4回归结果的主要解释变量和控制变量与表5-3中基本一致。表5-4第（1）、第（3）、第（5）列分别是原告诉求金额随着地区经济发展水平、著作权保护强度、诉讼持续时长的变化对法院判决金额的影响，表5-4第（2）、第（4）、第（6）列分别在此基础上加入原告诉求金额二次项控制法院判决金额随着原告诉求金额边际递减的影响。

表5-4第（1）列为原告诉求金额随着地区经济发展水平对法院判决金额影响的回归结果。交互项系数 lnclaim × lnpgdp 显著为负，说明原告诉求金额锚点对法院判决金额的影响随着经济发展水平的提高而减少。同样考虑到诉求金额对法院判决金额边际递减的影响，在第（2）列加入原告诉求金额的二次项，结果显示交互项系数仍然显著为负，这说明法院根据原告诉求金额进行判决时受到地区经济发展水

平的影响。经济发展水平较高的地区，原告提出的诉求金额也较高，法院为了平衡各方当事人的利益，原告诉求金额对法院判决金额的影响随地区经济发展水平的提高而减少。

表5-4第（3）列为原告诉求金额随着著作权保护强度对法院判决金额的影响。交互项 $lnclaim \times protec$ 系数显著为负，在第（4）列加入原告诉求金额的二次项，结果显示交互项系数仍然显著为负，说明原告诉求金额锚点对法院判决金额的影响随着著作权保护强度的增加而减少。著作权保护强的地区立法和执法相对严格，法院在以"法律为依据，事实为准绳"的原则下，更多地是根据事实和证据去确定判决金额。

表5-4第（5）列为原告诉求金额随着诉讼持续时长对法院判决金额的影响。交互项 $lnclaim \times lnlength$ 系数显著为负，在第（6）列加入原告诉求金额的二次项，结果显示交互项系数仍然显著为负，说明原告诉求金额锚点对法院判决金额的影响随着诉讼持续时间的增加而减少。诉讼持续时间越长，说明案件较为复杂，原告诉求缺乏有效证据支持，法院难以进行判决，因而原告诉求金额随着诉讼持续时间的增加对法院判决金额的影响减少。

三 稳健性检验

通过模型（5-1）和模型（5-2）进行回归得出表5-3、表5-4的结果，为了保证上述结果的稳健性，我们剔除法院判决金额50万元以上样本，对原告诉求金额锚点对法院判决金额的影响进行回归，结果显示各变量回归系数依然显著，原告诉求金额与法院判决金额呈现倒"U"形曲线关系，见表5-5第（1）列。

为了进一步检验模型的可信度，使用 Tobit 模型对影响法院判决金额的各因素，包括原告诉求金额与地区经济发展水平、原告诉求金额与著作权保护强度、原告诉求金额与诉讼持续时长的交互项分别进行回归，结果显示：原告诉求金额与地区经济发展水平、著作权保护强度、诉讼持续时长交互项依然显著，与原回归结果基本相同。原告诉求金额对法院判决金额的影响显著为正，法院判决金额与原告诉求金额呈倒"U"形曲线关系，随原告诉求金额的增加呈现边际递减；原告诉求金额对法院判决的影响随着地区经济发展水平、著作权保护强度、诉讼持续时长的增加而减少，见表5-5第（3）至第（5）列。由此可以看出回归结果依旧稳健，说明本章主要结论依然成立。

表5-5 原告诉求金额锚点对法院判决金额影响的稳健性检验回归结果

变量	(1) OLS ln$judgment$	(2) Tobit ln$judgment$	(3) Tobit ln$judgment$	(4) Tobit ln$judgment$	(5) Tobit ln$judgment$
ln$claim$	1.5172*** (0.2173)	1.8834*** (0.3122)	2.8347*** (0.4062)	1.8890*** (0.4510)	1.7026*** (0.2501)
ln$claim2$	-0.0394*** (0.0108)	-0.0565*** (0.0152)	-0.0468*** (0.0055)	-0.0250* (0.0148)	-0.0159* (0.0096)
ln$pgdp$			1.7631*** (0.3880)		
ln$claim$ × ln$pgdp$			-0.0924** (0.0379)		
$protec$				1.2091 (0.9504)	
ln$claim$ × $protec$				-0.1260* (0.0701)	
ln$length$					1.1709*** (0.3326)
ln$claim$ × ln$length$					-0.1258*** (0.0342)
Constant	-4.5344*** (1.1451)	-6.6205*** (1.6525)	-26.0676*** (4.2200)	-9.6519** (4.8645)	-9.3997*** (1.8516)
加入控制变量	是	是	是	是	是
控制作品类型	是	是	是	是	是
控制省份	是	是	是	是	是

续表

变量	(1) OLS lnjudgment	(2) Tobit lnjudgment	(3) Tobit lnjudgment	(4) Tobit lnjudgment	(5) Tobit lnjudgment
控制年份	是	是	是	是	是
观测值	14775	14775	11612	11612	11637
$R-squared$	0.2942				
sigma		1.9436	1.9070	1.8636	1.8850

注：括号内的值为稳健标准误，*、**、***分别表示10%、5%、1%的显著水平。所有回归均控制了诉讼双方当事人主体特征、审理法院特征，限于篇幅，未一一列出。

第五节 本章小结

本章根据 2015—2020 年法院著作权侵权一审判决书搜集的数据，实证分析了原告诉求金额锚点对法院判决金额的影响，结果表明原告诉求金额与法院判决金额呈现倒"U"形曲线关系。在倒"U"形曲线左边，法院判决金额随着原告诉求金额的增加而增加，但呈现边际递减，即随着原告诉求金额的增加，法院判决金额增加的程度逐渐减小；在倒"U"形曲线右边，法院判决金额随着原告诉求金额的增加而减少，说明法院基于利益平衡原则，保护著作权人利益的同时保障著作权作品的传播、利用和扩散，判决金额并不会随着原告诉求金额的增加无限地增加，原告诉求金额和法定最高 50 万元赔偿限额锚点会对法官判决形成锚定效应的影响，使法官在一定金额范围内确定判决金额。

原告诉求金额锚点对法院判决金额的影响随着地区经济发展水平、著作权保护强度、诉讼持续时长的增加而减少。诉讼当事人主体特征也会影响法院判决，原告有律师会使法院判决金额增加，被告有律师会使法院判决金额减少，原告是企业或组织会显著增加法院判决金额，原告在当地并不影响法院判决金额。经济发展水平高的地区法院判决金额也更高，随着判决依据法条的增加法院判决金额也增加。

上述结果为第三章著作权侵权法院判决影响因素的理论分析提供经验证据,验证了著作权侵权法院判决存在锚定效应。《著作权法》(2020)已经将著作权侵权法定最高赔偿限额提高到500万元,《著作权法》(2010)最高50万元的法定赔偿额已经不能与当前经济发展相适应,法定赔偿额较低,使侵权人侵权成本较低,无法对其造成威慑,为了营造良好的著作权产业发展环境,需要提高法定赔偿限额。从司法实践来看,原告诉求金额、法定最高50万元限额(《著作权法》(2010))、当事人身份类型、法官庭审方式等因素均会形成锚点影响法院判决,法官综合考虑各种因素进行量化决策。为了避免单一信息引发的锚定效应,使法官判决出现偏误,原告要多渠道收集影响法官判决的有效信息并确保信息的真实性,将其诉求金额控制在一定范围之内,避免低估损失给法官形成较低的锚位置,造成诉求金额较少,法院判决金额也较少,同时也要避免漫天要价引起法官反感产生诉讼投机的印象,使结果适得其反。

第 六 章

当事人诉讼定价能力对法院判决倾向的影响

Galanter（1974）提出的当事人资源会影响法院判决决策，但对影响法院判决的机制并没有进一步分析，本章将当事人资源影响法院判决的研究更推进一步，从当事人诉讼定价能力视角分析对法院判决倾向的影响。法院判决金额是当事人获得利益的绝对量，法院判决倾向是当事人获得利益的相对量，更好地反映了法院判决的轻重。本章首先从理论上阐述了当事人诉讼定价能力影响法院判决的机制，在此基础上基于中介效应模型，运用 2015—2020 年中国 30 个省（自治区、直辖市）各级法院公开的著作权一审司法判决书数据，对当事人诉讼定价能力对法院判决倾向的影响进行实证检验。本章从当事人诉讼定价能力视角为当事人资源影响法院判决的机制理论提供了实证证据。

第一节 引言

Galanter（1974）发现拥有资源优势的"富人"在诉讼中占据有利地位，能够获得更高的胜诉率。由此，提出了诉讼当事人资源优势理论，强调当事人的资源水平决定胜诉水平。随后美国、英国、加拿大、澳大利亚等国的实证研究也得出了相似的结论（Wheeler et al., 1987；Atkins，1991；Songer and Sheehan，1992；McGuire and Caldeira，1993；Smyth，2000）。然而，富人拥有更多资源进而赢得诉讼的判断掩盖了对诉讼判决内在机制的深入探究。富人凭借优势资源就能直接获得胜利，难道法官是依据当事人的身份、社会地位等法外因素在进行判决？这明显不符合法治精神和司法现实。

著作权诉讼中侵权认定并不困难，原告当事人有较高的胜诉率（詹映和张弘，2015；詹映，2020）。我们对 2015—2020 年中国 30 个省（自治区、直辖市）著作权侵权案件样本进行统计，也发现 96.25% 的原告会胜诉。著作权诉讼中侵权损失计算以及确定损害赔偿金额是难点所在。这导致在损害赔偿确定上，法定赔偿成为优先选择。吴汉东（2016）发现 2008—2012 年 78.54% 的著作权侵权案件采用法定赔偿的方式，2012—2015 年 99.62% 的著作权侵权案件采用法定赔偿的方式（詹映，2020）。北京法院 2002—2013 年著作权侵权案件的数据也显示法定赔偿比例占案件总数的 98.2%（谢惠加，2014）。我们对样本进行统计，也同样发现 99.17% 的案件采用了法定损害赔偿进行判决。然而法定赔偿是《著作权法》（2010）第四十九条规定排位最后的赔偿确定方式。法定赔偿赋予了法官较多的自由裁量权，法官基本上依靠经验进行自由裁量。这就为我们观察诉讼中当事人对法官的影响提供了一个良好的视角。因此本章以 2015—2020 年中国 30 个省（自治区、直辖市）著作权侵权案件为样本，研究当事人对法院判决的影响。

第二节　当事人资源、诉讼定价能力与法院判决

"诉讼定价能力"是指当事人利用自身资源在诉讼中依法进行证据举证、要求赔偿、反驳对方诉求的能力等。高水平的举证、合理合法的赔偿诉求、有效证明对方证据的不可靠与诉求的不合法，提高了法官采信己方证据、认可己方诉求的概率，进而获得有利于己方的判决。诉讼定价能力越高越容易为法官所接受，也就越能够影响法官的判决决策。诉讼定价能力的形成，可以由当事人直接形成，但更主要的是经由律师形成。

一　当事人资源与诉讼定价能力

资源丰富当事人在发起诉讼后，可以充分利用其资源进行专业的法律分析、有效的证据搜集，形成较强的证据证明力，在诉讼过程中进行充分的辩论、有效的防御和攻击，自身的资源优势能够充分转化为自身诉讼定价能力。Szmer 等（2016）指出资源丰富的当事人一般拥有丰富的诉讼经验、专业的法律知识，并能熟悉法律规章制度程序，甚至在一定程度上影响法律制度设计，形成对自己更为有利的规章制度。并且资源丰富的当事人往往也是重复诉讼者，而重复诉讼，一方面可以增加当事人的诉讼经验，使当事人更加熟悉诉讼规则程序；另一方面在诉讼过程中当事人与法律体系各部门建立了良好的关系。特别是作为重复参与者，资源优势者会反复出现在法官面前，因此他们会较为客观地呈现证据事实和材料，以增加法官信任度、影响法官判决结果（McGuire，1995）。所以，一般而言资源丰富的当事人，诉讼定价能力也高，进而获得有利判决的概率就高。

但是，并不是所有的资源优势者都能将优势转化为诉讼定价能力。一方面是因为诉讼毕竟不是惯常例行业务且专业性强，属于小概率事件，即使有资源优势但在诉讼方面却没有优势；另一方面则是不同当事人诉讼目的不同，因此发起诉讼时的资源投入也不相同。现实中存在着大量的策略性诉讼，当事人发起诉讼本身就是目的，就是要通过诉讼来达到制造影响、制造对方当事人障碍的作用，至于诉讼结果并不在意。特别是著作权诉讼中，许多原告之所以起诉只是为了维护自身声誉，消除侵权滋扰，赔偿反而是第二位的诉求。也就是说，那些不以诉讼获胜、赔偿额为目的的诉讼，即使当事人拥有资源优势，也可能不会进行投入使之转化为诉讼定价能力。更何况，在诉讼中，资源优势者还存在过于自信以及忽视等问题，也会导致资源投入不足。

而对于资源劣势者来说，发起诉讼及其赔偿额，很可能是事关其身家性命的事情,所以资源劣势者往往全力投入,反而能够形成较高的诉讼定价能力,从而取胜。如在我们的样本中就发现,一般当事人(私营企业和个人)聘请律师比例分别为88.36%,高于国有单位的85.71%,并且著作权专业组织管理机构聘请律师比例高达98.59%。这说明三者诉讼的目的不同导致其资源投入不同。国有单位发起诉讼无论胜负都要有明确的结果,基本上不接受调解。著作权专业管理组织机构则是保护著作权人权益的专业机构,对著作权作品进行集中管理,代表著作权人进行仲裁或发起诉讼,最大限度地保护著作权人权益是其根本使命,因此其在诉讼中除保证胜诉外,还要尽量为著作权人争取更多的利益。

二 律师与诉讼定价能力

尽管资源优势当事人有着将其资源转化为诉讼定价能力的潜力,但是诉讼毕竟属于法律专业领域。尤其是著作权诉讼案件与其他民事案件不同,涉及更强的专业性,需要专业人士在法官与当事人之间建立对话的平台,保障诉讼活动的正常进行。因此,需要专业律师在诉讼中发挥作用。律师能够完成大量的专业工作,助推当事人进行有效的举证,提高证据证明力。

如前所述,已有文献研究表明律师的参与提高了当事人在诉讼中获取优势的可能性,这其中关键的原因就在于律师是特定诉讼领域的专家,更为熟悉审判程序,更为了解法官对案件关注的问题,能够正确估算赔偿损失,指导当事人提出合理的诉讼请求,并根据诉讼请求准备各项证据材料,在庭审时能够对对方的证据进行反驳,提出质疑,同时合理地说服法官并让法官信任他们的陈述材料和证据,有效预测诉讼过程出现的问题,同时采取相应的方案进行积极应对(Szmer et al., 2016; Nelson and Epstein, 2019; Lin, 2020)。也就是说,律师是更为专业的诉讼定价能力的形成者,是更高水平的诉讼定价能力者。

聘请律师,特别是聘请高水平的律师需要付出相当的报酬,因此资源优势者比资源弱势者有更高的概率聘请律师、聘请高水平律师。研究也发现，政府部门、大公司聘请的律师平均水平高于其他部门（Black and Owens，2012；Szmer et al.，2016；Nelson and Epstein，2019）。这些专业的诉讼团队可以进行有效的分工，合理专业地测算赔偿损失，提供法官可以采纳的证据材料，减少不必要、无效的证据材料，提高当事人的证据证明力。这实际上更加强化和提高了资源优势当事人的诉讼定价能力，也更使资源优势者有更高的概率获得有利的诉讼结果。也即，资源优势者有两条形成诉讼定价能力的渠道，一是利用自身优势直接形成；二是通过聘请律师形成。

三 理论假设

著作权侵权诉讼案件采用当事人主义诉讼模式，法院采取"不告不理"的态度，即一方当事人发起诉讼提出诉讼请求，仅在当事人提出的诉求范围内进行审判，即使有些损失可以获得法院支持，但是在诉讼中没有提及，法院也不会主动追加发动审判。因此，当事人提出诉讼请求的合理性、根据诉讼请求在庭审前搜集证据的充分性、在诉讼中进行证明的有效性都十分关键。同时，著作权侵权诉讼案件专业性较强，当事人与法院之间传递案件信息需要一定的程序机制作为保障，纠纷解决机制相对复杂，诉讼过程充满质证、举证及辩论等，需要当事人具有专业的法律知识和法庭举证辩论能力。更重要的是，著作权具有无形性，侵权损失难以计算，确定损害赔偿金额是个难点。此时，当事人的诉讼定价能力为其赢得有利判决结果显得至关重要。由此，具有不同的资源禀赋当事人因为资源投入的不同而形成不同的诉讼定价能力，进而对法官形成的影响也不同。

法官"以事实为依据，以法律为准绳"进行判决决策。法官根据当事人提供的证据材料进行裁量，如果证据材料不具有证明力或者证明力较小，那么不能作为或者不能单独作为认定案件事实的依据，如果证据材料证明力较强那么可以作为认定案件事实的依据。不同的诉讼定价能力形成不同的证据链条，从而导致不同的判决结果（Chen et al., 2015)。

基于以上分析,提出以下研究假说:

假说1:当事人资源对法院判决倾向具有显著正面影响,法院判决随着当事人诉讼资源投入的增加而加重。

假说2:诉讼定价能力随着当事人诉讼资源投入的增加而增加,但基于当事人诉讼目的的异质性,不同当事人资源投入存在差异,由此转化形成的诉讼定价能力存在差异。

假说3:当事人诉讼定价能力对法院判决倾向具有显著正面影响,法院判决随着当事人诉讼定价能力的提高而提高。

第三节 模型设定与变量说明

一 模型设定

借鉴温忠麟和叶宝娟(2014)的中介效应分析方法构建中介效应模型,把当事人诉讼定价能力作为中介,变量分析当事人资源对法院判决的影响。模型设计如下:

$$harshness_{int} = \alpha_0 + \alpha_1 lawyer1_{int} + \gamma X + \varepsilon_{int} \quad (6-1)$$

$$\ln claim_{int} = \beta_0 + \beta_1 lawyer1_{int} + \beta_2 plocal_{int} + \beta_3 coll_{int} + \beta_4 article_{int} + \beta_5 assessor_{int} + \delta_{int} \quad (6-2)$$

$$harshness_{int} = \eta_0 + \eta_1 lawyer1_{int} + \eta_2 \ln claim_{int} + \gamma X + \mu_{int}$$

$$(6-3)$$

其中,i 代表省份,t 代表年份,n 代表第 n 个著作权侵权案件。$harshness$ 表示法院判决倾向,$lawyer1$ 是关键解释变量当事人资源,$lnclaim$ 为中介变量当事人诉讼定价能力。ε_{int}、δ_{int}、μ_{int} 表示随机误差项,X 表示其他控制变量,主要包括:诉讼双方当事人主体特征,包括原告当事人类型、原告是否当地($plocal$)、被告有无律师($lawyer2$);审理法院特征,包括法院审判组织形式($coll$)、判决依据法条数量

(article)、有无人民陪审员 (assessor)。

模型 (6-1) 中 α_1 衡量当事人资源对法院判决倾向的影响，模型 (6-2) 检验当事人资源对其诉讼定价能力的影响，以判断是否存在中介效应。模型 (6-3) 以当事人资源为解释变量，以法院判决倾向为被解释变量，引入当事人诉讼定价能力指标作为解释变量，对当事人资源对法院判决倾向影响的直接效应和中介效应进行分解，其中，η_1 表示直接效应，即当事人资源对法院判决的直接影响，$\eta_2 \times \beta_1$ 表示中介效应，即当事人资源通过影响其诉讼定价能力对法院判决倾向的影响。

二 变量说明

（一）被解释变量

法院判决倾向 (harshness)。借鉴褚红丽等（2018）的做法，用法律规定的最大判决金额（法定赔偿额最高50万元）和最小判决金额对法院判决金额进行标准化。具体的计算公式为：

$$harshness = \frac{实际判决金额 - 法律规定最小判决金额}{法律规定最大判决金额 - 最小判决金额} \quad (6-4)$$

据样本数据统计99.17%的著作权侵权案件采用法定赔偿方式，法院法官具有较大的自由裁量权，在法律规定范围内进行判决。harshness 反映了法官进行自由裁量的严厉程度，数值越大，说明法官从重判决，原告获得赔偿相对较多；数值越小，说明法官从轻判决，原告获得赔偿相对较少。《著作权法》（2010）规定法定赔偿额最高50万元，但存在酌定赔偿的情况从而使赔偿额大于50万元。样本中 harshness 最小值为0，最大值为106.69，harshness 均值为0.0491。

（二）关键解释变量

当事人资源 (lawyer1)。采用原告是否聘请律师作为当事人资源衡量指标，专业律师在著作权侵权诉讼中发挥了重要作用，是当事人诉讼投入资源较为具体的体现。设定虚拟变量，如果当事人聘请律师赋值为1，如果当事人没有聘请律师赋值为0。

（三）中介变量

当事人诉讼定价能力（lnclaim）。当事人诉讼定价能力是指当事人向法院发起诉讼进行有效举证、提出合理诉求的能力。原告提出诉求后法院在其诉求范围内进行审判，如果诉求较低，判决获得利益较少，如果漫天要价诉求较多，法院对其诉求不予支持，因此提出合理诉求非常关键。据样本数据统计[①]，92.95%的原告聘请了律师，在律师的指导下估算损失提出诉求。在此采用原告诉讼金额作为衡量诉讼定价能力的指标，包括著作权判决书中原告要求经济损失补偿、精神补偿、合理费用补偿等总金额。诉求金额越大，一方面说明损失较高，另一方面也说明当事人可以提供的证据材料越多，对法院最终判决具有重要的参考作用，诉讼定价能力也越强；相反诉讼金额越少，说明当事人可以提供的证据材料越少，诉讼定价能力也越弱。

（四）控制变量

（1）当事人的类型。我们将当事人分为著作权专业组织管理机构当事人和非专业组织管理机构当事人。著作权专业组织管理机构当事人包括中国音像著作权集体管理协会、中国音乐著作权协会等五家著作权集体管理组织。非专业组织管理机构当事人包括国有单位（国有独资、国有控股、事业单位、全民所有制、集体所有制企业）、私营单位（有限责任公司、股份有限公司、个人独资企业）、个人。进一步地，为了考察国有单位当事人对法院判决的影响，把非专业组织管理机构当事人分为一般当事人（私营单位和个人）、国有单位当事人，以一般当事人为对照组设置两个虚拟变量，如果国有单位当事人（soe）赋值为1，否则为0；如果著作权专业组织管理机构当事人

[①] 据本章所用14392条样本数据统计得出。

（*collagent*）赋值为 1，否则为 0。

（2）原告当事人是否在当地（*plocal*）。著作权侵权案件一般采取"原告就被告"原则，即原告到被告所在地法院进行起诉，所以我们只考察原告是否与法院所在地一致。如果原告与法院所在地一致，赋值为 1，如果原告与法院所在地不一致，赋值为 0。

（3）审理法院特征。包含庭审形式（*coll*）、判决依据法条数量（*article*）、有无人民陪审员（*assessor*）。法院审理形式如果采用合议庭赋值为 1，采用独任制赋值为 0。判决依据法条数量是指依据《著作权法》等实体法条数量，不包括程序法条。有人民陪审员赋值为 1，否则赋值为 0。

（4）侵权作品类型。不同的侵权作品类型会对法院判决结果产生影响，侵权作品类型分为计算机软件、音乐作品、图片作品、文字作品、影视作品和其他作品六类。

我们通过聚法案例网站[①]随机抽取并手工收集整理了 2015—2020 年中国 30 个省（自治区、直辖市）各级法院公开的著作权侵权一审判决书，共计 14825 份。因聘请律师会有相应的诉讼成本费用，如果案件较小，原告考虑到成本收益可能不会聘请律师，即使聘请律师也仅在损害范围内提出诉求，所提诉求金额较少，不能充分反映当事人的诉讼定价能力，因此我们将诉求金额 2600 元以下的样本剔除，最终用于本章节研究的样本量为 14392 份。在判决书中提取了相关的变量信息，包括法院判决金额、原告诉求金额、原被告当事人是否聘请律师、原告当事人身份类型、原告是否当地、审理法院特征（含审理形式、是否有人民陪审员、判决依据法条数量）、侵权作品类型等。同时通过天眼查网站[②]收集整理了原告当事人公司类型信息。最终统计数据如表 6-1 所示。

[①] 聚法案例网站（https://www.jufaanli.com/）以收集"中国裁判文书网"的判决书为主，也汇集了其他多个网站公布的裁判文书，资料更加丰富全面，检索更为方便快捷。

[②] 天眼查网站（https://www.tianyancha.com/）专业提供企业工商信息（包括公司类型、注册资本、法定代表人等）、企业关联关系、司法风险、经营状况、经营风险、知识产权等数据信息。

表6-1　　　　　　　　各主要变量指标的描述性统计

变量	变量含义	观测值	均值	标准差	最小值	最大值
harshness	法院判决倾向	14392	0.0491	0.9686	0	106.6868
lawyer1	原告有无律师	14392	0.9295	0.2559	0	1
lnclaim	ln（1+原告诉求金额（元））	14392	10.0015	1.2702	7.8980	20.2451
plocal	原告是否本地	14392	0.2098	0.4072	0	1
coll	是否合议庭	14392	0.7864	0.4099	0	1
article	判决依据法条数量	14392	4.8391	2.6566	0	15
assessor	是否有人民陪审员	14392	0.4537	0.4979	0	1
lawyer2	被告有无律师	14392	0.2997	0.4581	0	1
collagent	著作权专业组织管理机构	14392	0.3959	0.4891	0	1
soe	国有单位	14392	0.0200	0.1400	0	1

第四节　当事人诉讼定价能力对法院判决倾向影响的实证结果

一　当事人资源对法院判决倾向影响的中介效应全样本回归

（一）当事人资源、诉讼定价能力与法院判决倾向：基本实证结果

表6-2报告了当事人资源对法院判决倾向影响的回归结果，所有回归均控制了著作权侵权作品类型、地区和时间固定效应。第（1）列当事人资源变量回归系数为0.0108，在1%的显著性水平通过检验，表示当事人资源对法院判决倾向具有显著正效应，说明随着当事人资源的增加，法院判决加重，验证了假说1。第（2）列当事人资源对诉讼定价能力的回归系数显著为0.0961，在5%的显著性水平通过检验，说明当事人投入资源越多，越可以提高其诉讼定价能力，即当事人诉讼定价能力随着投入资源的增加而增加，这与假说2相符。第（3）列当事人诉讼定价能力回归系数为0.1339，在5%的显著性水平通过检验，表示当事人诉讼定价能力对法院判决倾向具有显著正效应，说明随着当事人诉讼定价能力的提高，法院

判决加重，这与假说 3 是一致的。

表 6-2　当事人资源对法院著作权判决倾向影响的中介效应估计结果

变量	(1) OLS harshness	(2) OLS lnclaim	(3) OLS harshness
lawyer1	0.0108***	0.0961**	-0.0085
	(0.0040)	(0.0391)	(0.0069)
lnclaim			0.1339**
			(0.0546)
plocal	-0.0021	0.2688***	-0.0456
	(0.0249)	(0.0309)	(0.0370)
coll	-0.0156	0.4882***	-0.0585
	(0.0465)	(0.0280)	(0.0716)
article	0.0028	0.0410***	-0.00001
	(0.0022)	(0.0048)	(0.0024)
assessor	-0.0092	0.0051	-0.0095
	(0.0077)	(0.0228)	(0.0089)
soe	0.0322		0.0371
	(0.0267)		(0.0236)
collagent	0.0018		0.0450***
	(0.0044)		(0.0128)
lawyer2			-0.0014
			(0.0046)
Constant	0.5397**	12.0005***	-1.1492*
	(0.2391)	(0.1701)	(0.6036)
控制作品类型	是	是	是
控制省份	是	是	是
控制年份	是	是	是
观测值	14392	14392	14392
R-squared	0.0064	0.3102	0.0264

注：括号内的值为稳健标准误，***、**、*分别表示1%、5%、10%显著性水平。

(二) 当事人资源对法院判决倾向影响的中介效应检验

按照中介效应检验法以当事人诉讼定价能力为中介变量进行检验，表 6-2 第（1）列、第（2）列当事人资源回归系数均显著为正，第（3）列当事人资源回归系数没有通过显著性检验，当事人诉讼定价能力回归系数显著为正。可以看出，当事人资源影响法院判决完全是通过诉讼定价能力来实现的，存在显著完全中介效应。原告投入资源越多，资源转化形成的诉讼定价能力越强，可以提供法院采纳的证据越多，越可以还原侵权或获利事实，确定较为合理的损害赔偿金额，使法院做出对资源丰富当事人更为有利的判决。

(三) 相关控制变量对法院判决倾向的影响

以表 6-2 第（3）列为主说明相关控制变量对法院判决倾向的影响。变量"原告是否当地"回归结果没有通过显著性检验，说明著作权判决不存在地方保护主义，著作权案件与其他类案件相比涉案金额较小，不足以激发地方司法保护的动机，从著作权保护的角度而言还可以树立法院更加公正的司法形象。变量"法院审理形式、有无人民陪审员"没有通过显著性检验，说明对法院判决倾向没有影响。

从著作权专业组织管理机构当事人、国有单位当事人回归系数可以看出，与一般当事人相比著作权专业组织管理机构当事人会使法院判决加重，而国有单位当事人对法院判决倾向并没有影响。说明著作权专业组织管理机构当事人诉讼投入资源较多，诉讼定价能力较强，促成法院做出对自身更为有利的判决结果；国有单位当事人虽然资源较为丰富，但发起诉讼时资源投入较少，并没有将自身资源转化为诉讼定价能力，因此对法院判决没有影响。

二 当事人资源对法院判决倾向影响的中介效应分样本回归

为了进一步考察当事人资源在不同诉讼定价能力区间对法院判决倾向影响的差异，我们进行分样本回归。著作权侵权案件大部分涉案金额较少，法院判决金额在1万元以内①，我们以1万元为临界点，分别对原告诉求金额1万元以内的样本、大于等于1万元以上的样本进行回归，研究当事人资源对法院判决倾向影响的中介效应（见表6-3）。

表6-3 当事人资源对法院判决倾向影响的中介效应分样本估计结果

变量	(1) OLS harshness	(2) OLS lnclaim	(3) OLS harshness	(4) OLS harshness	(5) OLS lnclaim	(6) OLS harshness
lawyer1	0.0015***	0.1260***	0.0012***	0.0126**	0.1673***	-0.0096
	(0.0003)	(0.0362)	(0.0003)	(0.0052)	(0.0396)	(0.0085)
lnclaim			0.0029***			0.1482**
			(0.0002)			(0.0593)
plocal	0.0003	0.0679**	0.0001	-0.0033	0.2656***	-0.0411
	(0.0003)	(0.0267)	(0.0002)	(0.0282)	(0.0321)	(0.0422)
coll	0.0012***	0.0435**	0.0011***	-0.0243	0.3450***	-0.0790
	(0.0002)	(0.0175)	(0.0002)	(0.0591)	(0.0312)	(0.0792)
article	0.0001**	0.0021	0.0001*	0.0031	0.0402***	0.0007
	(0.0000)	(0.0030)	(0.0000)	(0.0025)	(0.0050)	(0.0023)
assessor	-0.0003**	-0.0820***	-0.0001	-0.0100	0.0575**	-0.0049
	(0.0001)	(0.0155)	(0.0001)	(0.0097)	(0.0246)	(0.0093)
soe	-0.0017***		-0.0016***	0.0433		0.0226
	(0.0004)		(0.0004)	(0.0337)		(0.0282)
collagent	0.0004***		0.0006***	0.0073		0.0659***
	(0.0001)		(0.0001)	(0.0051)		(0.0218)
lawyer2			0.0001			-0.0116
			(0.0001)			(0.0094)
Constant	0.0011	9.2124***	-0.0252***	0.5555**	11.7601***	-1.1552*
	(0.0026)	(0.1558)	(0.0031)	(0.2472)	(0.1692)	(0.6158)

---

① 据样本数据统计，73.38%的案件法院判决金额在1万元以内，26.62%的案件法院判决金额在1万元以上。

续表

变量	(1) OLS *harshness*	(2) OLS *lnclaim*	(3) OLS *harshness*	(4) OLS *harshness*	(5) OLS *lnclaim*	(6) OLS *harshness*
控制作品类型	是	是	是	是	是	是
控制省份	是	是	是	是	是	是
控制年份	是	是	是	是	是	是
观测值	2955	2955	2955	11437	11437	11437
R - squared	0.5808	0.5159	0.6249	0.0059	0.2464	0.0286

注：括号内的值为稳健标准误，***、**、*分别表示1%、5%、10%显著性水平。

表6-3为当事人资源对法院判决倾向影响的中介效应分样本估计结果。表6-3第（1）、（2）、（3）列为原告诉求金额小于1万元的回归结果，表6-3第（4）、（5）、（6）列为原告诉求金额大于等于1万元的回归结果。分样本回归结果显示当事人资源、诉讼定价能力的回归系数均通过显著性检验，说明原告不同诉求金额区间均存在显著中介效应。进一步对比分析可以看出，表6-3第（1）列当事人资源对法院判决倾向的影响显著为正，第（2）列当事人资源对诉讼定价能力的影响显著为正，第（3）列当事人资源、诉讼定价能力回归系数均显著为正，说明当事人资源影响法院判决倾向，一方面是通过直接效应实现的，另一方面是通过诉讼定价能力间接效应来实现的，所以存在部分中介效应。表6-3第（4）、（5）列当事人资源回归系数均显著为正，且大于表6-3第（1）、（2）列，说明随着当事人诉讼定价能力的提高，当事人资源对法院判决倾向的影响变大，表6-3第（6）列当事人资源回归系数没有通过显著性检验，当事人诉讼定价能力回归系数显著为正，说明当事人资源影响法院判决倾向完全是通过诉讼定价能力来实现的，存在显著完全中介效应。因此，为了使法院做出对其更为有利的判决，当事人需要加大诉讼资源投入。

控制变量回归结果显示：第（3）列著作权专业组织管理机构当事人回归系数显著为正，国有单位当事人回归系数显著为负，可以看出，与一般当事人相比著作权专业组织管理机构当事人会使法院判决加重，而国有单位当事人会使法院判决减轻。表6-3第（6）列著作权专业组织管理机构当事人回归系数显著为正，国有单位当事人回归系数不显著，可以看出，与一般当事人相比著作权专业组织管理机构当事人会使法院判决加重，国有单位当事人对法院判决倾向没有影响。由此说明不同当事人诉讼目的不同，导致其资源投入不同，进而对法院判决倾向的影响不同。著作权专业组织管理机构当事人诉讼投入资源较多，诉讼定价能力较强，促成法院做出对自身更为有利的判决结果；国有单位当事人虽然资源较为丰富，但发起诉讼时资源投入较少，并没有将自身资源转化为诉讼定价能力，因此对法院判决倾向没有影响或者会使法院判决减轻。

三　稳健性检验

以上回归结果验证了本书的理论假说，即当事人资源通过诉讼定价能力中介效应影响法院判决倾向。为了确保结果的稳健性，从调整样本数量和改变回归方法两个角度进行稳健性检验：（1）一些案件本身决定了诉讼结果败诉，所以法院判决倾向为0，在此剔除法院判决倾向为0的值，并借鉴Gordon和Huber（2007）、褚红丽等（2018）的做法，采用双限Tobit模型进行稳健性检验，左限为0，右限为法院判决倾向最大值。（2）北京、上海、广东、重庆是中国改革发展的典范，且北京、上海、广东率先设立了知识产权法院，开展知识产权专业化审判较早，司法更为公开透明，人员素质更为专业，在一定程度上代表了中国法院在知识产权领域的最高水平（He and Su，2013；吴汉东，2018）。因此我们以北京、上海、广东、重庆四市著作权侵权判决书为子样本，检验当事人资源对法院判决倾向影响的中介效应。

表6-4回归结果显示，通过调整数据样本和改变回归方法重新进行估计后，变量回归系数和符号与原回归结果基本一致，回归结果显示当事人资源对法院判决倾向的影响显著为正，这是通过转化为诉讼

定价能力实现的,存在完全中介效应。与一般当事人相比,著作权专业组织管理机构当事人会使法院判决加重,而国有单位当事人并不影响法院判决倾向。这说明本书的结论依然成立,具有较强的稳健性,进一步验证了理论分析的合理性。

表6-4 当事人资源对法院判决倾向影响的中介效应稳健性检验结果

变量	(1) Tobit harshness	(2) Tobit lnclaim	(3) Tobit harshness	(4) OLS harshness	(5) OLS lnclaim	(6) OLS harshness
$lawyer1$	0.0112***	0.1147***	-0.0018	0.0296*	0.1324**	-0.0193
	(0.0043)	(0.0397)	(0.0059)	(0.0157)	(0.0539)	(0.0168)
$lnclaim$			0.1223***			0.2181**
			(0.0463)			(0.1102)
$plocal$	-0.0013	0.2558***	-0.0288	-0.0385	0.1732***	-0.0800
	(0.0262)	(0.0310)	(0.0357)	(0.0513)	(0.0394)	(0.0712)
$coll$	-0.0158	0.4930***	-0.0739	-0.0188	0.3936***	-0.0969
	(0.0484)	(0.0277)	(0.0687)	(0.0654)	(0.0375)	(0.1108)
$article$	0.0018	0.0514***	-0.0004	0.0122***	0.0775***	-0.0055
	(0.0022)	(0.0054)	(0.0020)	(0.0038)	(0.0089)	(0.0098)
$assessor$	-0.0084	0.0064	0.0105	-0.0577	0.1647***	-0.0913*
	(0.0079)	(0.0225)	(0.0101)	(0.0393)	(0.0401)	(0.0540)
soe	0.0335		0.0356	0.0121		-0.0147
	(0.0281)		(0.0248)	(0.0404)		(0.0483)
$collagent$	0.0019		0.0552***	-0.0035		0.1049***
	(0.0045)		(0.0186)	(0.0171)		(0.0387)
$lawyer2$			0.0058			0.0066
			(0.0043)			(0.0159)
$Constant$	0.6213**	11.7818***	-0.7777	0.7753**	11.2008***	-1.6645
	(0.2729)	(0.1708)	(0.4893)	(0.3743)	(0.2142)	(1.0928)
控制作品类型	是	是	是	是	是	是
控制省份	是	是	是	是	是	是
控制年份	是	是	是	是	是	是

续表

变量	(1) Tobit *harshness*	(2) Tobit *lnclaim*	(3) Tobit *harshness*	(4) OLS *harshness*	(5) OLS *lnclaim*	(6) OLS *harshness*
观测值	13780	13780	13780	5568	5568	5568
R – squared				0.0124	0.3076	0.0402
sigma	0.9856	1.0290	0.9754			

注：括号内的值为稳健标准误，***、**、*分别表示1%、5%、10%显著性水平。

第五节 本章小结

根据2015—2020年中国30个省（自治区、直辖市）各级法院公开的著作权侵权一审司法判决书数据信息，利用微观数据基于中介效应模型实证研究了当事人资源、诉讼定价能力与法院判决倾向之间的关系。研究发现：当事人诉讼资源投入越多，诉讼定价能力越强，对法院判决的影响越大。当事人资源影响法院判决是通过诉讼定价能力来实现的，当原告诉求金额小于1万元时，存在部分中介效应，原告诉求金额大于1万元时，存在完全中介效应。不同类型当事人在资源投入上存在差异，由此转化形成的诉讼定价能力存在差异。著作权专业组织管理机构当事人诉讼资源投入较多，国有单位诉讼资源投入较少，因此著作权专业组织管理机构得到的判决更加有利，而国有单位对法院判决倾向没有影响或者会使法院判决减轻。

上述发现使我们确认：当事人的资源禀赋并不能直接影响判决结果，也即法官并不天然地因为当事人的身份等因素来进行判决决策，而是根据诉讼双方当事人的诉讼定价能力来进行判决。并不存在天然的"法院是富人的法院"的结论，只是因为"富人"往往能够将其拥有的资源优势投入转化为较高水平的诉讼定价能力，"穷人"则往往没有资源投入而无法形成诉讼定价能力，而在诉讼中处于不利位置。但如果，一是"富人"有资源却不投入则也难以获得有利判决，如国有单位的表现。二是"穷人"在法律援助以及其他制度安排的支持下形成较强的诉讼定价能力则也可以获得有利的判决结果。

与 Galanter（1974）提出的当事人资源优势理论相比，我们更强调当事人的诉讼定价能力对诉讼结果的影响，可以称为"诉讼定价能力理论"。一般而言，当事人会充分利用拥有的资源禀赋将其转化为诉讼定价能力，但是也可能因为过于自信、忽视等原因出现资源禀赋没有形成定价能力的结果。当资源没有形成诉讼定价能力时，当事人的诉讼请求就会偏离合理区间，因此即使当事人资源丰富也难以得到法官的支持。进而，无论当事人资源是否丰富，只要在诉讼中形成了强大的诉讼定价能力就能够得到更有利的判决。因为进行自由裁量的法官肯定不是随意裁决，而是基于经验进行专业判断，当事人的身份背景等资源优势不可能直接左右法官的决策。

与当事人资源优势理论相比的进步在于：一是更深入地刻画了法院判决决策的机制，强调法官在进行判决决策时是根据原被告双方在诉讼中提供证据的可信性、赔偿要求的合理性等进行判决，而不是依据当事人的身份背景等外在因素；二是诉讼定价能力理论的解释力更强，能够解释资源优势当事人没有获得有利判决的现象和弱势当事人获得有利判决的现象，而这是当事人资源优势理论不能解释的。不同类型当事人诉讼投入资源存在差异，由此转化形成的诉讼定价能力存在差异，导致法院判决存在差异。这一发现更为深入地解释了当事人影响法院判决决策的机制，有助于提高法院判决的公正性。

第七章

当事人策略性诉讼模式对法院判决的影响

第五章、第六章分别从原告诉求金额、当事人诉讼定价能力视角考察了锚定效应、当事人资源影响著作权侵权法院判决的机制，并进行了实证检验。本章主要考察版权蟑螂策略性诉讼对法院判决的影响，尤其在信息冲击下法院对策略性诉讼者（版权蟑螂）的态度有无变化，同时验证当事人策略性诉讼法院判决是否遵循《著作权法》利益平衡机制和合理使用制度。首先运用诉讼成本和收益理论建立模型分析策略性诉讼产生的原因，然后从理论上分析此类诉讼模式特征集中表现为发起多次诉讼并获得胜诉，以此累积诉讼收益，在此基础上运用2015—2020年中国30个省（自治区、直辖市）各级法院公开的著作权一审司法判决书数据对当事人策略性诉讼对法院判决的影响进行检验。本章为检验《著作权法》的实施效果提供了经验证据。

第一节 引言

当一个领域中侵权被习以为常时，如何才能从侵权均衡转变为保护均衡？这是一个难题。著作权领域就是这样一个侵权丛生的领域。中国经过努力在音乐著作权保护领域取得了显著进展，但其他领域依然不容乐观。当公力保护不力时，私力保护是不得不依靠的选择，版权蟑螂就是私力保护的一个典型。2019年4月，视觉中国"黑洞"照片著作权事件引起社会广泛关注，引发了公众对著作权侵权案件诉讼的热议，也揭开了著作权侵权案件中的版权蟑螂现象。通过检索中国裁判文书网数据，发现与视觉（中国）文化发展股份有限公司（以下简称视觉中国）子公司汉华易美（天津）图像技术有限公司、华盖创意（北京）图像技术有限公司（以下简称汉华易美、华盖创意）相关的诉讼案件达1万件以上[①]。版权蟑螂（Copyright Troll）与专利蟑螂（Patent Troll）类似，是一种通俗意义上的称谓，指通过诉讼等手段发起大量著作权侵权维权并以此获利的主体。发起诉讼的主要目的是为了获取利润，其主要特征为发起多次诉讼并获胜诉，以此累积诉讼收益，此类诉讼模式被称为"策略性诉讼"（毛昊等，2017），这种维权形式有时被称为商业维权（孔祥俊，2013），视觉中国、华盖创意这类经营著作权作品的商业平台企业被称为"策略性诉讼者"。

版权蟑螂源自美国，近年来在中国发展较快，但中美版权蟑螂行为策略有很大不同。更重要的是，中国还存在着专业官方的维权者——中国音像著作权集体管理协会。中国音像著作权集体管理协会是保护会员音像作品权利的机构，其业务和职责是对会员及音像制品进行登记、管理，收取作品使用者的使用费并向著作权权利人分配著作权作品使用费，依法维护会员的合法权利，对非法使用音像作品的侵权行为进行积极维权，规范音像作品的合法使用，提高音像著作权保护水平。那么中国的版权蟑螂（策略性诉讼者）维权效率如何？与中国音像著作权集体管理协会相比谁的维权效率更高？法院如何对待具有争议的版权蟑螂？2019年4月发生视觉中国"黑洞"照片著作权事件，法院对其态度前后有没有变化？这是本章关注的问题。

---

① 中国裁判文书网检索时间截至2020年11月20日。

第二节 版权蟑螂现象与行为特征

一 美国的版权蟑螂及行为特征

美国第一例版权蟑螂出现在19世纪，自身为著作权经营实施主体取得表演许可权后向涉嫌侵权表演者提起诉讼，此后企业通过发起著作权诉讼获取利润的事件时有发生，但此类案件并没有形成一定规模危及创新市场。2010年以后，具有版权蟑螂性质的著作权持有主体发起大规模诉讼，影响到公众的利益（李欣洋和张宇庆，2018）。其主要特征如下。

第一，版权蟑螂诉讼对象为普通用户。随着网络的发展，美国版权蟑螂向网络盗版领域发展，将诉讼目标锁定在没有经过许可而下载作品的用户，将所有侵权的网络用户一并进行起诉。首先起诉网络服务提供商，使其提供下载过作品用户的个人信息，在获取用户信息后，向所有下载作品的侵权用户一并发起诉讼。此类诉讼被称为共同虚名诉讼，据统计，版权蟑螂发起的这类共同虚名被告案件占43%（Sag, 2015）。比如，2010年美国沃尔太奇影片公司（Voltage Pictures）向2.4万名共同虚名被告一并发起了诉讼（DeBriyn，2012）。

第二，版权蟑螂涉猎作品以影视作品为主。影视作品成为人们生活中重要的组成部分，在网络环境下，未经许可使用影视作品及相关网站的用户越来越多，视听、影视作品消耗流量更多，受众群体也更多，侵权涉及的利益更高。

第三，版权蟑螂诉讼主体原始权利人诉讼比例逐渐上升。2012年前Righthaven公司为美国版权蟑螂的典型代表。该公司为著作权代理机构，本身不是作品的原始权利人，也并不使用作品。它为了发起诉讼，获取了Stephens Media等新闻媒体公司的摄影作品和文字作品，发起了大量诉讼。由于授权问题导致原告适格性存在漏洞，Righthaven公司遭受多次败诉，最终破产。此后，美国版权蟑螂不再轻易授权律师事务所或者著作权代理机构进行维权，而是亲自进行维权，比以前更具隐蔽性（易继明和蔡元臻，2018）。

二 中国的版权蟑螂及行为特征

中国版权蟑螂大约出现在 2005 年后，其中华盖创意、汉华易美、视觉中国、上海富特昱图像技术有限公司（以下简称上海富特昱）、北京美好景象图片有限公司（以下简称北京美好景象）等的诉讼模式为典型。通过聚法案例数据库统计，2012 年至今，五家公司涉及诉讼案件分别为 6409 件、7152 件、2607 件、9604 件、6289 件[①]。由图 7-1 可以看出，2012 年以后，版权蟑螂开始发起大规模诉讼，版权蟑螂案件数量持续上升，2019 年 4 月发生视觉中国"黑洞"照片著作权事件后，各大公司纷纷撤诉，著作权侵权案件数量大幅下降。尤其是汉华易美和视觉中国发起著作权侵权案件数量直线下降（见图 7-1）。

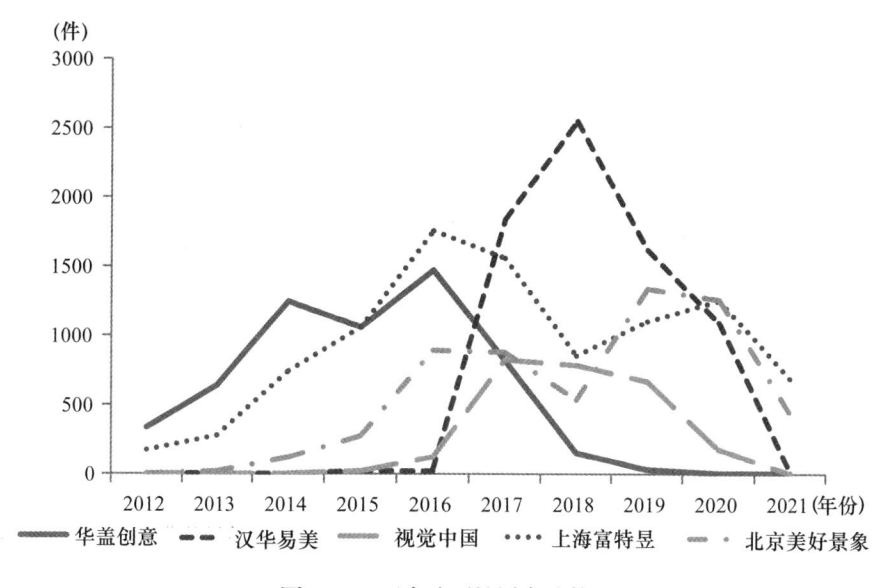

图 7-1 五家公司涉诉案件数量

中国版权蟑螂与美国版权蟑螂诉讼特征存在较大不同，主要表现为以下方面。

---

① 数据检索时间截至 2022 年 7 月 28 日，初步搜索的文书数据包括判决书、裁定书、调解书。

（一）涉猎作品以摄影图片作品为主

中国版权蟑螂涉猎作品与美国有较大不同，以摄影图片作品为主，以音乐作品为辅，影视作品较少。版权蟑螂通过著作权登记或者著作权人授权即可获取图片的权利。虽然中国实行著作权登记制度，但程序简便，管理较为宽松。受理著作权登记的网站，并没有规定必须要提供原件，只要有作品的"样本"即可进行著作权登记。版权蟑螂收集大量图片，将并不享有权利的图片进行著作权登记，成为图片的权利人。图片著作权一旦登记，在司法实践中原告发起诉讼时，没有相反证据的情况下，法院一般会认可原告当事人提交的著作权登记证书，被告很难提出相反的证据材料（刘畅，2020）。

（二）诉讼对象为企业、机关、社团

中国版权蟑螂向企业、大型社团、行政机关等应诉讼力较强的单位发起诉讼，涉及个人较少，所选择的诉讼对象一般具有较强的偿付能力。图7-2—图7-5分别为华盖创意、汉华易美、视觉中国、北京美好景象公司诉讼一审案件涉及的主要被告当事人。

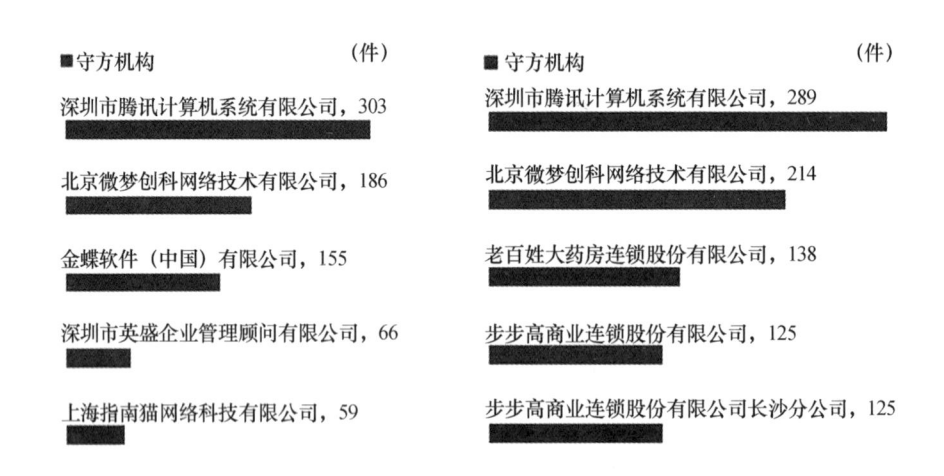

■守方机构	（件）
深圳市腾讯计算机系统有限公司	303
北京微梦创科网络技术有限公司	186
金蝶软件（中国）有限公司	155
深圳市英盛企业管理顾问有限公司	66
上海指南猫网络科技有限公司	59

图7-2 华盖创意主要被告当事人

■守方机构	（件）
深圳市腾讯计算机系统有限公司	289
北京微梦创科网络技术有限公司	214
老百姓大药房连锁股份有限公司	138
步步高商业连锁股份有限公司	125
步步高商业连锁股份有限公司长沙分公司	125

图7-3 汉华易美主要被告当事人

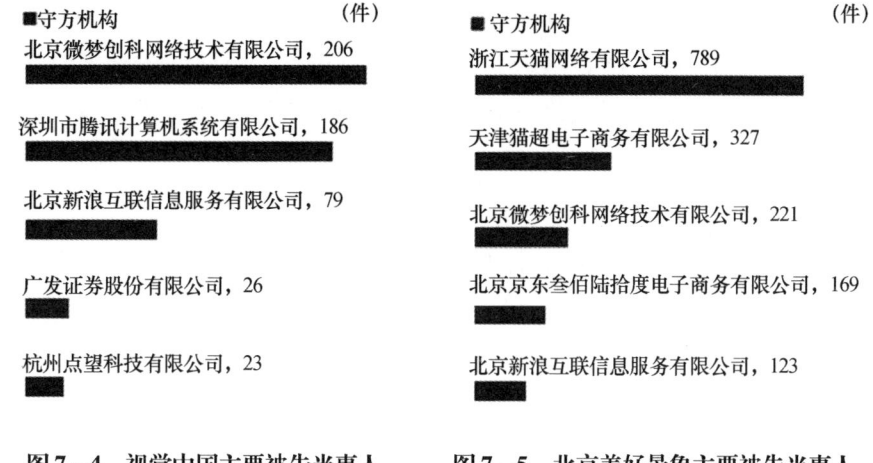

```
■守方机构                (件)         ■守方机构                (件)
北京微梦创科网络技术有限公司, 206      浙江天猫网络有限公司, 789
深圳市腾讯计算机系统有限公司, 186      天津猫超电子商务有限公司, 327
北京新浪互联信息服务有限公司, 79       北京微梦创科网络技术有限公司, 221
广发证券股份有限公司, 26              北京京东叁佰陆拾度电子商务有限公司, 169
杭州点望科技有限公司, 23              北京新浪互联信息服务有限公司, 123
```

图 7-4　视觉中国主要被告当事人　　图 7-5　北京美好景象主要被告当事人

（三）索赔金额标准化

通过深圳知产宝司法裁判数据库统计数据可以发现，版权蟑螂发起诉讼集中在北京、上海、广东、深圳、天津等经济发达地区的法院，视觉中国"黑洞"照片著作权事件发生前（2019年4月），一般每张图片索赔10000元，法院判决金额在3000元左右，约占诉求金额的30%，具体可见表7-1 主要图片公司著作权案件索赔与判赔情况；该事件发生以后，图片公司纷纷撤诉，虽然版权蟑螂发起诉讼案件每张图片仍旧索赔10000元，但法院判决金额大幅下降，从几百元到3000元不等，有时单张图片判决金额低至几十元①。

版权蟑螂一般先寻找最有利于己方的法院与被告，进行起诉，获胜后得到一个最为有利的判决。随后，会向其他侵权主体发出律师函，一并附上先前案件的胜诉判决，要求被告支付每张图片损害赔偿10000元。大部分被告看到先前的判决案件信息，考虑诉讼成本与时间费用，一般就会选择交钱了事。如果双方协商不成，此时案件会起诉到法院，法院首先进行调解，调解不成的情况下根据双方的证据材

---

① 详情请见裁判文书：案号（2019）粤0192民初2422-2423、（2019）京0491民初28551号等。

料进行判决。近年来,随着被告当事人维权意识的提高,非诉和解、诉讼调解比例逐渐下降,判决案件所占比例上升。有时版权蟑螂甚至直接把一个地区的维权交给一家律师事务所,进行批量诉讼,双方根据获取收益进行分成,一般版权蟑螂收益比例为30%[①]。

表7-1　　　　主要图片公司著作权案件索赔与判赔情况　　　　单位:元

公司名称	审理法院	索赔额(单张)	判赔额(单张)
华盖创意(北京)图像技术有限公司	北京市一中院	10000	3000—4500
	北京市西城区人民法院	10000	3000
	北京市海淀区人民法院	10000	2000
	北京市朝阳区人民法院	7000—7500	1500—2000
	天津市第二中级人民法院	7500	3000—4000
	天津市第一中级人民法院	10000	2000
	上海市浦东新区人民法院	6500	2500
	上海市黄浦区人民法院	5000	2500
	深圳市南山区人民法院	10000	2000—5000
	深圳市福田区人民法院	10000	4000
汉华易美(天津)图像技术有限公司	上海市闵行区人民法院	10000	3000
	上海市浦东新区人民法院	10000	3400—4000
	天津市和平区人民法院	10000	4000
	天津市第一中级人民法院	10000	4000
	深圳市南山区人民法院	10000	1000—1500
	广州市白云区人民法院	10000	3000
上海富特昱图像技术有限公司	北京市朝阳区人民法院	15000	3500
	北京市海淀区人民法院	15000	3500
	上海市徐汇区人民法院	13000	2000
	上海市浦东新区人民法院	13000	4000
	广州市白云区人民法院	10000	2000
	深圳市福田区人民法院	10000	3000
	深圳市罗湖区人民法院	10000	2000

---

① 经济参考报:《华盖创意的维权是否包含敲诈?》,https://business.sohu.com/20121120/n358065290.shtml。

续表

公司名称	审理法院	索赔额（单张）	判赔额（单张）
北京美好景象图片有限公司	北京市朝阳区人民法院	10000	3500—5000
	北京市海淀区人民法院	10000	1500
	上海市普陀区人民法院	10000	3000
	上海市闵行区人民法院	36000	5000
	上海市徐汇区人民法院	26000	4000
	深圳市南山区人民法院	10000	1500—2500
	深圳市宝安区人民法院	10000	3000
	深圳市福田区人民法院	10000	3000

数据来源：深圳知产宝司法裁判数据库。

图 7-6—图 7-9 为北京美好景象图片有限公司、华盖创意（北京）图像技术有限公司主要委托律师事务所及律师情况统计。

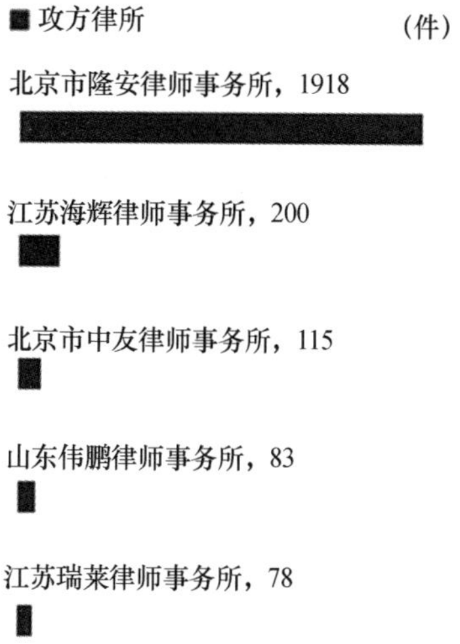

■ 攻方律所　　　　　　　（件）

北京市隆安律师事务所，1918

江苏海辉律师事务所，200

北京市中友律师事务所，115

山东伟鹏律师事务所，83

江苏瑞莱律师事务所，78

图 7-6　北京美好景象
主要委托律师事务所

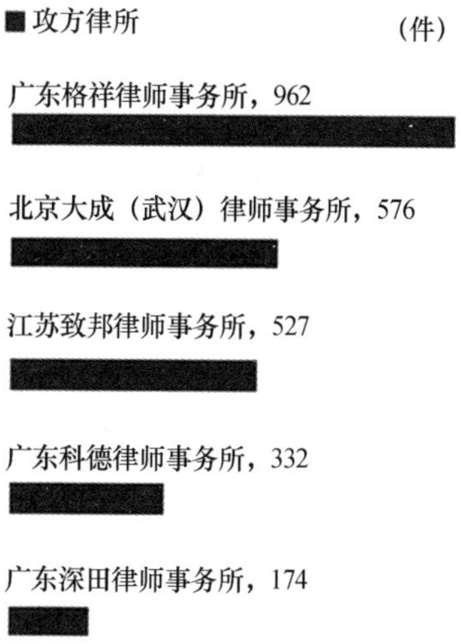

■ 攻方律所　　　　　　　（件）

广东格祥律师事务所，962

北京大成（武汉）律师事务所，576

江苏致邦律师事务所，527

广东科德律师事务所，332

广东深田律师事务所，174

图 7-7　华盖创意
主要委托律师事务所

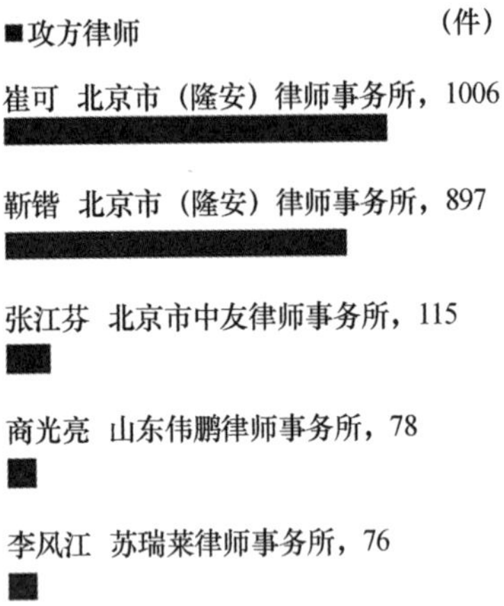

攻方律师	（件）
崔可 北京市（隆安）律师事务所, 1006	
靳锴 北京市（隆安）律师事务所, 897	
张江芬 北京市中友律师事务所, 115	
商光亮 山东伟鹏律师事务所, 78	
李凤江 苏瑞莱律师事务所, 76	

图 7-8 北京美好景象主要委托律师

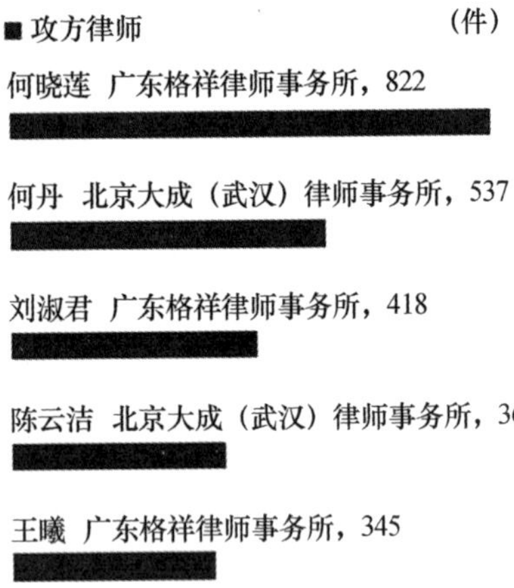

攻方律师	（件）
何晓莲 广东格祥律师事务所, 822	
何丹 北京大成（武汉）律师事务所, 537	
刘淑君 广东格祥律师事务所, 418	
陈云洁 北京大成（武汉）律师事务所, 365	
王曦 广东格祥律师事务所, 345	

图 7-9 华盖创意主要委托律师

（四）版权蟑螂诉讼主体由非经营性主体向经营性主体转变

版权蟑螂通过一定的技术手段，如视觉中国开发了鹰眼系统，追踪网络图片使用情况，对图像进行对比，同时可以提供在线侵权证据保全功能，通过人工智能发现侵权行为，进行取证，精准锁定侵权对象。检索发现已经存在的、正在使用的著作权作品，然后与图片作品的权利人签订合同，在一定期限内获得作品著作权，对大量侵权使用者发起诉讼，按照已经发生的判决案件损害赔偿标准请求法院采用法定赔偿的方式对其进行赔偿。早期的版权蟑螂通过购买著作权所有者的著作权，然后授权律师有针对性地对侵权人发起诉讼，谋取利润，但授权导致原告当事人适格性存在漏洞。近年来，版权蟑螂以原权利人的资格进行维权，诉讼主体由原来的非经营性实施实体向经营性实施主体发生转变（易继明和蔡元臻，2018）。

第三节　策略性诉讼者与著作权集体
管理组织维权保护比较

一　策略性诉讼者与集体管理组织维权保护的共性

无论著作权策略性诉讼者还是集体管理组织①都发起大规模诉讼，进行批量专业化维权。从维权作品类型来看，策略性诉讼者维权保护以摄影图片作品为主，以音乐作品为辅；集体管理组织维权保护以音乐作品为主，涉及少量文字作品。策略性诉讼者与集体管理组织维权诉讼都会产生规模成本与收益，民事信托为其专业维权奠定了法理依据。

（一）两者维权诉讼都会产生规模成本与收益

著作权人搜寻作品使用市场的成本较高，而且有时面临较高的谈判磋商等交易成本，所以著作权人将著作权作品授权著作权策略性诉讼者进行交易成本更小，特别是当著作权作品发生侵权时，诉讼成本远远大于法院判决金额。此时逐渐形成由著作权策略性诉讼者或者著作权集体管理组织专业化交易、维权市场。根据 Glanter（1974，2005）当事人资源理论，著作权策略性诉讼者、著作权集体管理组织比个人有更丰富的诉讼资源优势，而且对法院的使用是多次，因此更容易取得胜诉，获得更好的判决结果。这一理论在国内诉讼案件中也同样适用（He and Su，2013；田燕梅等，2021）。著作权人通过商业平台、著作权集体管理组织进行规模化维权，以较低成本实现较高收益，加快了作品的流通与使用，这反映了著作权人借助专业力量维护

---

① 著作权策略性诉讼者即前文所指视觉中国、华盖创意这类经营著作权作品的商业平台企业。著作权集体管理组织包括中国音像著作权集体管理协会、中国音乐著作权协会、中国文字著作权协会、中国摄影著作权协会、中国电影著作权协会五家组织机构，著作权集体管理组织诉讼主体以中国音像著作权集体管理协会和中国音乐著作权协会为主，每年发起侵权诉讼案件占著作权侵权诉讼案件的 40%—50%。

自己的权益，可认为是另一种形式的著作权交易。通过聚法案例数据库查阅著作权侵权案件数量也可以看出，中国音像著作权集体管理协会发起的诉讼案件占43%，策略性诉讼者维权发起的诉讼案件占28%左右，其余为个体或者以自己的名义发起的诉讼案件。

（二）民事信托为两类保护者维权保护奠定了法理依据

《著作权法》（2020）第八条规定著作权人可以授权著作权集体管理组织行使著作权相关权利，著作权作品发生侵权后，可以委托著作权集体管理组织进行维权，因此集体管理组织具有民事信托的基本特征。著作权集体管理组织基于受让取得委托人的授权和部分实体权利后，成为民事诉讼的适格当事人。如果著作权人没有转让著作权实体权利，只是转让了诉讼实施权，集体管理组织也可以基于民事诉讼担当理论发生诉讼担当，成为适格当事人。同样的理由，策略性诉讼者与著作权集体管理组织类似，是特殊形态的诉讼信托，民事信托关系也是策略性诉讼者根据著作权人的授权代表著作权人进行维权的理论支撑。另外，《著作权法》（2020）第二十六条、第二十七条规定，著作权的财产权利可以转让或者许可他人使用。著作权人将著作权作品部分权利授权、许可转让给集体管理组织或者策略性诉讼者，集体管理组织或者策略性诉讼者按照许可授权以自身的名义管理著作权并进行维权，将产生的收益按一定比例交给著作权人。著作权作品通过流通转让实现社会价值或者转化为生产力，促进更多的作品产生，实现社会福利最大化。

二 策略性诉讼者与集体管理组织维权保护的区别

（一）策略性诉讼者与集体管理组织维权许可方式不同

著作权作品的许可可以分为一揽子许可和单项许可两种方式。一揽子许可是被许可人在约定地点时间内使用著作权集体管理组织许可授权作品；单项许可是每次使用作品进行许可并收取相应费用。著权集体管理组织按照《著作权集体管理条例》收费标准向作品使用者收取使用费，许可使用作品。策略性诉讼者采取单项许可收费的方式，对每次使用行为进行诉讼变相发放许可。无论著作权集体管理组织一揽子许可还是策略性诉讼者单项许可方式在维权市场上均占有重要地位。集体管理组织维权的目的是制止侵权源头，停止著作权侵权行为；而策略性诉讼者维权或许更在意所获得的侵权赔偿[①]。两种许可方式决定了不同的维权目的。集体管理组织在行业内具有垄断唯一性，著作权作品使用者可以主动进行谈判，节约交易成本和搜寻费用，诉讼策略者更多地使用禁令，消除一揽子许可的障碍，通过授权许可获得更多收入。单项许可寻找著作权作品使用者交易成本和搜寻费用较高，因此策略性诉讼者更注意维权市场所得，赔偿金是策略性诉讼者的主要收入来源，诉讼目的是获得更多的赔偿（王好和曹柯，2020）。

（二）策略性诉讼者与集体管理组织维权适用作品类型不同

《著作权法》的立法宗旨是保护著作权作品，平衡创作者、使用者、传播者及公众的利益，激励原创者创造更多的著作权作品，促进文化和科学事业的繁荣与发展。著作权集体管理组织按照《著作权集体管理条例》管理著作权作品，将所有作品一视同仁，对所有著作权人、使用者平等对待。因此一揽子许可的方式使知名作品难以得到合理定价，不知名作品保护存在溢价。而策略性诉讼者采用单项许可根据作品使用及知名度可有效增加维权收益。

著作权作品可以分为音乐、摄影图片、文字、计算机软、影视作品五种类型。音乐作品流通传播速度较快，使用频率高，按照《著作权集体管理条例》《卡拉OK经营行业著作权使用费标准》容易估算损害赔偿，因此音乐作品大多采用一揽子许可授权中国音像著作权集体管理协会、中国音乐著作权协会进行集体管理。而摄影图片作品与

[①] 通过裁判文书两类当事人的诉讼请求明显可以看出，集体管理组织发起的诉讼案件一般要求使用者停止侵权行为，策略性诉讼者维权诉讼案件一般只要求使用者进行赔偿。

音乐作品相比使用频率低,有些是经典佳作,通过单项许可授权策略性诉讼者进行维权可以更好地体现作品价值。在著作权侵权案件司法实践中,明显可以发现,音乐作品批量维权以中国音像著作权集体管理协会、中国音乐著作权协会为主,其他音乐企业商业平台维权为辅。摄影图片作品以策略性诉讼者维权为主,而中国摄影著作权协会诉讼案件极少。由此印证了集体管理组织维权与策略性诉讼者维权两种方式可以针对不同著作权作品类型在各自领域并存发展的事实。

第四节 当事人策略性诉讼模式影响法院判决的理论机制

一 当事人策略性诉讼模式产生的经济分析

为了更好地了解策略性诉讼现象,我们运用诉讼成本和收益理论建立模型分析策略性诉讼者产生的基本原理。法定赔偿和允许著作权案件合并诉讼是策略性诉讼者形成的重要原因(Sag, 2015; Sag and Haskell, 2018; 易继明和蔡元臻, 2018; 李欣洋和张庆宇, 2018; 李健, 2021),原告同时向多名被告发起诉讼,利用规模经济优势,发起诉讼时提出几乎相同的要求,有效节约诉讼费用,获得成功经验,通过最小成本获得最高利润,而被告需各自承担辩护的各项费用(Booth, 2014)。

假设在多次诉讼中,原告当事人都会面临要支出的固定成本 C_f,固定成本包括调查取证费用、起草诉状、聘请律师费用等,无论一个被告或者 N 个被告,这块固定支出不会随被告数量发生显著变化。除此之外,原告还要支出可变成本 C_v,这块成本随着被告数量的变化而变化,被告数量越多,支付的可变成本也越多;被告数量越少,支付的可变成本也越少。假如有 N 个被告,那么原告需要支付的总成本 C 如下:

$$C = C_f + C_v \times N \tag{7-1}$$

原告获得的赔偿为 R，如果当事人和解支付费用为 P，被告人数为 N，说服被告和解的比例为 Y，那么原告获得的赔偿 R 如下：

$$R = P \times Y \times N \tag{7-2}$$

在多次诉讼中为了取得更多的收益，原告需要在同一诉讼中起诉尽可能多的被告实现规模经济以降低成本，同时利用法定损害赔偿等法定理由威胁被告进行和解以确保最大化的收益 $P \times Y$。

由上述原告需要支付的成本和获得的收益我们可以得出原告获得的利润 $Profit$。

$$Profit = R - C = P \times Y \times N - (C_f + C_v \times N) = N(P \times Y - C_v) - C_f \tag{7-3}$$

在这个模型中，并不能确保所有的被告都能对所起诉的侵犯著作权行为承担责任，也不能确保每一个被告都具有偿付能力，因此需要尽可能多地增加被告 N 的数量，才能有一定比例的被告愿意和解或被判支付侵权费用，达到规模经济的效果。在固定成本一定的情况下，被告数量越多，原告可获得的利润也就越多。当原告当事人发起大规模的诉讼时，法院为了节省司法资源，简化诉讼程序，将当事人的诉讼申请进行合并审理，由此可以减少诉讼固定成本支出。被告越多，分摊到每个被告的固定成本就越少，案件合并可以有效减少固定成本支出，由此可以增加原告的利润。

在侵权诉讼过程中，无论根据权利人的损失或根据侵权人的违法所得进行赔偿，都需要双方当事人进行调查取证，在此过程中需要支付较多成本，而法院对当事人提交的证据材料并不一定采纳，或不一定完全采纳。在著作权案件中权利人损失与侵权人获利都难以证明，所以著作权案件中的法定赔偿制度成为裁判的主要选择。法官根据法定赔偿进行判决，当事人以最低法定损害赔偿金或者根据已经发生的类似案例判决金额为标准确定与要求赔偿金额。因此法定赔偿和允许著作权案件合并诉讼是导致策略性诉讼者发起大规模诉讼的重要原因（Sag, 2015）。

二 著作权策略性诉讼者与集体管理组织维权的经济分析

在法经济学领域,按照谈判交易成本,根据财产规则和责任规则理论(Calabresi and Melamed,1972),当著作权交易成本较低时,双方按照财产规则让渡权利进行自愿交换,为事前著作权交易,财产制度是更有效的权利保护方式;当著作权交易成本较高,著作权市场交易存在障碍时,双方按照责任规则以损害赔偿的方式进行定价取代市场交易,为事后著作权交易,责任制度是更有效的权利保护方式(兰德斯等,2005)。按照市场交易规律,权利人通过市场授权许可使用是正常的交易方式,当市场交易失败时会转向事后救济。策略性诉讼者放弃著作权事前交易直接转向司法救济事后交易,通过诉讼维权的方式取得收益,这种行为看起来有悖于正常的市场交易规律,但从交易成本与收益及维权许可方式角度考察,策略性诉讼有其形成的内在机制。

(一)著作权交易成本高、市场收益低,责任规则更有效

策略性诉讼者与著作权集体管理组织专业化维权为事后著作权交易,法院判决金额确定了著作权司法定价与著作权保护水平。当著作权交易成本较高,著作权侵权盛行,著作权权利人更趋向选择责任规则取得更高收益,此类著作权诉讼达到一定规模后,形成了著作权维权市场和策略性诉讼者。在此市场中法院确定司法定价(侵权赔偿额),为权利分配设定了"具有强制力的契约"(韦伯,1998)。商业维权诉讼是司法实践顺应著作权交易发展出现的合理现象,具有存在的正当性与合理性。

1. 著作权作品事前许可比事后救济"发现市场成本高"

著作权权利人创作出作品进入市场首先要寻找买方,虽然不同的著作权作品有特定的市场,但这种市场是潜在的,导致交易存在不确定性,权利人如果寻找有交易需求的买方,如同大海捞针,费时费力。而侵权行为是具有明显的外部行为,著作权权利人发现侵权行为比搜

寻买家更简单方便，事后救济比事前许可发现市场的成本要低。

2. 著作权交易磋商成本高

著作权权利人寻找到买方后需要进一步进行交易磋商，由于著作权具有无形性特点，著作权价值具有衍生性，同时受到其他外部因素的影响，其价值难以计算。著作权权利人与买方难以确定著作权现时价值，更难以确定预期价值。著作权价值的不确定性加大了交易磋商的难度与成本。而著作权侵权事后救济直接通过法院调解或者判决进行司法定价，减少交易磋商成本。

3. 著作权市场扩张有限，收益低

按照著作权正常交易流程，著作权权利人需要对每项著作权作品逐一进行搜寻买家、交易磋商、签订授权合同、支付著作权使用费等环节。权利人在有限资金与时间的情况下，市场开拓将受到限制，这将难以扩大著作权的使用与传播，进一步难以实现著作权价值增值与收益最大化。而事后救济更像是先使用后付费，会加快著作权作品传播流通速度，加深社会公众对著作权作品的认识，扩大著作权使用市场，增加著作权权利人的收益（邓昭君，2015）。

（二）司法救济是另一种形式的著作权交易与著作权保护

著作权作品事前交易比事后救济发现市场成本高，交易磋商成本高，而市场扩张有限收益低，由此引起著作权交易市场失灵，著作权作品实现收益由事前交易转向事后救济，司法救济成为著作权权利人的最优选择。策略性诉讼者与著作权集体管理组织通过提高维权收益、降低维权成本实现著作权收益最大化，同时也实现了著作权保护。

1. 高胜诉率、法定赔偿提高维权收益，加剧策略性诉讼

在中国，著作权侵权诉讼法院判决多以法定赔偿为主，比例可达90%以上，而且原告胜诉率较高（易继明和蔡元臻，2018），我们通过样本数据统计发现原告胜诉率为96.21%，其中策略性诉讼者胜诉

率高达97.19%①。策略性诉讼者只有确保高胜诉率才能实现累积收益，只要诉讼成本低于胜诉赔偿额，策略性诉讼者存在盈利空间，著作权侵权诉讼就会发生。先前类似案件判决的高胜诉率对侵权人形成一种威慑，策略性诉讼者把和解或者索赔金额定在诉讼成本的平均值以下，或者运用类似案件判决金额进行索赔，以促使被告主动选择和解而不是花费大量的时间和成本进行应诉，从更高赔偿金额及声誉的角度考虑，侵权人更愿意和解了事（孙芸，2013）。

2. 批量诉讼形成规模经济

当著作权市场存在大量侵权行为时，策略性诉讼者聘请专业律师，积极收集各类证据材料，批量取证向行政机关、公司企业、公益性社团等偿付能力强的单位发起诉讼，降低维权成本的同时形成规模经济效应。策略性诉讼者通过发起多起诉讼累积收益，而多次的诉讼又为后续的胜诉累积经验，产生"干中学"效应，先前的胜诉结果对后续的案件审判具有积极正面影响，有时策略性诉讼者甚至以此为案例模板向被告索要赔偿，因此多次的诉讼促进策略性诉讼者获得更高的诉讼收益。从权利保护的角度而言，策略性诉讼者通过私力保护形式更高效地完成了对著作权的保护，有效遏制了侵权现象（周林彬和李胜兰，2003）。

3. 司法定价可预期性降低决策成本

著作权价值难以计算，权利人与侵权者确定损害赔偿困难。在司法实践中，法院根据侵权行为进行司法定价，确定损害赔偿金额——著作权交易价格，制裁侵权的同时促成著作权交易的完成（魏建等，2019）。每一份裁判文书就是一份著作权交易的司法定价记录，有时或许存在偏高或者偏低的司法定价，但同类型案件整体估价相差不大。法院确定的损害赔偿金额为著作权产品的定价提供指导，虽然司法定价不能直接代表著作权价值，但是为双方选择和解还是诉讼提供参考，节省双方谈判协商成本与著作权估价成本（邓昭君，2015）。

---

① 根据11637样本数据统计得出。

三 当事人策略性诉讼模式、行为特征与法院判决

策略性诉讼者发起诉讼的主要目的在于获得收益，从策略角度而言，策略性诉讼者并不首先选择向法院进行起诉，而是先发律师函进行协商沟通，争取双方能够和解告终，将其变为签约合作客户，如果谈判不成功再向法院发起诉讼，最终通过法院判决生效的不足0.1%（夏子航和王雪青，2018）。双方当事人能够顺利和解归功于策略性诉讼者的定价策略，策略性诉讼者把和解金额或索赔金额定在诉讼成本的平均值以下，或者运用类似索赔诉讼成功的案例进行定价，让被告主动选择和解而不是花费大量的时间和成本进行应诉。策略性诉讼者协商解决并非一直有效，有时双方信息不对称，协商达不成一致意见，无法实现和解，需要法院进行判决。近几年策略性诉讼者诉讼调解比率下降，判决比率大幅上升，判决已经成为主要解决的方式（孙芸，2013）。为了实现最终的收益，策略性诉讼者发起诉讼对象一般是行政机关、公司企业、公益性社团，因为此类主体应诉力较强，判决结案率相对高，偿付能力也较强。

目前，中国策略性诉讼者诉讼主体以非实施主体为主，著作权实施主体诉讼比例逐渐上升，策略性诉讼者以权利人身份进行维权，具有更强的隐蔽性。涉猎领域主要以图片作品、音乐作品为主。对比国外策略性诉讼者，中国策略性诉讼者最明显的特点是发起多起诉讼，法定赔偿是发起多起诉讼的重要原因。在中国著作权侵权诉讼以法定赔偿为主（易继明和蔡元臻，2018），胜诉率较高，可达96.21%[①]，赔偿额较低，一般占原告诉求金额的1/3，这就决定了策略性诉讼者通过发起大量诉讼，高胜诉率累积收益，这种诉讼策略是由中国著作权司法制度决定的（魏建等，2019）。虽然著作权侵权诉讼获得赔偿额较低，但诉讼成本也低，只要诉讼成本低于胜诉赔偿额，策略性诉讼者存在盈利空间，著作权侵权诉讼就会发生，这与原告当事人的诉

---

① 根据11637条样本数据统计得出。

讼策略和经验有关，更与知识产权保护意识有关。

策略性诉讼者为了实现多次诉讼获取更多收益的目的，需要减少诉讼过程发生摩擦，对于原被告当事人而言，最关注的是索赔金额，策略性诉讼者发起诉讼时诉求金额与一般当事人相比偏低，一方面合理定价不会引起法院的反感，有利于法院做出判决；另一方面也不会引起被告反驳，"速战速决"避免诉讼时间延长增加诉讼成本。根据样本数据统计显示策略性诉讼者平均诉求金额83143.36元，中国音像著作权集体管理协会当事人平均诉求金额32861.15元，而一般当事人发起诉讼时平均诉求金额183230.3元。中国音像著作权集体管理协会当事人平均诉求金额低于策略性诉讼者，这与著作权作品的属性有较大关系，音乐作品权利人希望自己的作品扩大传播使更多的人通过合法的渠道使用著作权作品，增加作品著作权价值，图片作品权利人并不以扩大图片传播为主要目的。

策略性诉讼者通过发起多起诉讼累积收益，而多次诉讼又为后续的胜诉累积经验。策略性诉讼者为了提高收益率，诉讼过程投入较多的资源，聘请律师进行专业维权运作，根据胜诉经验提出合理诉求金额。尽管策略性诉讼者诉求金额偏低，但其收集各类证据材料，进行专业化的维权运作，在确保胜诉的情况下，最大限度提高法院判决金额，获得更多诉讼收益，法院判决金额相对其他当事人并不一定低。这与其丰富的诉讼经验和灵活的策略有较大关系，多次的诉讼可以累积经验，具有"干中学"效应，先前的胜诉结果对后续的案件审判具有积极正面影响，有时策略性诉讼者甚至以此为案例模板向被告索要赔偿，因此多次的诉讼促进策略性诉讼者获得更高的诉讼收益。

策略性诉讼者发起大规模诉讼，存在大量类似的案件，法院判决时以先前的案件为参考，虽然策略性诉讼者诉求金额略有变化，但法院参照先前已有案件，类似的案件法院判决不会有太大的差异。2019年4月视觉中国"黑洞"照片著作权事件引起社会广泛关注，引发了公众对著作权侵权案件诉讼的热议，法院对此类诉讼案件也更加重视，比如2019年10月广东省高级人民法院针对图片侵权问题印发了《广东省高级人民法院知识产权审判庭关于涉图片类著作权纠纷案件若干问题的解答》，解决图片侵权面临的疑难问题和热点问题，通过阅读2019年5月之后的著作权侵权裁判文书，大致发现法院判决结果与之前存在一定差异。

基于上述分析，提出以下研究假说。

假说1：策略性诉讼者在著作权侵权法院判决中与其他当事人相比会有更高的胜诉率。

假说2：策略性诉讼者在著作权侵权法院判决中与一般当事人相比会赢得更多的判决金额，不同类型的策略性诉讼者法院判决金额存在异质性。

假说3：策略性诉讼者受到法院的差别性对待，尤其是在新闻事件冲击之下。

第五节　模型设定与变量说明

一　模型设定

为了检验当事人策略性诉讼对法院判决的影响，我们设计以下模型：

$$win_{int} = \alpha_0 + \alpha_1 troll370m_{int} + \alpha_2 troll370p_{int} + \gamma X + \mu_i + \mu_t + \varepsilon_{int} \tag{7-4}$$

$$\ln judgment_{int} = \beta_0 + \beta_1 troll370m_{int} + \beta_2 troll370p_{int} + \gamma X + \mu_i + \mu_t + \varepsilon_{int} \tag{7-5}$$

$$harshness_{int} = \eta_0 + \eta_1 troll370m_{int} + \eta_2 troll370p_{int} + \gamma X + \mu_i + \mu_t + \varepsilon_{int} \tag{7-6}$$

其中，i、t分别表示省份、年份，n表示第n个著作权侵权案件。模型中win表示原告是否胜诉，$\ln judgment$表示法院判决金额，$harshness$表示法院判决倾向，核心解释变量为音乐策略性诉讼者

(*troll370m*)、图片策略性诉讼者(*troll370p*),α_0、β_0、η_0表示常数项,μ_i、μ_t表示控制省份固定效应、年份固定效应,ε表示随机误差项。X表示其他控制变量,主要包括当事人类型、原告诉求金额(ln-*claim*);诉讼双方当事人主体特征:含原被告当事人有无律师(*lawyer1*、*lawyer2*)、原告是否本地(*plocal*);审理法院特征:含庭审形式(*coll*)、判决依据法条数量(*article*)、有无人民陪审员(*assessor*),诉讼时长(ln*length*)。

二 变量说明

(一)被解释变量

法院判决结果分别使用原告是否胜诉(*win*)、法院判决金额(ln-*judgment*)和法院判决倾向(*harshness*)来衡量。

原告是否胜诉。如果司法判决书中裁判结果显示法院全部或部分支持原告诉求,可以认为原告胜诉;如果驳回原告诉求,可以认为原告败诉。原告胜诉取值为1,败诉取值为0。因变量原告是否胜诉为二值变量,因此我们采用 Logit 模型进行回归。

法院判决金额。判决金额包括司法判决书中判定的损失补偿、精神补偿、合理费用补偿等总金额。法院判决金额代表了司法保护力度和法院的行为选择。法院判决金额越高,说明原告获得赔偿越多;法院判决金额越低,说明原告获得赔偿越少。据样本统计数据显示,法院判决金额最大值 53343380.12 元,最小值 0 元,平均值 24320.34 元,约占诉求金额的 33.71%。27 例样本判决金额大于 50 万元,以侵害计算机软件著作权纠纷案件为主,且大部分集中在上海、北京,其中 2015—2018 年 14 例,2019 年 5 例,2020 年 8 例[①]。回归时采用对数形式线性化,对判决金额加 1 取其对数值进行回归。

法院判决倾向。本书借鉴褚红丽等(2018)的做法,用法律规定的

---

① 根据本章所用 11637 份样本数据统计得出。

最小判决金额和最大判决金额（法定赔偿额最高 50 万元）对法院判决金额进行标准化。法院判决倾向代表了法官在自由裁量权下执法的异质性和判决轻重的差异，反映了法院的行为选择。具体的计算公式为：

$$harshness = \frac{实际判决金额 - 法律规定最小判决金额}{法律规定最大判决金额 - 最小判决金额} \quad (7-7)$$

据样本数据统计 99.17% 案件采用法定赔偿方式，法定赔偿赋予了法官较大的自由裁量权，法官根据案件侵权情节在法律规定范围内进行判决。法院判决倾向反映了法官对不同当事人判决的严厉程度，数值越大，说明法官从重判决，原告获得赔偿相对较多；数值越小，说明法官从轻判决，原告获得赔偿相对较少。样本中 harshness 最小值为 0，最大值为 106.69，因大部分法院判决金额在 50 万元内，酌定赔偿仅占法院判决的很少部分，因此将大于 1 的 harshness 统一赋值为 1 进行处理。

（二）核心解释变量

策略性诉讼者（troll370）。策略性诉讼者又称为策略性诉讼当事人，其主要特征为发起多次诉讼并以此获利。多数研究从概念或行为特征对其进行界定，对于诉讼次数并没有统一规定，Sag（2015）按被告数量的多少对发起诉讼的前 20 名原告进行排序，将其归为策略性诉讼者。近年来发起诉讼的当事人由原来的著作权非经营性实施主体逐渐向经营性实施主体转变，因此我们需要结合发起诉讼当事人企业性质和诉讼次数判断是否属于策略性诉讼者。首先通过中国裁判文书网对 2015—2020 年原告当事人累计著作权案件数量进行统计，然后通过天眼查网站对当事人企业性质进行统计，发现累计著作权案件数量 370 件以上的当事人相对集中于数家企业，而且大部分原告当事人在全国范围内对多个被告发起诉讼，当事人发起诉讼提出的诉求，采取的诉讼策略也较为相似，且诉讼具有明显的投机行为。而累计著作权侵权案件数量 370 件以下的当事人则表现得相对分散，诉讼模式并没有统一的规律，大部分诉讼行为以损害赔偿或阻止非法活动为主。

因此考虑著作权侵权案件数量及原告当事人企业性质，结合著作权侵权案件,最终将 2015—2020 年间累计发起著作权侵权诉讼案件超过 370 件以上原告当事人定义为策略性诉讼者。对于累计发起著作权侵权诉讼案件超过 370 件以上的原告,我们视为策略性诉讼当事人(版权蟑螂),赋值为 1;原告如果累计发起著作权侵权诉讼案件在 370 件以下,我们视为非策略性诉讼当事人,赋值为 0,累计发起诉讼案件数量统计时间段为 2015—2020 年[①]。策略性诉讼者涉猎作品以图片为主,其次为音乐作品,为了更好地区分两种类型的当事人对法院判决的影响,我们进一步将策略性诉讼者细分为图片策略性诉讼者($troll370p$)和音乐策略性诉讼者($troll370m$)。

(三)控制变量

(1)原告当事人类型。除了策略性诉讼者外,中国音像著作权集体管理协会也发起大量诉讼,据中国裁判文书网数据统计约占著作权侵权诉讼的 43%,为了考察策略性诉讼者、中国音像著作权集体管理协会与一般当事人著作权侵权诉讼法院判决是否存在差异,我们将原告当事人分成一般当事人、音乐策略性诉讼者($troll370m$)、图片策略性诉讼者($troll370p$)、中国音像著作权集体管理协会($cavca$)四类,以一般当事人为对照组设置三个虚拟变量,如果是图片策略性诉讼者($troll370p$)赋值为 1,否则为 0;如果是音乐策略性诉讼者($troll370m$)赋值为 1,否则为 0;如果是中国音像著作权集体管理协会($cavca$)赋值为 1,否则为 0;考察不同类型当事人对法院判决的影响。

(2)原告诉求金额($lnclaim$)。使用法院著作权侵权司法判决书中原告诉求金额作为衡量指标,包括原告发起诉讼时提出的经济损失补偿、精神补偿、合理费用补偿等总金额。从表 7-2 可以看出原告诉讼金额加 1 取对数值后最小值 0,最大值 18.42,平均值 9.9。

(3)诉讼双方当事人主体特征。我们主要从原被告当事人有无律师($lawyer1$、$lawyer2$)、原告是否本地($plocal$)来考察双方当事人的

---

① 数据检索时间截至 2020 年 11 月 20 日。

特征。根据当事人资源理论，律师可以有效提高当事人的议价能力，从而影响法院判决。据本章样本数据统计，93.68%的原告聘请律师，29.35%的被告聘请律师。原告如果有律师赋值为1，否则赋值为0；被告如果有律师赋值为1，否则赋值为0。著作权侵权诉讼一般原告就被告原则，即原告向被告所在地发起诉讼，如果原告在当地有利于法院做出对其更为有利的判决（龙小宁和王俊，2014），原告在当地赋值为1，否则赋值为0。

（4）审理法院特征。包含庭审形式（$coll$）、判决依据法条数量（$article$）、有无人民陪审员（$assessor$）。著作权侵权案件有两种审理形式，分别为独任制、合议庭。一般而言，简易案件案情简单，走独任制审判程序，复杂案件走合议庭审判程序。如果庭审为合议庭形式赋值为1、独任制形式为0。判决依据法条数量指法院判决时采用的实体法条数量，不包括程序法条数量。如果案件审理过程中有人民陪审员赋值为1，如果没有人民陪审员赋值为0，人民陪审员的参与使法官从专业角度更全面地审理案件。

（5）诉讼时长（$lnlength$）。使用法院著作权侵权司法判决书中案件受理日期与案件审结日期之间的时长作为衡量指标，诉讼时间越长说明案件较为复杂，原告需要投入的成本越多；时间越短说明案件争议较少，容易判决，原告需要投入的成本越少。据样本统计数据显示，一般当事人平均诉讼时长108.15天，策略性诉讼者平均诉讼时长88.06天，中国音像著作权集体管理协会平均诉讼时长79.42天。

（6）视觉中国"黑洞"照片事件（$photo$）。如果视觉中国"黑洞"照片著作权事件发生前（2019年4月前）法院判决的案件赋值为0，视觉中国"黑洞"著作权照片事件发生后法院判决的案件赋值为1。

本章的数据来源于聚法案例数据库（网址：https://www.jufaan-li.com/）。聚法案例数据库以收集中国裁判文书网的判决书为主，也汇集了北大法宝、北大法意、Openlaw等其他多个专业法律数据网站公布的判例裁判文书数据，资料丰富全面，检索更为方便快捷。本书随机抽取了2015—2020年30个省（自治区、直辖市）各级法院公开的著作权侵权一审判决书 14825 份，为了控制诉讼持续时长对法院判决的影响，我们剔除诉讼持续时长缺失的样本数据，最终选取其中 11637 份样本用于本章的实证研究。

表 7-2 为主要变量的描述性统计。

表 7-2　　　　　　　　变量指标的统计和说明

变量	变量名称	观测值	均值	标准差	最小值	最大值
win	原告是否胜诉	11637	0.9621	0.1910	0	1
$lnjudgment$	ln（1+法院判决金额（元））	11637	8.2093	2.2248	0	17.7923
$harshness$	法院判决倾向	11637	0.0304	0.0776	0	1
$troll370m$	音乐策略性诉讼者	11637	0.1173	0.3218	0	1
$troll370p$	图片策略性诉讼者	11637	0.1545	0.3614	0	1
$cavca$	中国音像著作权集体管理协会	11637	0.4395	0.4964	0	1
$lnclaim$	ln（1+原告诉求金额（元））	11637	9.9007	1.3576	0	18.4239
$lawyer1$	原告有无律师	11637	0.9368	0.2433	0	1
$lawyer2$	被告有无律师	11637	0.2935	0.4554	0	1
$plocal$	原告是否本地	11637	0.1647	0.3710	0	1
$coll$	是否合议庭	11637	0.8116	0.3910	0	1
$lnlength$	ln（诉讼持续时长（天））	11637	4.3133	0.6075	2.1972	6.7935
$article$	判决依据法条数量（条）	11637	5.1709	2.6783	0	15
$assessor$	是否有人民陪审员	11637	0.4818	0.4997	0	1
$photo$	视觉中国"黑洞"照片事件	11637	0.2338	0.4232	0	1

随后整理提取了裁判文书中与研究相关的变量信息，具体内容包括法院判决金额、原告诉求金额、案件受理日期、案件审结日期、案号、侵权作品类型；当事人信息，含原被告当事人名称，原被告是否聘请律师、原告是否当地、原被告所在省市；审理法院特征，含审理法院、庭审形式、有无人民陪审员、判决依据法条数量。另外通过天眼查网站①收集整理了原告当事人公司类型信息。

---

① 天眼查网站（https://www.tianyancha.com/）专业提供企业工商信息（包括公司类型、注册资本、法定代表人等）、企业关联关系、司法风险、经营状况、经营风险、知识产权等数据信息。

第六节　当事人策略性诉讼模式对法院
　　　　判决影响的实证结果

一　当事人策略性诉讼对原告胜诉率的影响

能否胜诉是当事人最为关心的问题,但对于策略性诉讼者来说,胜诉是其获利的手段。表7-3报告了根据模型(7-4)采用Logit方法进行回归的结果。表7-3第(1)列为全样本回归结果,控制了原告诉求金额,原告、被告是否聘请律师,原告是否当地、审理法院特征、诉讼持续时长等因素,考察策略性诉讼当事人对原告胜诉率的影响。结果表明原告为策略性诉讼当事人(版权蟑螂)比所有当事人的胜诉率高。原告为中国音像著作权集体管理协会比一般当事人胜诉率也高,通过回归系数我们大致可以看出音乐策略性诉讼者胜诉率最高,其次为图片策略性诉讼者。

表7-3第(2)列为视觉中国"黑洞"照片著作权事件发生前(2019年4月前)原告是否策略性诉讼当事人、是否中国音像著作权集体管理协会变量对原告胜诉率的影响。结果表明原告为策略性诉讼当事人(版权蟑螂)比一般当事人有更高的胜诉率,原告为中国音像著作权集体管理协会与一般当事人相比胜诉率也更高,这与全样本回归结果基本一致。

表7-3第(3)列为视觉中国"黑洞"照片著作权事件发生后当事人策略性诉讼对原告胜诉率的影响。结果表明原告为策略性诉讼当事人(版权蟑螂)比一般当事人有更高的胜诉率,图片策略性诉讼者胜诉率比该事件发生前更高;原告为中国音像著作权集体管理协会回归系数为正,但没有通过显著性检验,这说明原告为中国音像著作权集体管理协会与一般当事人相比并无差别。由此可以看出,该事件后图片策略性诉讼者发起诉讼更加谨慎,挑选最有把握胜诉的案件发起诉讼,提高胜诉概率。

表 7-3　　当事人策略性诉讼对原告胜诉率的影响实证结果

变量	（1）全样本 Logit *win*	（2）2015—2019.04 Logit *win*	（3）2019.05—2020 Logit *win*
*troll*370*m*	2.5101***	2.0408***	1.7753***
	(0.5287)	(0.5751)	(0.6324)
*troll*370*p*	0.8260***	0.6725***	1.6965***
	(0.1472)	(0.1733)	(0.3378)
cavca	0.7226***	0.7125**	0.2429
	(0.2633)	(0.2980)	(0.4828)
ln*claim*	-0.0074	0.0168	-0.0329
	(0.0394)	(0.0439)	(0.0796)
*lawyer*1	-0.3822	-0.3590	-0.4792
	(0.2362)	(0.2594)	(0.4193)
*lawyer*2	-0.4649***	-0.5559***	0.2815
	(0.1138)	(0.1298)	(0.2402)
coll	0.5384***	-0.1547	0.3956
	(0.1615)	(0.1620)	(0.3737)
article	0.6557***	0.4533***	1.3748***
	(0.0521)	(0.0392)	(0.1803)
assessor	-0.1430	0.1095	-0.2862
	(0.1163)	(0.1295)	(0.2609)
plocal	0.0172	0.2628*	-0.2187
	(0.1360)	(0.1470)	(0.3405)
ln*length*	-0.5941***	-0.1007	-1.0610***
	(0.0959)	(0.1115)	(0.2116)
Constant	3.3509***	1.5281**	5.9064***
	(0.8388)	(0.7642)	(1.5706)
控制年份	是	是	是
控制省份	是	是	是
控制作品类型	是	是	是
观测值	11453	8916	2721

注：括号内的值为稳健标准误，*、**、***分别表示10%、5%、1%显著性水平。

所有回归结果表明，策略性诉讼当事人显著正向影响原告胜诉率，这与假说1是一致的。策略性诉讼当事人只有确保了较高的胜诉率，才能实现累积诉讼收益，这是策略性诉讼当事人最基本的原则，如果无法确保案件能够胜诉，策略性诉讼当事人就不会发起诉讼。

二 当事人策略性诉讼对法院判决金额的影响

策略性诉讼者更为关注判决金额。表7-4控制了原告诉求金额，原告、被告是否聘请律师，原告是否当地、审理法院特征等因素，考察策略性诉讼当事人对法院判决金额的影响。表7-4报告了根据模型（7-5）采用OLS方法进行回归的结果，所有回归均控制地区、时间、侵权作品类型固定效应。

表7-4　当事人策略性诉讼对法院判决金额的影响实证结果

变量	(1) 全样本 OLS lnjudgment	(2) 2015—2019.04 OLS lnjudgment	(3) 2019.05—2020 OLS lnjudgment	(4) 全样本 OLS lnjudgment
$troll370m$	0.1983*	0.6346***	0.2321**	0.2955**
	(0.1195)	(0.0704)	(0.1173)	(0.1157)
$troll370p$	0.3524***	0.4191***	0.0934	0.6077***
	(0.0747)	(0.0792)	(0.1137)	(0.0856)
$troll370m \times photo$				-0.2253**
				(0.1103)
$troll370p \times photo$				-0.5217***
				(0.1215)
$cavca$	0.5979***	1.0419***	1.0178***	0.6786***
	(0.1204)	(0.0665)	(0.1631)	(0.1113)
$lnclaim$	1.1026***	1.1213***	1.0513***	1.4210***
	(0.1571)	(0.2128)	(0.2365)	(0.1963)
$lnclaim2$	-0.0151*	-0.0175*	-0.0103	-0.0256***
	(0.0079)	(0.0105)	(0.0121)	(0.0097)

续表

变量	(1) 全样本 OLS lnjudgment	(2) 2015—2019.04 OLS lnjudgment	(3) 2019.05—2020 OLS lnjudgment	(4) 全样本 OLS lnjudgment
lawyer1	-0.0438 (0.0823)	-0.0838 (0.0960)	-0.0985 (0.1741)	-0.0932 (0.0824)
lawyer2	-0.3105*** (0.0448)	-0.4067*** (0.0528)	-0.0357 (0.0939)	-0.2369*** (0.0446)
coll	0.3262*** (0.0572)	0.2776*** (0.0625)	0.6112*** (0.1267)	0.0264 (0.0526)
article	0.1485*** (0.0155)	0.1526*** (0.0126)	0.1480*** (0.0445)	0.1195*** (0.0122)
assessor	-0.0119 (0.0391)	0.0136 (0.0426)	-0.0744 (0.0881)	-0.0362 (0.0381)
plocal	0.0340 (0.0748)	0.0840 (0.0876)	0.0951 (0.1296)	0.1147 (0.0717)
lnlength	-0.0499 (0.0342)	0.0632 (0.0404)	-0.3199*** (0.0677)	-0.0397 (0.0340)
photo				0.4614*** (0.1659)
Constant	-3.0428*** (0.8649)	-3.3555*** (1.1486)	-1.4578 (1.2781)	-4.7188*** (1.0450)
控制年份	是	是	是	是
控制省份	是	是	是	是
控制作品类型	是	是	是	是
观测值	11637	8916	2721	11637
R-squared	0.3366	0.3557	0.2772	0.2987

注：括号内的值为稳健标准误，*、**、*** 分别表示10%、5%、1%显著性水平。

表7-4第（1）列为全样本回归结果，结果表明原告为策略性诉讼当事人（版权蟑螂）与一般当事人相比，得到的法院判决金额更高，原告为中国音像著作权集体管理协会与一般当事人相比也会增加

法院判决金额。原告为中国音像著作权集体管理协会回归系数大于策略性诉讼当事人,三类当事人中原告为中国音像著作权集体管理协会得到的法院判决金额最高,其次为图片策略性诉讼者、音乐策略性诉讼者。

表7-4第(2)列为视觉中国"黑洞"照片著作权事件发生前(2019年4月前)原告是否策略性诉讼当事人、是否中国音像著作权集体管理协会变量对法院判决金额的影响。结果表明原告为策略性诉讼当事人(版权蟑螂)比一般当事人有更高的法院判决金额,原告为中国音像著作权集体管理协会与一般当事人相比也会使法院判决金额增加,这与全样本回归结果一致,由此验证了假说2。

表7-4第(3)列为视觉中国"黑洞"照片著作权事件发生后当事人策略性诉讼对法院判决金额的影响。音乐策略性诉讼者回归系数显著为正,但小于视觉中国"黑洞"照片著作权事件发生前回归系数,说明音乐策略性诉讼者与一般当事人相比得到的法院判决金额更高,但与之前法院判决金额相比降低;图片策略性诉讼者回归系数没有通过显著性检验,说明在事件发生后图片策略性诉讼者与一般当事人相比法院判决金额并无差异。原告当事人中国音像著作权集体管理协会与音乐策略性诉讼者回归结果类似,比一般当事人得到的法院判决金额高,但与视觉中国"黑洞"照片事件发生前相比回归系数减少,说明该事件后得到的法院判决金额减少,由此验证假说3。

表7-4第(4)列我们加入 $troll370m \times photo$、$troll370p \times photo$ 交互项,以此检验策略性诉讼当事人对法院判决金额的影响是否会受到视觉中国著作权事件的影响。交互项 $troll370m \times photo$、$troll370p \times photo$ 系数显著为负,说明音乐策略性诉讼者、图片策略性诉讼者在发生视觉中国"黑洞"照片著作权事件后对法院判决金额的影响减少。与表7-4第(2)、(3)列的回归结果一致,发生视觉中国"黑洞"照片著作权事件后音乐策略性诉讼者回归系数变小,图片策略性诉讼者回归系数没有通过显著性检验,说明该事件后,音乐策略性诉讼者法院判决金额与之前相比降低,图片策略性诉讼者法院判决金额与一般

当事人相比并无差异。回归结果显示无论采用分样本还是采用交互项的形式进行回归,结果都是一致的。

视觉中国"黑洞"照片著作权事件后中国音像著作权集体管理协会、不同类型的策略性诉讼者法院判决金额存在异质性,这与著作权侵权作品类型有很大关系。音乐作品流通传播速度较快,使用频率高,有具体的许可使用费收取标准,音乐作品一旦遭受侵权,法院根据《卡拉OK经营行业版权使用费标准》计算赔偿金额,前后判赔差别较小。图片作品使用频率低,虽然也有具体的使用费标准,但不同类型略有差异,版权费并不像音乐作品那么公开透明,视觉中国"黑洞"照片著作权事件后也引起社会公众对此类案件的关注,法院严格按照图片作品许可使用费标准进行判决,因此前后引起较大差异。

由此可以看出,视觉中国"黑洞"照片著作权事件对图片策略性诉讼者法院判决金额的影响较大,发生该事件后,图片策略性诉讼者与一般当事人相比法院判决金额不再有差异。音乐策略性诉讼者、中国音像著作权集体管理协会仍具有较高的维权效率和效果,虽然视觉中国"黑洞"照片著作权事件的发生对其略有影响,法院判决金额略有减少,但仍比一般当事人法院判决金额更高,其专业化高效率的维权,保护了权利人或者会员的合法权益,提高著作权保护水平。

三 当事人策略性诉讼对法院判决倾向的影响

法院判决倾向是指法官在自由裁量权下执法的异质性和判决轻重的差异。表7-5控制了原告诉求金额,原告、被告是否聘请律师,原告是否当地、审理法院特征等因素,考察策略性诉讼当事人对法院判决倾向的影响。表7-5报告了根据模型(7-6)采用OLS方法进行回归的结果,所有回归均控制地区、时间、侵权作品类型固定效应。

表7-5 当事人策略性诉讼对法院判决倾向的影响实证结果

变量	(1) 全样本 OLS harshness	(2) 2015—2019.04 OLS harshness	(3) 2019.05—2020 OLS harshness	(4) 全样本 OLS harshness
$troll370m$	0.0101***	0.0070***	0.0038	0.0140***
	(0.0023)	(0.0026)	(0.0042)	(0.0026)
$troll370p$	0.0157***	0.0161***	0.0136***	0.0174***
	(0.0026)	(0.0035)	(0.0038)	(0.0031)
$troll370m \times photo$				-0.0086***
				(0.0027)
$troll370p \times photo$				-0.0043
				(0.0037)
$cavca$	0.0173***	0.0136***	0.0163***	0.0192***
	(0.0020)	(0.0022)	(0.0053)	(0.0019)
$\ln claim$	-0.1082***	-0.1085***	-0.1268***	-0.1108***
	(0.0169)	(0.0192)	(0.0275)	(0.0168)
$\ln claim2$	0.0070***	0.0070***	0.0079***	0.0071***
	(0.0008)	(0.0009)	(0.0013)	(0.0008)
$lawyer1$	0.0001	-0.0002	0.0007	0.0005
	(0.0027)	(0.0030)	(0.0075)	(0.0028)
$lawyer2$	-0.0052***	-0.0052***	-0.0024	-0.0036***
	(0.0013)	(0.0015)	(0.0025)	(0.0013)
$coll$	0.0023	0.0028	-0.0011	-0.0033**
	(0.0017)	(0.0017)	(0.0053)	(0.0016)
$article$	0.0018***	0.0014***	0.0020*	0.0015***
	(0.0004)	(0.0003)	(0.0010)	(0.0003)
$assessor$	0.0012	0.0002	0.0029	0.0017
	(0.0014)	(0.0015)	(0.0035)	(0.0013)
$plocal$	0.0003	-0.0002	0.0007	0.0022
	(0.0027)	(0.0030)	(0.0058)	(0.0025)

续表

变量	(1) 全样本 OLS harshness	(2) 2015—2019.04 OLS harshness	(3) 2019.05—2020 OLS harshness	(4) 全样本 OLS harshness
ln*length*	0.0019*	0.0025**	0.0012	0.0022**
	(0.0010)	(0.0012)	(0.0020)	(0.0009)
photo				0.0006
				(0.0050)
Constant	0.3767***	0.4037***	0.3456**	0.4250***
	(0.0888)	(0.0992)	(0.1475)	(0.0868)
控制年份	是	是	是	是
控制省份	是	是	是	是
控制作品类型	是	是	是	是
观测值	11637	8916	2721	11637
R-squared	0.4854	0.5070	0.4946	0.4744

注：括号内的值为稳健标准误，*、**、*** 分别表示10%、5%、1%显著性水平。

表7-5第（1）列为全样本回归结果，结果表明原告为策略性诉讼当事人（版权蟑螂）与一般当事人相比会使法院判决加重，原告为中国音像著作权集体管理协会与一般当事人相比也会使法院判决加重。中国音像著作权集体管理协会的回归系数大于两类策略性诉讼当事人，三类当事人中原告为中国音像著作权集体管理协会时法院判决最重，其次为图片策略性诉讼者、音乐策略性诉讼者，说明中国音像著作权集体管理协会受到法院的优待，这可能与其具有准官方背景有关。

表7-5第（2）列为视觉中国"黑洞"照片著作权事件发生前（2019年4月前）当事人策略性诉讼对法院判决倾向的影响。结果表明原告为策略性诉讼当事人（版权蟑螂）、中国音像著作权集体管理协会与一般当事人相比均会使法院判决加重，这与全样本回归结果一致。其中图片策略性诉讼者回归系数最大，这说明其策略是成

功的，获得了法院的认可。但比较音乐策略性诉讼者与中国音像著作权集体管理协会，可以发现与具有官方背景的中国音像著作权集体管理协会相比，音乐策略性诉讼者处于明显的劣势。

表7-5第（3）列为视觉中国"黑洞"照片著作权事件发生后当事人策略性诉讼对法院判决倾向的影响。图片策略性诉讼者回归系数显著为正，但小于视觉中国"黑洞"照片著作权事件发生前回归系数，音乐策略性诉讼者回归系数没有通过显著性检验，说明图片策略性诉讼者与一般当事人相比得到的法院判决加重，但与之前相比降低；音乐策略性诉讼者法院判决倾向与一般当事人相比并无差异。原告中国音像著作权集体管理协会与图片策略性诉讼者回归结果类似，比一般当事人法院判决更重。

表7-5第（4）列我们加入 $troll370m \times photo$、$troll370p \times photo$ 交互项，以此检验策略性诉讼当事人对法院判决倾向的影响是否会受到视觉中国著作权事件的影响。交互项 $troll370m \times photo$ 回归系数显著为负，说明音乐策略性诉讼者在发生视觉中国著作权事件后对法院判决倾向的影响减少。交互项 $troll370p \times photo$ 回归系数为负，但没有通过显著性检验，说明图片策略性诉讼者在发生视觉中国著作权事件后对法院判决倾向的影响变化较小。与表7-5第（2）、（3）列的回归结果一致，视觉中国"黑洞"照片著作权事件后音乐策略性诉讼者回归系数没有通过显著性检验，图片策略性诉讼者回归系数变小，说明该事件后，音乐策略性诉讼者法院判决倾向与一般当事人相比并无差异，图片策略性诉讼者法院判决倾向与之前相比略减轻。回归结果显示无论采用分样本还是采用交互项的形式进行回归，结果都是一致的。由此验证了假说3。

四　稳健性检验

以上回归结果验证了本书的理论假说，即策略性诉讼当事人（版权蟑螂）在著作权侵权法院判决中与其他当事人相比会有更高的胜诉率；与一般当事人相比会赢得更多的判决金额，不同类型的策略性诉讼者对法院判决金额影响存在异质性；在新闻事件冲击之下，策略性诉讼者受到法院的差别性对待。

为了确保结果的稳健性，从调整数据样本和改变估计方法两个方面进行。《著作权法》（2010）法定赔偿一般在50万元以下，我们剔除法院酌定赔偿50万元以上的样本对当事人策略性诉讼对原告胜诉率的影响进行稳健性检验，结果见表7-6。对当事人策略性诉讼对法院判决金额、法院判决倾向影响稳健性检验我们除剔除法院酌定赔偿50万元以上的样本外还改变估计方法采用Tobit模型进行回归，结果见表7-7和表7-8。

表7-6　　当事人策略性诉讼对原告胜诉率影响稳健性检验结果

变量	（1）全样本 logit win	（2）2015—2019.04 logit win	（3）2019.05—2020 logit win
troll370m	2.5128 ***	2.0391 ***	1.7687 ***
	(0.5292)	(0.5753)	(0.6292)
troll370p	0.8124 ***	0.6667 ***	1.6766 ***
	(0.1473)	(0.1734)	(0.3375)
cavca	0.7108 ***	0.7016 **	0.2466
	(0.2623)	(0.2979)	(0.4842)
Constant	3.5040 ***	1.5568 **	6.2040 ***
	(0.8382)	(0.7604)	(1.6145)
加入控制变量	是	是	是
控制年份	是	是	是
控制省份	是	是	是
控制作品类型	是	是	是
观测值	11421	8899	2706

注：括号内的值为稳健标准误，*、**、*** 分别表示10%、5%、1%显著性水平。所有回归均控制了诉讼双方当事人主体特征、审理法院特征、诉讼持续时长，限于篇幅，未一一列出。

表7-7　当事人策略性诉讼对法院判决金额影响稳健性检验结果

变量	(1) 全样本 Tobit lnjudgment	(2) 2015—2019.04 Tobit lnjudgment	(3) 2019.05—2020 Tobit lnjudgment	(4) 全样本 Tobit lnjudgment
$troll370m$	0.2492** (0.1261)	0.6725*** (0.0745)	0.4830* (0.2631)	0.3597*** (0.1240)
$troll370p$	0.3394*** (0.0779)	0.4226*** (0.0826)	0.1273 (0.1387)	0.5909*** (0.0898)
$troll370m \times photo$				-0.2283** (0.1145)
$troll370p \times photo$				-0.5043*** (0.1268)
$cavca$	0.6227*** (0.1254)	1.0765*** (0.0699)	0.7018** (0.3256)	0.6923*** (0.1158)
$photo$				0.4619*** (0.1748)
$Constant$	-6.3606*** (1.6929)	-4.6441*** (1.5844)	-16.1168*** (3.0852)	-8.6141*** (1.9229)
加入控制变量	是	是	是	是
控制年份	是	是	是	是
控制省份	是	是	是	是
控制作品类型	是	是	是	是
观测值	11605	8899	2706	11605
sigma	1.8759	1.7813	2.0615	1.9292

注：括号内的值为稳健标准误，*、**、***分别表示10%、5%、1%显著性水平。所有回归均控制了诉讼双方当事人主体特征、审理法院特征、诉讼持续时长，限于篇幅，未一一列出。

表7-8　当事人策略性诉讼对法院判决倾向影响稳健性检验结果

变量	(1) 全样本 Tobit harshness	(2) 2015—2019.04 Tobit harshness	(3) 2019.05—2020 Tobit harshness	(4) 全样本 Tobit harshness
$troll370m$	0.0166*** (0.0016)	0.0182*** (0.0022)	0.0054* (0.0029)	0.0174*** (0.0019)
$troll370p$	0.0083*** (0.0018)	0.0111*** (0.0024)	0.0081*** (0.0029)	0.0110*** (0.0023)
$troll370m \times photo$				-0.0071*** (0.0023)
$troll370p \times photo$				-0.0025 (0.0032)
$cavca$	0.0223*** (0.0014)	0.0219*** (0.0017)	0.0268*** (0.0046)	0.0207*** (0.0014)
$photo$				-0.0018 (0.0042)
$Constant$	0.1349*** (0.0438)	0.2178*** (0.0657)	0.0703 (0.0476)	0.1678*** (0.0454)
加入控制变量	是	是	是	是
控制年份	是	是	是	是
控制省份	是	是	是	是
控制作品类型	是	是	是	是
观测值	11605	8899	2706	11605
$sigma$	0.0441	0.0450	0.0406	0.0449

注：括号内的值为稳健标准误，*、**、***分别表示10%、5%、1%显著性水平。所有回归均控制了诉讼双方当事人主体特征、审理法院特征、诉讼持续时长，限于篇幅，未一一

列出。

表7-6为当事人策略性诉讼对原告胜诉率影响稳健性检验结果，结果显示：视觉中国"黑洞"照片著作权事件无论发生前后策略性诉讼当事人与一般当事人相比都有更高的胜诉率；视觉中国"黑洞"照片著作权事件发生前中国音像著作权集体管理协会与一般当事人相比胜诉率更高，但发生了该事件后，与一般当事人相比并无差异。

表7-7为当事人策略性诉讼对法院判决金额影响稳健性检验结果，结果显示：视觉中国"黑洞"照片著作权事件发生前原告为策略性诉讼当事人、中国音像著作权集体管理协会与一般当事人相比会使法院判决金额增加，这与全样本回归结果一致；视觉中国"黑洞"照片著作权事件发生后，音乐策略性诉讼者、中国音像著作权集体管理协会与一般当事人相比得到的法院判决金额更高，但与之前法院判决金额相比降低；图片策略性诉讼者法院判决金额与一般当事人相比并无差异。

表7-8为当事人策略性诉讼对法院判决倾向影响稳健性检验结果，结果显示：视觉中国"黑洞"照片著作权事件发生前原告为策略性诉讼当事人、中国音像著作权集体管理协会与一般当事人相比会使法院判决加重，这与全样本回归结果一致；视觉中国"黑洞"照片著作权事件发生后，图片策略性诉讼者、中国音像著作权集体管理协会与一般当事人相比法院判决加重，但图片策略性诉讼者法院判决倾向与之前相比减轻；音乐策略性诉讼者法院判决倾向与一般当事人相比并无差异。所有稳健性检验结果与原回归结果基本一致，回归结果较为稳健，结论依然成立。

第七节 本章小结

本章基于2015—2020年著作权侵权司法判决书数据信息，实证研究了版权蟑螂策略性诉讼对法院判决的影响。主要结论如下：视觉中国"黑洞"照片著作权事件发生前（2019 年 4 月前）策略性诉讼当事人（版权蟑螂）通过多次、高胜诉率、高赔偿额的诉讼模式累积收益，视觉中国"黑洞"照片著作权事件发生后法院判决金额与判决倾向发生较大差异。视觉中国"黑洞"照片著作权事件发生前，策略性诉讼者在著作权侵权法院判决中与一般当事人相比原告胜诉率更高，获得法院判决金额更多，法院判决也更重。此事件之后音乐、图片两类策略性诉讼者与一般当事人相比原告胜诉率仍旧更高；音乐策略性诉讼者与一般当事人相比法院判决金额略有增加，但与之前相比大幅减少，法院判决倾向与一般当事人相比并无差异；图片策略性诉讼者与一般当事人相比法院判决加重，但与之前相比大幅降低，法院判决金额与一般当事人相比并无差异。视觉中国"黑洞"照片著作权事件发生前中国音像著作权管理协会与一般当事人相比原告胜诉率更高，法院判决金额更多，法院判决更重；此事件后与一般当事人相比法院判决更重，法院判决金额更多，但与之前相比减少，原告胜诉率与一般当事人相比并无差异。

从维护自身的权利而言，策略性诉讼者发起诉讼并没有违反《著作权法》，也没有违背诉讼规则，为著作权人带来利益的同时有效维护了著作权人的权利，但其主要目的是为了获取利润而不是为了寻求损害赔偿或阻止非法活动，策略性诉讼者发起大量著作权侵权诉讼案件，存在诉讼投机行为和滥诉行为，不仅影响到普通用户或创新者对著作权作品的合理使用，进一步降低作品的版权价值，影响著作权产业的发展，也会造成诉讼拥堵，浪费司法资源。

策略性诉讼者的存在有其合理的地方，可以提高维权效率，有效弥补了集体管理机构版权保护不力的问题，其专业的著作权维权保护充分发挥了市场化的权利保护作用，在一定程度上促进了中国著作权保护水平的提高（魏建和田燕梅，2022），但也存在一定的弊端。为了减少并消除策略性诉讼者这些弊端，可采取如下措施。

第一，严格审查著作权作品的权属。法院要严格审查著作权作品的权属，对涉案侵权著作权作品的创作者、受让情况进行仔细审查，同时还要了解图片公司的经营模式及运作方式，严格认定著作权权属，准确识别原告当事人是否策略性诉讼者。根据中国《民事诉讼法》规定，发起诉讼的原告必须是与案件有直接关系的法人、公民或者组织。在著作权诉讼案件中，原告必须是著作权原始权利人或者授权获得著作权权利的主体，否则不具备诉讼主体资格。根据著作权侵权案件诉讼行为特征可分为信托型、隐名型和担当型诉讼三种类型（董伟威和童海超，2014），应严禁没有转让著作权实体权利，仅转让诉讼实施权的担当型诉讼维权行为[①]，此类著作权诉讼具有较强的诉讼投机行为。同时法院应考量原告当事人的诉讼动机，合理控制获利空间，遏制打着维权的名义进行滥诉的行为。

第二，控制法定赔偿额，减少策略性诉讼者预期收益，适当采取惩罚性赔偿。策略性诉讼者其诉讼维权主要为了获得收益，将法定赔偿额控制在预期收益以下，可以有效减少策略性诉讼者的数量。或者法官按图片许可使用费进行赔偿，使判决金额与图片市场交易额保持一致，策略性诉讼者无法获得额外收益，自然无批量诉讼的动力。认定策略性诉讼者为恶意诉讼不正当竞争，增加对策略性诉讼者的处罚力度，可以让策略性诉讼者起到威慑的目的。

第三，构建适度竞争的著作权集体管理模式。建议打破著作权集体管理垄断地位，放宽集体管理组织准入门槛，将著作权集体管理组织分为营利模式与非营利模式，优化传统非营利性著作权集体管理组织的内部治理，实行宽进严出营利性集体管理组织许可制度，由政府干预向市场自由配置转变。营利性集体管理组织受到政府部门的监督管理及行政法律法规的约束，受到《著作权法》等相关法律制度的约束。同时规定不同类型著作权作品授权许可管理制度和使用收费标准，使著作权许可交易公开透明。

本章根据2015—2020年法院著作权侵权一审判决书微观数据从法

[①] 信托型诉讼是策略性诉讼者取得著作权实体权利和诉讼实施权，以自己的名义发起诉讼；隐名型诉讼是策略性诉讼者受原权利人的委托调查取证，以原著作权权利人的名义发起诉讼；担当型诉讼是策略性者没有获得著作权实体权利，仅有诉讼实施权。

经济学视角，在中国司法背景下研究策略性诉讼对法院判决的影响。运用诉讼成本和收益理论建立模型分析策略性诉讼产生的基本原理，在理论层面论证策略性诉讼产生的原因，进一步对策略性诉讼对法院判决的影响进行实证分析。对中国法院著作权司法判决的公正性进行合理评估，为法院判决决策提供经验证据，也为规制著作权策略性诉讼提供启示，有利于法院对著作权侵权案件做出合理公正的判决，为国家著作权保护提供政策参考。

第八章

研究结论、政策建议与研究展望

知识经济时代以创新驱动引领发展，著作权制度对于激励创新的保障作用越来越突出，对于推动著作权及相关产业的发展越来越重要，由此引发经济学、法学等诸多学科的共同关注。著作权保护分为立法保护、行政保护、司法保护，司法保护是权利保护的最后一道防线，是最基础也是最强有力的保护手段。本书从法律经济学视角对著作权侵权法院判决影响因素的理论进行深入探究，并对法院判决的影响因素运用计量模型进行实证分析，发现著作权制度存在的问题，在总结全书研究结论的基础上，从立法、司法、当事人层面提出政策建议，为著作权法律法规政策制定者及司法实践者了解著作权制度实施现状提供经验证据，为解决著作权制度存在的问题提供思路和对策，对于营造良好的著作权产业发展环境也具有重要的现实意义。

第一节 研究结论

本书在对著作权侵权法院判决相关研究进行综述的基础上，针对当前科技进步引发的大量著作权诉讼案件，提出本书的研究问题：哪些因素会影响法院判决？当前著作权侵权法院判决呈现什么特点？著作权侵权法院判决是否存在锚定效应？当事人资源是否也会影响著作权侵权法院判决？视觉中国"黑洞"照片著作权新闻事件的冲击会不会使策略性诉讼当事人受到法院的差别对待？进而运用理论和实证分析对著作权侵权法院判决的影响因素进行研究,并对当前著作权侵权案件司法实践进行合理评估。通过理论与实证分析,我们得出了以下研究结论。

第一,法官在既定约束条件下寻求最优目标,使各方当事人利益处于相对平衡的状态。法院判决受到法律制度、司法体制、案件事实、政府公众及当事人的影响。本书综合各种司法行为决策模型及理论,在法律制度、案件事实、当事人策略行为框架下提出中国法院判决影响因素理论,针对著作权侵权案件特点,将上述影响法院判决的因素进行具体化分析,从《著作权法》的利益平衡机制,案件事实证据对法官形成的锚定效应,当事人资源形成的诉讼策略,结合信息不对称、信息冲击分析著作权侵权法院判决影响机制。著作权无论立法还是司法实践都具有自身的利益平衡机制。司法量化决策也会受到锚定效应的影响,原告诉求金额、法定最高 50 万元限额、当事人身份类型等因素形成外生锚点,法官工作压力、庭审方式等因素形成内生锚点,影响法官判决决策。根据当事人资源理论,当事人身份类型、当事人代理律师、重复多次诉讼及当事人属地等因素也会影响法官司法量化决策。在信息不对称、信息冲击的情况下,法院会采取规避风险的态度防止消极后果的发生。

第二,当事人身份、代理律师、属地、诉讼持续时长、侵犯作品类型、侵犯权利类型对法院判决的影响呈现不同特点。(1) 从当事人身份类型来看,诉讼当事人以中小企业为主,原告为企业组织时法院判决金额、胜诉率及法院判决比较高,被告为企业组织法院判决金额较较低,法院判决比存在异质性。(2) 从当事人有无代理律师来看,大部分原告都会聘请律师,原告有律师会提高原告胜诉率、法院判决比和法院判决金额,被告有律师会降低原告胜诉率、法院判决比。(3) 从当事人与法院属地关系来看,原告在当地胜诉率、法院判决比低,法院判决金额高;被告在当地会使原告胜诉率、法院判决比、法院判决金额降低。(4) 从当事人诉讼持续时长来看,大部分案件在 6 个月规定时间内审结完毕,诉讼时间越短原告胜诉率、法院判决比越高，法院判决金额越低。(5)从侵权作品类型来看，侵权作品以音乐作品为主，原告胜诉率最高，计算机软件案件原告胜诉率最低；图片、文字作品无论法院判决比还是法院判决金额对相对低，计算机软件无论法院判决比还是法院判决金额都相对高。(6)从侵犯权利类型来看，绝大部分当事人诉讼赔偿权利类型为财产权，侵犯权利类型为财产权时，原告胜诉率、法院判决比较高，法院判决金额较低；侵犯权利类型为人身权时与之相反。通过初步统计可以看出，原告当事人资源、有无律师会影响法院判决，不同类型当事人诉讼目的不同，实施不同的诉讼策略，对原告胜诉率、法院判决比、法院判决金额形成不同的影响。法院司法量化决策具有自身的利益平衡机制，通过调整原告胜诉率、法院判决比或者法院判决金额，使双方当事人都能得到较为满意的结果。

第三，原告诉求金额形成外生锚点影响法院判决金额。本书从锚定效应理论角度分析原告诉求金额锚点对法院判决金额的影响，根据2015—2020年法院著作权侵权一审判决书搜集的数据，验证著作权侵权法院判决存在锚定效应。结果表明：原告诉求金额与法院判决金额呈现倒"U"形曲线关系。在倒"U"形曲线左边，法院判决金额随着原告诉求金额的增加而增加，但呈现边际递减，即随着原告诉求金额的增加，法院判决金额增加的程度逐渐减小；在倒"U"形曲线右边，法院判决金额随着原告诉求金额的增加而减少，说明法院基于利益平衡原则，保护著作权人利益的同时保障著作权作品的传播、利用和扩散，法院判决金额并不会随着原告诉求金额的增加无限增加，原告诉求金额和法定最高50万元赔偿限额锚点会对法官判决形成锚定效应的影响，使法官在一定金额范围内确定判决金额。诉讼当事人主体特征、案件审理形式等因素也会形成锚点进一步影响法院判决金额。

第四，诉讼当事人资源优势理论不符合法治逻辑，诉讼定价能力是影响法院判决的关键因素。本书对当事人资源影响法院判决的研究更推进一步，从当事人诉讼定价能力视角分析对法院判决的影响。根据2015—2020年法院著作权侵权一审判决书微观数据基于中介效应模型实证研究了当事人资源、诉讼定价能力与法院判决倾向之间的关系。研究发现：当事人资源影响法院判决是通过诉讼定价能力来实现的，当原告诉求金额小于1万元时，存在部分中介效应，原告诉求金额大于等于1万元时，存在完全中介效应。当事人资源禀赋并不能直接影响判决结果，法官并不是因为当事人的身份等因素进行判决决策，而是根据双方当事人的诉讼定价能力进行判决。当事人诉讼资源投入越多，诉讼定价能力越强，对法院判决的影响越大。不同类型当事人诉讼投入资源存在差异，由此转化形成的诉讼定价能力存在差异，导致法院判决存在差异。这一发现更为深入地解释了当事人影响法院判决的机制，有助于提高法院判决的公正性。

第五，当事人策略性诉讼模式影响法院判决。视觉中国"黑洞"照片著作权新闻事件的冲击使策略性诉讼当事人（版权蟑螂）受到法院的差别对待。该事件发生前，版权蟑螂在著作权侵权法院判决中与一般当事人相比原告胜诉率更高，获得判决金额更多，法院判决也更重。此事件之后音乐、图片两类策略性诉讼者与一般当事人相比原告胜诉率仍旧更高；音乐策略性诉讼者与一般当事人相比法院判决金额略有增加，但与之前相比大幅减少，法院判决倾向与一般当事人相比并无差异；图片策略性诉讼者与一般当事人相比法院判决加重，但与之前相比大幅降低，法院判决金额与一般当事人相比并无差异。视觉中国"黑洞"照片著作权事件发生前中国音像著作权管理协会与一般当事人相比原告胜诉率更高，法院判决金额更多，法院判决更重；此事件后与一般当事人相比法院判决更重，法院判决金额更多，但与之前相比减少，原告胜诉率与一般当事人相比并无差异。策略性诉讼者的存在有其合理的地方，可以提高维权效率，提高著作权保护水平，但也存在一定的弊端。我们应兴利除弊，充分发挥策略性诉讼者市场化的权利保护功能，改革著作权相关制度，提高整体著作权保护水平的同时促进著作权产业发展。

第二节 政策建议

为了更好地保护著作权人的合法权益,有效遏制著作权侵权行为,创造良好的著作权产业发展环境,使著作权侵权法院判决更为公正地体现,政府需要改进完善著作权制度设计,从立法层面减少、避免著作权侵权的发生,从司法、行政执法层面改进著作权侵权救济方式,建立统一的著作权数字化综合交易平台,同时著作权权利人加强自我保护。综合来看,主要通过以下方式应对著作权侵权的发生,并有效解决著作权侵权案件,提高著作权保护水平。

一 立法层面的建议

(一)建立法定赔偿分级分类量化标准体系

著作权侵权损害赔偿绝大部分以法定赔偿为主,《著作权法》(2020)第五十四条将法定赔偿限额由 50 万元提高到 500 万元,法官的自由裁量权较大。不同法官由于经验水平、专业认知存在较大差异,对法定赔偿数额存在不同的判赔标准,类似案件由于当事人诉讼定价能力不同引起法定赔偿存在差异,应建立科学合理的赔偿数额量化标准体系,把影响赔偿数额的各因素进行量化处理,形成规范的赔偿数额计算方法,在一定程度上也限制了法官的自由裁量权。

分级分类的法定赔偿量化标准体系可以按照作品的类型、当事人的信息、侵权行为性质、侵权造成的后果设定权重系数评估确定侵权层级,同一层级不同类别范围可以根据侵权持续时间、侵权范围、侵权情节、侵权产品数量及侵权规模各因素设定权重系数进行综合评估,根据综合评估信息确定法定赔偿金额,减少类似案件判决差异较大的情形。美国版权法已经有类似的做法,依据无过错、轻过错和有过错分为三档进行计算,按照行为人的主观状态确定不同的法定赔偿金。针对同一作品的多次诉讼,法定赔偿案件之间不能重复赔偿,赔偿总额不能超过法定限额，以此减少策略性诉讼当事人获得较高法定赔偿的可能性。通过建立法定赔偿分级分类量化标准体系，使著作权保护制度更加精致合理、切实可行，减少法官自由裁量权，形成统一的判赔标准。

（二）适当扩大著作权合理使用范围，增设合理使用判断要件

合理使用制度类似著作权作品资源的"公共蓄水池"，为公众接触、利用信息、知识提供源泉。《著作权法》的立法宗旨是要激励著作权人进行创作的同时实现作品的传播使用，在激励创作与合理接触之间实现利益平衡，因此在权利人能够接受的范围内允许他人对其作品进行合理使用，提高作品的利用效率，促进知识文化传播发展，推动社会进步经济发展。《著作权法》（2020）与国际条约接轨完善了合理使用的三步检验法，使其成为判断是否符合著作权合理使用的认定方法，《著作权法》（2020）第二十四条在规定的十二种合理使用范围外，增加"法律、行政法规规定的其他情形"合理使用的兜底性条款。

随着数字经济的发展，《著作权法》合理使用制度并没有紧跟时势拓展至纸质作品之外的数字作品，使《著作权法》的合理使用制度在数字经济环境下难以适用。比如，网络环境下用户下载行为是合理使用还是侵权，《著作权法》（2020）并没有明确的规定，这是网络监管的灰色地带。应以利益平衡原则指导数字经济环境下私人复制行为，适当扩大著作权合理使用范围，根据不同情况确定私人复制行为性质。

（三）构建适度竞争的著作权集体管理模式

打破著作权集体管理垄断地位，构建适度竞争的著作权集体管理模式，将著作权集体管理组织分为营利模式与非营利模式，优化传统非营利性著作权集体管理组织的内部治理。《著作权法》（2020）第八条规定，著作权集体管理组织是非营利法人。在借鉴世界其他国家著作权集体管理立法的基础上，根据中国著作权集体管理实际情况，通

过修订《著作权法》，修改《著作权集体管理条例》等著作权法律法规，区分营利性和非营利性著作权集体管理组织，推动著作权集体管理制度的完善。

在保留原有五家著作权集体管理组织非营利属性的前提下，可以给予网络平台服务商和著作权代理公司营利性集体管理组织的地位。在共同施行著作权集体管理规定法律法规的基础上，确定其不同的市场功能与角色安排，适用特殊安排的法律规范制度。对营利性著作权集体管理组织的认缴出资额、发起人数量等条件做出具体规定，达到设定条件才可以成立，著作权作品许可使用收费标准由非营利性著作权集体管理组织主导，与非营利著作权集体管理组织及著作权权利人共同商议确定，营利性著作权集体管理组织要创新监管路径，转变监管思路，注重监管效果。

非营利性著作权集体管理组织在兼顾公共利益实现的基础上，助力著作权集体管理活动有序开展，由著作权作品的实施者向著作权实施的监督者转变。营利性著作权集体管理组织以实现著作权人利益为目的，提高著作权作品服务效率、创新著作权作品授权方式、著作权作品的价值。优化非营利著作权集体管理组织的治理机制。形成完善的著作权集体管理监督制约管理体系，规范著作权集体管理运作程序，明确规定著作权人的权利义务，确定著作权作品许可使用费的分配及收取办法，定期公开各项费用的收取及分配情况。

二 司法层面的建议

（一）参照权利许可使用费的标准进行赔偿

当前中国《商标法》和《专利法》关于赔偿制度均有采用许可使用费合理倍数的规定。《著作权法》（2020）第五十四条引入参照权利许可使用费进行赔偿，国外关于著作权损害赔偿大都有关于按照许可费赔偿的规定，权利许可使用费可以精确反映权利人损失的程度及侵权人违法所得的程度，在司法实践中考虑到按照权利人的损失、侵权人的违法所得计算损害赔偿较为困难的情况下，可以按照权利许可使用费的标准进行赔偿，使法院判决金额与著作权作品市场交易额保持一致，减少法定赔偿的不确定性。视觉中国"黑洞"照片著作权事件后法院对于图片、音乐作品著作权侵权案件部分采用许可使用费标准进行赔偿，这在一定程度上减少了法院对不同当事人判赔差异，不同类型当事人法院判决赔偿更加公平统一，同时也使策略性诉讼者无法获得额外收益，自然无批量诉讼的动力。

（二）加强惩罚性赔偿的适用，提高著作权侵权威慑水平

著作权维权成本高，举证困难，损害赔偿低，导致著作权权利人维权积极性较差，长此以往影响社会创新发展及文化繁荣。《著作权法》（2020）第五十四条引入惩罚性赔偿制度[①]，但在司法实践中惩罚性赔偿极少适用。惩罚性赔偿制度符合社会发展规律，符合著作权司法实践，也符合国家政策导向。可以达到预防著作权侵权行为，更能弥补权利人侵权损失，可以激励著作权人创新，促进中国文化产业、文化事业高质量发展，可以适当加强惩罚性赔偿的适用。

英美法系国家特别是美国法律，采用惩罚性赔偿制度，惩罚性赔偿制度让人畏惧法律处罚，减少违法行为。Becker（1968）认为人之所以守法，是因为法律的威慑力，理性的行为者会根据预期成本收益调整自己的行为，如果违法行为预期收益大于成本，那么就会有人实施违法行为。违法预期收益主要与刑罚的严厉程度和刑罚的概率有关，如果要减少违法行为，可以提高违法行为处罚的严厉程度或者提高违法行为处罚的概率。通过采用惩罚性赔偿提高预期的制裁力度，使侵权人的赔偿额度远远大于侵权实际所得，以提高威慑水平，遏制侵权行为。《著作权法》（2020）引入惩罚性赔偿制度，在司法实践中根据侵权行为进行惩罚性赔偿，是为了惩罚著作权恶意侵权行为与威慑潜在可能发生的侵权行为，使侵权人考虑侵权成本与收益，进而遏制侵

---

① 具体参见《著作权法》（2020）第五十四条。

权现象，营造良好的著作权产业发展环境。

（三）严格按照损害赔偿顺序执行，限制法定赔偿适用顺位

法定赔偿是策略性诉讼产生的重要原因，司法实践中应严格遵守损害赔偿的适用顺位，使策略性诉讼当事人发起诉讼时面临较高的诉讼成本，失去发起诉讼的动机。《著作权法》（2010）对于赔偿顺序有相应规定，优先根据权利人的实际损失，其次根据侵权人的违法所得进行赔偿，两者无法确定的情况下，按照法定赔偿方式进行赔偿。《著作权法》（2020）对于赔偿顺序略有调整，优先根据权利人的实际损失或侵权人的违法所得进行赔偿，两者无法确定的情况下，才可以按照法定赔偿的方式，但在司法实践中，并没有严格按照损害赔偿顺序执行，使法定赔偿广泛适用。法定赔偿的无条件适用打破了《著作权法》利益平衡原则，导致版权蟑螂泛滥。因此，《著作权法》应对赔偿顺序进行限制，司法实践中严格按照赔偿顺序进行损害赔偿。

（四）限制著作权侵权诉讼案件合并审理条件

针对著作权侵权案件原告当事人发起大规模的诉讼，法院为了节省司法资源，简化诉讼程序，合并审理案件，这为版权蟑螂提供了很大的便利，减少了诉讼成本和费用。因此要限制著作权侵权诉讼合并审理条件，在进行合并审理前审查案件的关联性和一致性，如果案件之间没有关联性，法院不能将原告发起的大规模诉讼案件合并审理，这样可以提高版权蟑螂的诉讼成本。诉讼当事人考虑到诉讼预期产生的收益小于成本，会减少诉讼投机行为，这样可以有效制止版权蟑螂发起诉讼。

（五）法官加强证据指引，明确证据规则和赔偿计算方法

法院判决"以事实为依据，以法律为准绳"。著作权侵权具有复杂性、隐蔽性、科技性等特点，司法实践中权利人收集证据困难，诉讼过程存在证据链条不完善或者证据不全的情况，导致按照实际损失

或者侵权违法所得的方式难以进行赔偿，法院法官及当事人更倾向于使用法定赔偿的方式。法院法官应加强证据指引，明确著作权侵权损害赔偿证据规则，有效行使释明权，引导当事人正确举证其获利或损失情况，改变当事人盲目举证、不知如何举证、证据提供不充分的问题，使不同类型当事人将资源有效运用到著作权侵权诉讼中，法院根据证据材料做出公平公正的判决。同时要明确著作权侵权损害赔偿的计算方法，特别是著作权许可使用费认定规则和参照方法，及著作权侵权非法获利的确定方法。加强著作权判例指导制度，推广著作权侵权案件中优秀案例确定赔偿金额的方法和经验，提高著作权侵权损害赔偿计算的规范性和统一性。

（六）法官应提高专业素质

法官判决量刑的过程本质是一种评价过程，最终结果由评价对象与评价主体共同决定。法官作为评价主体受到各种因素的影响，法官的专业素质、业务能力存在差异，不同法官的教育背景、家庭出身、法律信仰与人生阅历会让法官对同一事物产生不同的观点。法官不同的价值观与道德感在进行案件事实认定与法律适用时会形成不同的结果，在这些结果上会参透法官自身的思维模式与法律态度。如果法官的品德素质不高，容易造成司法认知偏差，难以形成公正的判决。而且著作权侵权诉讼案件相对较为专业，在信息不对称、不完全的情况下，需要法官进行自由裁量，司法判决中不可避免地存在锚定效应和量化认知偏差，特别随着著作权侵权诉讼案件数量的增加，法官工作量大幅增加，更容易形成司法量化偏差，因此需要对法官进行专业培训。通过对法官进行专业训练，提高法官的职业素质，提升实务处理水平，减少司法判决中的量化偏差，使判决最接近案件真相。

政府除了从立法层面减少避免著作权侵权的发生，从司法、行政执法层面改进著作权侵权救济方式外，还要建立统一的著作权数字化综合管理交易平台。以政府为主导、国家版权局牵头、联合著作权交易中心与集体管理组织共同开发，将各自数据共享交换，建立以大数据和云计算技术为支撑的联合在线著作权数字化综合管理交易平台。数字化综合管理交易平台提供著作权作品登记，著作权作品交易，著作权法律调解纠纷，著作权维权，著作权咨询于一体的全方位数字化管理交易服务，实现著作权确权、交易、管理、保护全链条服务。将数字技术引入数字化综合管理交易平台，形成有序的交易机制与治理模式，有利于完善创新著作权登记与交易制度，实现著作权行政执法监督。一方面，著作权人进行著作权作品登记后，通过数字管理交易平台及时跟踪著作权作品授权管理交易使用情况；另一方面，著作权人与集体管理组织签订授权合同后，集体管理组织可以根据著作权作品交易情况，提供不同的授权服务，满足著作权人的需求，使著作权人收益实现最大化。同时，在线监督著作权作品的传播使用，加强行政司法部门对接协作，实现行政执法与诉讼维权的高效运作。

三 当事人层面的建议

（一）加强著作权登记，增强自我保护

根据科斯定理，只要产权明确，交易成本为零或者很小，市场均衡是有效率的，资源配置会达到最优。著作权登记就是确定著作权归属，在著作权司法案件中起到权利确认的目的，产权的明确有利于著作权市场均衡高质量发展。著作权作品登记是著作权权利人享有著作权的初始证明，特别在著作权发生侵权时，能够作为著作权人主张权利的初始证明。著作权登记证书也有利于作品著作权的转让、交易，实现著作权作品价值与增值。

著作权权利人增强自我保护是关键，自我保护是著作权保护最重要的防线。著作权行政保护和司法保护都是事后救济，面临举证难及诉讼成本较高的问题，有时即使赢了官司也面临输了市场的困境。在著作权侵权诉讼发生之前，应积极行使自己的权利进行著作权登记，向全社会宣示自己的权利。登记制度实施后往往在"同行"内具有良好的效果，通过声誉机制使"同行"范围内的行为主体能够自觉保护相互的著作权。因此，具有商业价值的著作权更要积极进行登记，为从源头上避免侵权奠定基础（魏建等，2019）。

（二）搜集证据信息，提出合理诉求

原告多渠道收集影响法官判决的有效信息并确保信息的真实性，信息的供给要具有竞争性，一方面避免单一的信息来源引发的锚定效应，使法官判决出现偏误；另一方面使法官对权利人的实际损失或侵权人的违法所得形成全面的认识，做出合理的判决（杨彪，2017）。另外，原告诉求金额要控制在一定范围之内，不能过高也不能太低。要避免低估损失提出诉求金额较少，给法官形成较低的锚位置，最终判决金额也较少的情况，当然也要避免漫天要价引起法官反感产生诉讼投机的印象，使结果适得其反，导致诉求金额越多，判决金额越少。

（三）聘请专业律师，提高诉讼定价能力

上诉人的成功率和判决金额随着他们诉讼定价能力的增加而增加，当事人应当增强其谈判实力。律师对于当事人获得有利判决是最直接也是最有效的方式手段。当事人应投入资源聘请专业律师，提高诉讼定价能力。律师可以进行专业化的指导，使当事人能够正确评估其损失或获利情况，采取有效的诉讼策略，向法院提出有效合理的诉求和赔偿证据，最终获得较为满意的判赔金额。对于弱势的当事人可以通过法律援助等方式提高诉讼定价能力。

第三节 研究展望

一 研究不足

由于笔者研究水平和时间的限制，本书还存在不完善的地方，主要体现在以下两方面。

第一，数据样本时间跨度略短。选取的2015—2020年已经公开的著作权侵权司法判决书研究法院判决的影响机制问题，还存在部分没

有公开的著作权侵权司法判决书及其他年份的著作权侵权司法判决书，样本时间跨度略短，但选取的样本量在14000份以上，严格按照各省著作权侵权案件数量所占比例进行随机抽取，样本数量全面，具有足够的代表性，在进行实证分析时运用多种计量方法进行稳健性检验，使本书的结论更具可信性。

第二，指标量化需要进一步优化。著作权侵权法院判决受到多种因素的影响，我们严格按照司法判决书数据提取相关信息，囿于部分指标量化存在困难，并不能将所有因素进行量化处理，我们通过改变研究方法、替换指标等方式进行处理，使研究结果更趋合理。

二 研究展望

本书主要对中国著作权侵权案件法院判决影响因素进行分析并进行实证检验，限于篇幅的限制，仅从锚定效应、当事人资源、当事人策略性诉讼、当事人著作权保护方式等角度对法院判决的影响进行分析，在著作权侵权法院判决领域仍有一些重要的问题值得进一步深入研究。

第一，律师、法官经验水平对法院判决的影响。律师对于当事人利益的争取具有重要作用，已有的研究表明不同经验水平的律师对法院判决的影响不同（Szmer et al.，2007；Nelson and Epstein，2019；Lin et al.，2020）。限于律师、法官经验水平相关数据的限制，我们没有对律师、法官经验水平对法院判决的影响进行深入探讨，随着相关数据库的不断完善，期待有更多的数据可供使用，能够找到合理的量化指标对该问题进行实证研究。

第二，案件审理级别对法院判决的影响。通过对著作权侵权二审案件进行统计，发现大部分著作权侵权案件在二审中会被法院驳回维持原判，因此我们只针对著作权侵权一审案件进行研究，没有涉及二审案件。著作权侵权案件如果当事人对法院一审判决结果不服，可以继续上诉进入二审程序。此时一审法院判决结果在无形中会形成锚点影响二审法院决策。大部分著作权侵权案件在二审中会被法院驳回维持原判，但也存在一定数量案件进行改判，不同审理级别对法院判决结果或许存在不同的影响，这也是值得探索的问题。

第三，专业知识产权法院对法院判决结果的影响。最高人民法院设立了知识产权法庭，在北京、上海、广州、海南成立了四个知识产权法院，在成都、南京、济南等地设立了26个知识产权法庭，审理专业技术较强的知识产权案件，专业知识产权法院是司法改革与实践的先行者，开展知识产权专业化审判较早，与一般法院相比著作权侵权案件判决结果是否存在不同，判决轻重有无差异，这都是值得进一步研究的问题，为我们下一步的研究明确了方向。

参考文献

一 著作

［德］马克斯·韦伯：《论经济与社会中的法律》，张乃根译，中国大百科全书出版社1998年版。

冯晓青：《知识产权法利益平衡理论》，中国政法大学出版社2006年版。

李雨峰：《知识产权行政执法机制改革研究》，知识产权出版社2020年版。

［美］戴维斯：《最高法院与媒体》，于霄译，上海三联出版社2014年版。

［美］丹尼尔·卡尼曼：《思考，快与慢》，中信出版社2012年版。

［美］加里·S. 贝克尔：《人类行为的经济分析》，王业宇、陈琪译，格致出版社2015年版。

［美］杰弗里·M. 伍德里奇：《计量经济学导论：现代导论》，中国人民大学出版社2018年版。

［美］杰弗瑞·A. 西格尔、哈罗德·J. 斯皮斯：《正义背后的意识形态——最高法院与态度模型（修订版）》，刘哲玮译，北京大学出版社2012年版。

［美］李·爱泼斯坦、威廉·M. 兰德斯、理查德·A. 波斯纳：《法官如何行为：理性选择的理论和经验研究》，黄韬译，法律出版社

2017年版。

[美] 理查德·波斯纳：《法官如何思考》，苏力译，北京大学出版社2008年版。

[美] 威廉·M. 兰德斯、理查德·A. 波斯纳：《侵权法的经济结构》，王强等译，北京大学出版社2005年版。

[美] 威廉·M. 兰德斯、理查德·A. 波斯纳：《知识产权法的经济结构》，金海军译，北京大学出版社2016年版。

魏建、周林彬：《法经济学》，中国人民大学出版社2017年版。

吴汉东：《著作权合理使用制度研究》，中国人民大学出版社2020年版。

徐剑：《中国网络版权侵权实证研究》，上海人民出版社2017年版。

姚林青：《版权与文化产业发展研究》，经济科学出版社2012年版。

[印] 考希克·巴苏：《信念共同体：法和经济学的新方法》，中信出版社2020年版。

二 期刊

白建军：《司法潜见对定罪过程的影响》，《中国社会科学》2013年第1期。

曹士兵：《最高人民法院裁判、司法解释的法律地位》，《中国法学》2006年第3期。

曹文泽、王迁：《中国知识产权法制四十年：历程、特征与展望》，《法学》2018年第11期。

曹新明：《我国知识产权侵权损害赔偿计算标准新设计》，《现代法学》2019年第1期。

曹致玮、董涛：《新形势下我国知识产权保护问题分析与应对思考》，《知识产权》2019年第7期。

陈凤仙、王琛伟：《从模仿到创新——中国创新型国家建设中的最优知识产权保护》，《财贸经济》2015年第1期。

陈林林：《公众意见影响法官决策的理论和实验分析》，《法学研究》

2018年第1期。

陈林林:《公众意见在裁判结构中的地位》,《法学研究》2012年第1期。

陈林林、何雪锋:《司法过程中的经验推定与认知偏差》,《浙江社会科学》2015年第8期。

陈能军、史占中、王晓锐:《版权保护、全要素生产率与经济增长——基于2005—2018年中国省际面板数据的实证研究》,《江淮论坛》2020年第5期。

陈为:《音乐短片作品小权利人批量诉讼维权模式研究》,《人民司法》2021年第28期。

褚红丽、孙圣民、魏建:《职务级别、法律制度设计与腐败惩罚扭曲》,《经济学》(季刊)2018年第3期。

褚红丽、魏建:《腐败惩罚的边际递减及地区差异:基于腐败金额的实证分析》,《广东财经大学学报》2016年第3期。

邓昭君:《嬗变的市场:知识产权商业化维权的司法透视》,《法律适用》2015年第1期。

丁春燕:《有序受限与混乱自由之间的博弈——关于音像著作权纠纷案原告主体资格的认定》,《政法学刊》2019年第1期。

董伟威、童海超:《知识产权商业维权诉讼的界定与规制》,《人民司法》2014年第1期。

董雪兵、史晋川:《累积创新框架下的知识产权保护研究》,《经济研究》2006年第5期。

董雪兵、朱慧、康继军、宋顺锋:《转型期知识产权保护制度的增长效应研究》,《经济研究》2012年第8期。

董亚丽、李泽泓:《著作权的行政保护》,《中国出版》2020年第7期。

冯晓青:《关于中国知识产权保护体系几个重要问题的思考——以中美贸易摩擦中的知识产权问题为考察对象》,《人民论坛·学术前沿》2018年第17期。

冯晓青:《论我国知识产权制度的变革与发展》,《人民论坛·学术前沿》2019 年第 24 期。

冯晓青：《网络环境下私人复制著作权问题研究》，《法律科学》（西北政法大学学报）2012 年第 3 期。

冯晓青：《新时代中国特色知识产权法理思考》，《知识产权》2020 年第 4 期。

冯晓青：《知识产权法中专有权与公共领域的平衡机制研究》，《政法论丛》2019 年第 3 期。

冯晓青：《中国 70 年知识产权制度回顾及理论思考》，《社会科学战线》2019 年第 6 期。

冯晓青：《著作权法的利益平衡理论研究》，《湖南大学学报》（社会科学版）2008 年第 6 期。

冯晓青、潘柏华：《人工智能"创作"认定及其财产权益保护研究——兼评"首例人工智能生成内容著作权侵权案"》，《西北大学学报》（哲学社会科学版）2020 年第 2 期。

冯晓青、谢蓉：《著作权法中"合理使用"与公共利益研究》，《河北法学》2009 年第 3 期。

顾培东：《当代中国司法生态及其改善》，《法学研究》2016 年第 2 期。

管荣齐、李明德：《中国知识产权司法保护体系改革研究》，《学术论坛》2017 年第 1 期。

广州市中级人民法院知识产权审判庭课题组、夏强：《模糊的边界：知识产权赔偿问题的实务困境与对策》，《法治论坛》2014 年第 3 期。

郭壬癸、乔永忠：《版权保护强度影响文化产业发展绩效实证研究》，《科学学研究》2019 年第 7 期。

郝铁川：《权利实现的差序格局》，《中国社会科学》2002 年第 5 期。

侯猛：《不确定状况下的法官决策——从"3Q"案切入》，《法学》2015 年第 12 期。

胡昌明：《被告人身份差异对量刑的影响：基于 1060 份刑事判决的实证分析》，《清华法学》2018 年第 4 期。

胡慧源、朱仲玉：《"十三五"时期我国版权保护与管理回眸及展望》，《中国出版》2020年第24期。

胡铭：《司法公信力的理性解释与建构》，《中国社会科学》2015年第4期。

黄先蓉、贺敏：《创新与共享：版权利益平衡视角下我国出版业发展路径选择》，《出版广角》2022年第3期。

江小涓：《数字时代的技术与文化》，《中国社会科学》2021年第8期。

蒋华胜：《知识产权损害赔偿的市场价值与司法裁判规则的法律构造》，《知识产权》2017年第7期。

孔祥俊：《积极打造我国知识产权司法保护的"升级版"——经济全球化、新科技革命和创新驱动发展战略下的新思考》，《知识产权》2014年第2期。

孔祥俊：《以创新的思路保护创新——当前知识产权审判新思考》，《人民司法》2013年第9期。

劳佳琦：《量刑的法外因素与量刑规范化改革》，《中国刑事法杂志》2022年第2期。

李安：《司法过程的直觉及其偏差控制》，《中国社会科学》2013年第5期。

李明德：《关于知识产权损害赔偿的几点思考》，《知识产权》2016年第5期。

李陶：《我国网络音乐独家许可的运行逻辑与完善策略》，《法学》2021年第6期。

李伟、余翔：《中国知识产权保护强度及其评价——以加入TRIPS协议为中心》，《科研管理》2014年第7期。

李晓波：《司法裁决构成因素的"影响度"分析——基于三种不同制度的视角》，《法制与社会发展》2021年第2期。

李欣洋、张宇庆：《版权蟑螂现象之法律规制——以法定赔偿制度为视角》，《河南财经政法大学学报》2018年第2期。

李学尧、葛岩、何俊涛、秦裕林：《认知流畅度对司法裁判的影响》，

《中国社会科学》2014 年第 5 期。

李扬、陈曦程：《论著作权惩罚性赔偿制度——兼评《民法典》知识产权惩罚性赔偿条款》，《知识产权》2020 年第 8 期。

李雨峰：《权利是如何实现的——纠纷解决过程中的行动策略、传媒与司法》，《中国法学》2007 年第 5 期。

李兆轩：《司法裁判中的著作权定价研究》，《知识产权》2022 年第 4 期。

梁君、王爱红、佘智慧、李召白：《版权保护强度与出版产业发展的理论机理和灰色关联分析》，《文化产业研究》2021 年第 2 期。

林孝文：《论法定权利的实现——以法社会学为视角》，《湘潭大学学报》（哲学社会科学版）2008 年第 5 期。

刘畅：《以法经济学遏制摄影作品"版权蟑螂"现象》，《上海法治报》2020 年 2 月 19 日第 B02 版。

刘慧：《论数字技术变革与著作权集体管理制度的耦合》，《出版发行研究》2021 年第 1 期。

刘盛炅、杨富元：《认知科学视野下法官裁量偏差的思辨与控制策略》，《山东法官培训学院学报》2021 年第 6 期。

刘铁光：《法定赔偿在著作权司法适用中的变异》，《电子知识产权》2008 年第 4 期。

刘廷华：《版权合理使用制度的法经济学分析》，《商业研究》2014 年第 3 期。

刘彤：《"版权蟑螂"式维权："视觉中国"系列网络事件反思》，《传媒》2019 年第 23 期。

刘作翔：《中国司法地方保护主义之批判——兼论"司法权国家化"的司法改革思路》，《法学研究》2003 年第 1 期。

龙小宁、王俊：《中国司法地方保护主义：基于知识产权案例的研究》，《中国经济问题》2014 年第 3 期。

毛昊、尹志锋、张锦：《策略性专利诉讼模式：基于非专利实施体多次诉讼的研究》，《中国工业经济》2017 年第 2 期。

孟磊：《智能时代的著作权集体管理：挑战、反思与重构》，《出版发行研究》2020 年第 1 期。

彭辉、姚颉靖：《版权保护指标体系构建及强度测定》，《图书情报知识》2010 年第 1 期。

曲三强、张洪波：《知识产权行政保护研究》，《政法论丛》2011 年第 3 期。

石宏：《〈著作权法〉第三次修改的重要内容及价值考量》，《知识产权》2021 年第 2 期。

宋健：《知识产权损害赔偿问题探讨——以实证分析为视角》，《知识产权》2016 年第 5 期。

宋伟、阮雪松：《版权强国背景下版权保护对我国版权产业发展的影响研究》，《科技管理研究》2019 年第 8 期。

孙海龙、赵克：《侵害著作权法定赔偿问题研究——以不同阶段抽样裁判文书为研究视角》，《中国版权》2015 年第 3 期。

孙昊亮：《全媒体时代摄影作品的著作权保护》，《法律科学》（西北政法大学学报）2021 年第 3 期。

孙那：《民法典视阈下知识产权惩罚性赔偿与法定赔偿的司法适用关系》，《知识产权》2021 年第 4 期。

孙芸：《从华盖图片维权看中国图像版权保护现状》，《中国版权》2013 年第 1 期。

田燕梅、魏建、白彩全：《原告诉求金额影响法院判决金额吗？——基于著作权一审判决书的实证分析》，《广东财经大学学报》2018 年第 5 期。

田燕梅、徐恺岳、魏建：《法院判决的影响因素——当事人资源与诉讼能力的中介效应》，《清华法学》2021 年第 5 期。

汪曙华：《当代中国版权行政保护体系的核心症结及对策》，《现代出版》2013 年第 4 期。

王彬：《法律现实主义视野下的司法决策——以美国法学为中心的考察》，《法学论坛》2018 年第 5 期。

王好、曹柯：《MV作品商业维权与非法集体管理》，《知识产权研究》2020年第2期。

王华：《更严厉的知识产权保护制度有利于技术创新吗？》，《经济研究》2011年第S2期。

王军、刘鑫颖：《知识产权保护与中国经济增长相关性的实证研究》，《经济与管理研究》2017年第9期。

王俊、龙小宁：《版权保护能够提升企业绩效吗？——来自德化陶瓷企业的证据》，《经济学动态》2016年第6期。

王立新、王之晓：《版权行政保护的边界及其与司法保护的衔接论》，《出版广角》2019年第19期。

王迁：《技术措施保护与合理使用的冲突及法律对策》，《法学》2017年第11期。

王迁：《如何研究新技术对法律制度提出的问题？——以研究人工智能对知识产权制度的影响为例》，《东方法学》2019年第5期。

王迁、谈天、朱翔：《知识产权侵权损害赔偿：问题与反思》，《知识产权》2016年第5期。

王骞：《多元维度下版权适当保护之思考——基于我国版权行政执法的考察》，《电子知识产权》2020年第3期。

王清、陈潇婷：《区块链技术在数字著作权保护中的运用与法律规制》，《湖北大学学报》（哲学社会科学版）2019年第3期。

王志远：《公众意见与司法决策：以美国联邦最高法院为例》，《交大法学》2016年第4期。

魏建、彭康、田燕梅：《版权弱司法保护的经济分析——理论解释和实证证据》，《中国经济问题》2019年第1期。

魏建、田燕梅：《策略性诉讼版权保护绩效的实证分析：版权蟑螂的故事》，《广东财经大学学报》2022年第2期。

魏建、田燕梅：《产业链传播创造价值：版权的价值形成与保护模式的选择》，《陕西师范大学学报》（哲学社会科学版）2020年第1期。

温忠麟、叶宝娟:《中介效应分析:方法和模型发展》,《心理科学进展》2014年第5期。

巫慧:《三十年来我国图书馆著作权侵权案件分析及应对策略研究》,《国家图书馆学刊》2021年第6期。

吴汉东:《经济新常态下知识产权的创新、驱动与发展》,《法学》2016年第7期。

吴汉东:《人工智能生成作品的著作权法之问》,《中外法学》2020年第3期。

吴汉东:《人工智能时代的制度安排与法律规制》,《法律科学》(西北政法大学学报)2017年第5期。

吴汉东:《知识产权法价值的中国语境解读》,《中国法学》2013年第4期。

吴汉东:《知识产权损害赔偿的市场价值基础与司法裁判规则》,《中外法学》2016年第6期。

吴汉东:《中国知识产权法律变迁的基本面向》,《中国社会科学》2018年第8期。

吴汉东:《中国知识产权法院建设的理论与实践》,《知识产权》2018年第3期。

吴汉东、刘鑫:《改革开放四十年的中国知识产权法》,《山东大学学报(哲学社会科学版)》2018年第3期。

吴汉东、刘鑫:《我国〈著作权法〉第三次修订之评析》,《东岳论丛》2020年第1期。

吴汉东、锁福涛:《中国知识产权司法保护的理念与政策》,《当代法学》2013年第6期。

吴汉东、张平、张晓津:《人工智能对知识产权法律保护的挑战》,《中国法律评论》2018年第2期。

吴平、池元超:《刑事审判预断排除问题研究——以"锚定效应"为切入点》,《西部法学评论》2013年第6期。

向波:《著作权集体管理组织:市场功能、角色安排与定价问题》,

《知识产权》2018年第7期。

谢惠加：《著作权侵权损害赔偿制度实施效果分析——以北京法院判决书为考察对象》，《中国出版》2014年第14期。

谢巧生、周克放：《版权司法保护对文化产业发展影响研究》，《中国出版》2021年第14期。

谢晓尧、陈贤凯：《知识的产权革命——知识产权立法的"中国奇迹"》，《法学评论》2010年第3期。

熊琦：《非法著作权集体管理司法认定的法源梳解》，《华东政法大学学报》2017年第5期。

熊琦：《移动互联网时代的著作权问题》，《法治研究》2020年第1期。

熊琦：《中国著作权法立法论与解释论》，《知识产权》2019年第4期。

熊琦：《中国著作权立法中的制度创新》，《中国社会科学》2018年第7期。

熊琦：《著作权集体管理制度本土价值重塑》，《法制与社会发展》2016年第3期。

熊琦、朱若含：《论著作权法中的"行政介入"条款》，《山东大学学报》（哲学社会科学版）2020年第1期。

徐宏、陈颖：《侵犯著作权罪实证研究——以上海市近5年的裁判文书为分析样本》，《中国出版》2019年第2期。

徐剑：《网络版权侵权诉讼中的地方司法保护实证分析》，《现代传播》（中国传媒大学学报）2017年第1期。

徐剑：《网络知识产权侵权实证研究——基于上海法院司法判决书（2002—2010）的观察》，《上海交通大学学报》（哲学社会科学版）2012年第4期。

徐剑：《中国涉外网络版权侵权诉讼的实证分析》，《出版科学》2017年第1期。

徐立萍：《影响图书出版产业效益的版权保护关键要素研究》，《中国出版》2019年第23期。

徐霄飞：《司法治理中的决策模型研究》，《浙江社会科学》2018年第

1 期。

许春明、单晓光:《中国知识产权保护强度指标体系的构建及验证》,《科学学研究》2008 年第 4 期。

许可、肖冰:《著作权集体管理组织管理非会员作品的法律属性与制度安排》,《山东社会科学》2022 年第 1 期。

许可欣:《网络舆论对司法审判的影响及正向引导路径》,《东南传播》2021 年第 3 期。

阎晓宏:《"利益平衡"是著作权立法的基本精神》,《中国新闻出版报》2012 年 5 月 17 日第 005 版。

阎晓磊:《网络版权行政保护的挑战与对策》,《人民论坛》2020 年第 2 期。

杨彪:《司法认知偏差与量化裁判中的锚定效应》,《中国法学》2017 年第 6 期。

杨栋、凌六一:《垄断企业数字内容产品最优版权保护与定价决策》,《中国科学技术大学学报》2019 年第 9 期。

杨加明:《网络著作权的立法保护及其完善——以〈著作权法〉第三次修订为视角》,《四川理工学院学报》(社会科学版)2017 年第 3 期。

杨磊、杨建:《版权蟑螂现象的法律规制——以著作权集体管理制度为视角》,《长沙航空职业技术学院学报》2022 年第 2 期。

杨利华:《我国著作权制度的最新进展及其司法适用与完善》,《中州学刊》2021 年第 7 期。

杨涛:《知识产权侵权获利赔偿制度的完善路径》,《现代法学》2020 年第 5 期。

杨晓丽:《新闻舆论对刑事司法的影响》,《政治与法律》2018 年第 3 期。

姚林青、李跻嵘:《版权保护与音乐产业关系的实证研究》,《现代传播》(中国传媒大学学报)2015 年第 2 期。

易继明、蔡元臻:《版权蟑螂现象的法律治理——网络版权市场中的利益平衡机制》,《法学论坛》2018 年第 2 期。

易继明、初萌:《论人本主义版权保护理念》,《国家检察官学院学报》2022 年第 1 期。

于志强:《网络著作权犯罪的实证分析与司法应对——基于 100 个网络著作权犯罪案件的分析》,《上海大学学报》(社会科学版)2014 年第 2 期。

於勇成、魏建:《当事人资源理论在中国司法实践中的变异——基于合同纠纷案一审判决书的实证研究》,《广东财经大学学报》2017 年第 1 期。

袁秀挺、凌宗亮:《我国知识产权法定赔偿适用之问题及破解》,《同济大学学报》(社会科学版)2014 年第 6 期。

曾鹏、赵聪:《知识产权对经济增长的影响——以专利和版权为例》,《统计与信息论坛》2016 年第 4 期。

詹映:《我国知识产权侵权损害赔偿司法现状再调查与再思考——基于我国 11984 件知识产权侵权司法判例的深度分析》,《法律科学》(西北政法大学学报)2020 年第 1 期。

詹映、张弘:《我国知识产权侵权司法判例实证研究——以维权成本和侵权代价为中心》,《科研管理》2015 年第 7 期。

张光阳:《论我国著作权集体管理的模式选择》,《法制与经济》2020 年第 6 期。

张广良:《计算机软件著作权侵权损害赔偿实证研究》,《人民司法》2014 年第 13 期。

张洪波:《我国著作权集体管理制度的建立与发展》,《中国出版》2020 年第 21 期。

张洪波、付丽霞:《党的十九大以来我国著作权领域学术观点述评》,《编辑之友》2022 年第 4 期。

张惠彬、王怀宾:《著作权集体管理制度的反思与回应——信托视角下》,《中国编辑》2022 年第 5 期。

张健:《近十年版权纠纷诉讼实证分析》,《中国出版》2014 年第 4 期。

张千帆：《司法地方保护主义的防治机制》，《华东政法大学学报》2012年第6期。

张姝：《从应然权利到现实权利：社会保障权实现机制》，《人文杂志》2013年第6期。

张维迎、艾佳慧：《上诉程序的信息机制——兼论上诉功能的实现》，《中国法学》2011年第3期。

张维迎、柯荣住：《诉讼过程中的逆向选择及其解释——以契约纠纷的基层法院判决书为例的经验研究》，《中国社会科学》2002年第2期。

张先昌、鲁宽：《近十年网络著作权犯罪案件的实证研究》，《知识产权》2016年第9期。

张祥志：《破解信任困局：我国著作权集体管理"信任机制"的法治关注》，《新闻与传播研究》2019年第3期。

张祥志、徐以恒：《著作权法第三次修改中的版权行政保护及其正当性论证》，《中国出版》2021年第12期。

张颖、毛昊：《中国版权产业数字化转型：机遇、挑战与对策》，《中国软科学》2022年第1期。

郑晓英：《嵌入性理论视角下的法定权利实现》，《晋阳学刊》2017年第5期。

周林彬、李胜兰：《我国民营企业产权法律保护思路刍议——一种法律经济学的观点》，《制度经济学研究》2003年第2期。

周翼：《兰德斯—波斯纳版权模型的关键性修正及经济学解释》，《财经问题研究》2013年第S1期。

朱富强：《不确定情形下的市场定价机制：基于心理—权力框架对新古典价格理论的审视》，《财经研究》2018年第5期。

资琳：《案件事实认定中法官前见偏差的修正及控制》，《法商研究》2018年第4期。

三 论文

彭康:《版权侵权中法院判决的确定:理论和实证》,硕士学位论文,山东大学,2016年。

叶斌:《幸存的诉讼——判决结果的经济学分析》,博士学位论文,浙江大学,2019年。

四 外文

Adam Feldman, "Who Wins in the Supreme Court? An Examination of Attorney and Law Firm Influence," *Marquette Law Review*, Vol. 100, No. 2, Winter 2016.

Amos Tversky and Daniel Kahneman, "Judgment under Uncertainty: Heuristics and Biases: Biases in Judgments Reveal some Heuristics of Thinking under Uncertainty," *Science*, Vol. 185, No. 4157, September 1974.

Amy L. Otto, Steven D. Penrod and Hedy R. Dexter, "The Biasing Impact of Pretrial Publicity on Juror Judgments," *Law and Human Behavior*, Vol. 18, No. 4, 1994.

Andrea McAtee and Kevin T. McGuire, "Lawyers, Justices, and Issue Salience: When and How Do Legal Arguments Affect the US Supreme Court?," *Law & Society Review*, Vol. 41, No. 2, May 2007.

Andreas Nieder, "The Neuronal Code for Number," *Nature Reviews Neuroscience*, Vol. 17, No. 6, May 2016.

Anthony Partridge, William Butler Eldridge, *The Second Circuit Sentencing Study: A Report to the Judges of the Second Circuit*, New York: Federal Judicial Center, 1974.

Arnold Plant, "The Economic Aspects of Copyright in Books," *Economica*, Vol. 1, No. 2, May 1934.

Barton Beebe, "An Empirical Study of US Copyright Fair Use Opinions, 1978 – 2005," *University of Pennsylvania Law Review*, Vol. 156, No. 3,

January 2008.

Ben Depoorter, "Copyright Enforcement in the Digital Age: When the Remedy is the Wrong," *UCLA Law Review*, Vol. 66, No. 2, May 2019.

Birte Englich, Thomas Mussweiler and Fritz Strack, "Playing Dice With Criminal Sentences: The Influence of Irrelevant Anchors on Experts' Judicial Decision Making," *Personality and Social Psychology Bulletin*, Vol. 32, No. 2, February 2006.

Birte Englich, Thomas Mussweiler and Fritz Strack, "The Last Word in Court—A Hidden Disadvantage for the Defense," *Law and Human Behavior*, Vol. 29, No. 6, December 2005.

Birte Enough and Thomas Mussweiler, "Sentencing Under Uncertainty: Anchoring Effects in the Courtroom," *Journal of Applied Social Psychology*, Vol. 31, No. 7, July 2001.

Brett Curry and Banks Miller. "Judicial Specialization and Ideological Decision Making in the US Courts of Appeals," *Law & Social Inquiry*, Vol. 40, No. 1, Winter 2015.

Burton M. Atkins, "Party Capability Theory as an Explanation for Intervention Behavior in the English Court of Appeal," *American Journal of Political Science*, Vol. 35, No. 4, November 1991.

Chang – Ching Lin, Yun – chien Chang and Kong – Pin Chen, "Knowledge in Youth Is Wisdom in Age: An Empirical Study of Attorney Experience in Torts Litigation," *International Review of Law and Economics*, Vol. 63, No. C, September 2020.

Christina A. Studebaker and Steven D. Penrod, "Pretrial Publicity: The Media, The Law, and Common Sense," *Psychology, Public Policy, and Law*, Vol. 3, No. 2 – 3, September 1997.

Christine L Ruva and Cathy McEvoy, "Negative and Positive pretrial Publicity Affect Juror Memory and Decision Making," *Journal of Experimental Psychology: Applied*, Vol. 14, No. 3, September 2008.

Christopher A. Cotropia and James Gibson, "Copyright's Topography: An Empirical Study of Copyright Litigation," *Texas Law Review*, Vol. 92, No. 7, June 2014.

Christopher T. Stein and Michelle Drouin, "Cognitive Bias in the Courtroom: Combating the Anchoring Effect through Tactical Debiasing," *USFL Rev.*, Vol. 52, 2018.

Claire S. H. Lim, James M. Snyder Jr. and David Strömberg, "The judge, the politician, and the press: newspaper coverage and criminal sentencing across electoral systems," *American Economic Journal: Applied Economics*, Vol. 7, No. 4, October 2015.

Colleen F. Shanahan, Anna E. Carpenter and Alyx Mark, "Lawyers, Power, and Strategic Expertise," *Denv. L. Rev.*, Vol. 93, No. 2, January 2016.

Dan Ariely, George Loewenstein and Drazen Prelec, "'Coherent Arbitrariness': Stable Demand Curves without Stable Preferences," *The Quarterly journal of economics*, Vol. 118, No. 1, February 2003.

Dan Booth, "The One Satisfaction Rule: A New Approach to Curbing Copyright Trolls," *Landslide*, Vol. 7, No. 3, February 2014.

Daniel Kahneman, David Schkade and Cass Sunstein, "Shared Outrage and Erratic Awards: The psychology of Punitive Damages," *Journal of Risk and Uncertainty*, Vol. 16, No. 1, 1998.

Daniel Kahneman and Amos Tversky, "Prospect Theory: An Analysis of Decision under Risk," *Econometrica*, Vol. 47, No. 2, March 1979.

Donald R. Songer, Ashlyn Kuersten and Erin Kaheny, "Why the Haves Don't Always Come Out Ahead: Repeat Players Meet Amici Curiae for the Disadvantaged?" *Political Research Quarterly*, Vol. 53, No. 3, September 2000.

Donald R. Songer and Reginald S. Sheehan, "Who Wins on Appeal? Upperdogs and Underdogs in the United States Courts of Appeals" *American Journal of Political Science*, Vol. 36, No. 1, February 1992.

Edie Greene and Brian H. Bornstein, *Determining Damages: The Psychology of*

Jury Awards, Washington, D. C.: American Psychological Association, 2003.

Elizabeth A. Tillman and Rachael K. Hinkle, "Of Whites and Men: How Gender and Race Impact Authorship of Published and Unpublished Opinions in the US Courts of Appeals?" *Research & Politics*, Vol. 5, No. 1, March 2018.

Ellen Peters, "Beyond Comprehension: The role of Numeracy in Judgments and Decisions," *Current Directions in Psychological Science*, Vol. 21, No. 1, January 2012.

Emily S. Taylor Poppe and Jeffrey J. Rachlinski, "Do Lawyers Matter? The Effect of Legal Representation in Civil Disputes," *Pepperdine Law Review*, Vol. 43, No. 4, 2016.

Fritz Strack and Thomas Mussweiler, "Explaining the Enigmatic Anchoring Effect: Mechanisms of Selective Accessibility," *Journal of Personality and Social Psychology*, Vol. 73, No. 3, September 1997.

Gary S. Becker, "Crime and Punishment: An Economic Approach," *Journal of Political Economy*, Vol. 76, No. 2, 1968.

George A. Akerlof, "The Market for 'Lemons': Quality Uncertainty and the Market Mechanism," *Quarterly Journal of Economics*, Vol. 84, No. 3, August 1970.

George L. Priest, "Selective Characteristics of Litigation," *The Journal of Legal Studies*, Vol. 9, No. 2, 1980.

George L. Priest and Benjamin Klein, "The Selection of Disputes for Litigation," *The Journal of Legal Studies*, Vol. 13, No. 1, January 1984.

Gretchen B. Chapman and Brian H. Bornstein, "The More You Ask for, the More You Get: Anchoring in Personal Injury Verdicts," *Applied cognitive psychology*, Vol. 10, No. 6, December 1996.

Guido Calabresi and A. Douglas Melamed, "Property Rules, Liability Rules, and Inalienability: One View of the Cathedral," *Harvard Law Review*, Vol. 85, No. 6, April 1972.

Hal R. Varian, "Buying, Sharing and Renting Information Goods," *The Journal of Industrial Economics*, Vol. 48, No. 4, August 2000.

Henry D. Alderfer, "Of Pornography Pirates and Privateers: Applying FDCPA Principles to Copyright Trolling Litigation," *William & Mary Law Review*, Vol. 56, No. 2, 2014.

Herbert M. Kritzer and Mark J. Richards, "Jurisprudential Regimes and Supreme Court Decisionmaking: The Lemon Regime and Establishment Clause Cases," *Law & Society Review*, Vol. 37, No. 4, November 2003.

Herbert M. Kritzer and Susan S. Silbey, *In Litigation: Do the Haves Still Come Out Ahead?*, California: Stanford University Press, 2003.

James De Briyn, "Shedding Light on Copyright Trolls: An Analysis of Mass Copyright Litigation in the Age of Statutory Damages," *UCLA Entertainment Law Review*, Vol. 19, No. 1, Winter 2012.

Janet M. Box-Steffensmeier, Christenson D P, Hitt M P., "Quality over Quantity: Amici Influence and Judicial Decision Making," *American Political Science Review*, Vol. 107, No. 3, July 2013.

Jeffrey A. Segal and Harold J. Spaeth, *The Supreme Court and the Attitudinal Model Revisited*, Cambridge: Cambridge University Press, 2002.

Jeffrey J. Rachlinski, Andrew J. Wistrich and Chris Guthrie, "Judicial Politics and Decisionmaking: A New Approach," *Vanderbilt Law Review*, Vol. 70, No. 6, November 2017.

Jeff Yates, Damon M. Cann and Brent D. Boyea, "Judicial ideology and the selection of disputes for US Supreme Court adjudication," *Journal of empirical legal studies*, Vol. 10, No. 4, October 2013.

Jeff Yates and Elizabeth Coggins, "The Intersection of Judicial Attitudes and Litigant Selection Theories: Explaining US Supreme Court Decision-Making," *Washington University Journal of Law & Policy*, Vol. 29, No. 1, 2009.

Jennifer Barnes Bowie, Donald R. Songer and John Szmer, *The View From* the Bench and Chambers: Examining Judicial Process and Decision Making on the US Courts of Appeals, Charlottesville, V. A. : University of Virginia Press, 2014.

Jessica F. Cantlon and Elizabeth M. Brannon, "Shared System for Ordering Small and Large Numbers in Monkeys and Humans," *Psychological science*, Vol. 17, No. 5, May 2006.

John Hogarth, *Sentencing as a Human Process*, Toronto: University of Toronto Press, 1971.

John J. Sailors and James E. Heyman, "Similarity, Multiple Estimations, and the Anchoring Effect," *The Journal of General Psychology*, Vol. 146, No. 2, July 2019.

John Malouff and Nicola S. Schutte, "Shaping Juror Attitudes: Effects of Requesting Different Damage Amounts in Personal Injury Trials," *The Journal of Social Psychology*, Vol. 129, No. 4, 1989.

John Szmer, Donald R. Songer and Jennifer Barnes Bowie, "Party Capability and the US Courts of Appeals: Understanding Why the 'Haves' Win," *Journal of Law and Courts*, Vol. 4, No. 1, Spring 2016.

John Szmer, Robert K. Christensen and Samuel Grubbs, "What Influences the Influence of US Courts of Appeals Decisions?," *European Journal of Law and Economics*, Vol. 49, No. 1, February 2020.

John Szmer, Susan W Johnson and Tammy A. Sarver, "Does the Lawyer Matter? Influencing Outcomes on the Supreme Court of Canada," *Law & Society Review*, Vol. 41, No. 2, June 2007.

John Szmer and Martha Humphries Ginn, "Examining the Effects of Information, Attorney Capability, and Amicus Participation on US Supreme Court Decision Making," *American Politics Research*, Vol. 42, No. 3, May 2014.

Jonathan A. Susser, Neil W. Mulligan1 and Miri Besken, "The Effects of List Composition and Perceptual Fluency on Judgments of Learning

(*JOLs*)," *Memory & cognition*, Vol. 41, No. 7, October 2013.

Joris Lammers and Pascal Burgmer, "Power Increases Anchoring Effects on Judgment," *Social Cognition*, Vol. 35, No. 1, January 2017.

Judith C. Chin and Gene M. Grossman, "Intellectual Property Rights and North‐South Trade," *NBER Working Paper*, No. w2769 November 1988.

Justin D. Levinson, Mark W. Bennett and Koichi Hioki, "Judging Implicit Bias: A National Empirical Study of Judicial Stereotypes," *Florida Law Review*, Vol. 69, No. 1, April 2017.

Keishun Suzuki, "Economic Growth under Two Forms of Intellectual Property Rights Protection: Patents and Trade Secrets," *Journal of Economics*, Vol. 115, No. 1, May 2015.

Kenneth J. Arrow, *Economic Welfare and the Allocation of Resources for Invention*, New Jersey: Princeton University Press, 1962.

Kevin T. McGuire, "Repeat Players in the Supreme Court: The Role of Experienced Lawyers in Litigation Sueeess," *The Journal of Politics*, Vol. 57, No. 1, February 1995.

Kevin T. McGuire and Gregory A. Caldeira, "Lawyers, Organized Interests, and the Law of Obscenity: Agenda Setting in the Supreme Court," *American Political Science Review*, Vol. 87, No. 3, September 1993.

Kong‐Pin Chen, Kuo‐Chang Huang and Chang‐Ching Lin, "Party Capability versus Court Preference: Why Do the 'Haves' Come Out Ahead? —An Empirical Lesson from the Taiwan Supreme Court," *The Journal of Law, Economics, & Organization*, Vol. 31, No. 1, March 2015.

Laura P. Moye, John Szmer, Susan Hairec Departmen and Robert K., "Diversity, Consensus, and Decision Making: Evidence from the US Courts of Appeals," *Politics, Groups, and Identities*, Vol. 8, No. 4, July 2020.

Lawrence Kohlberg and Richard H. Hersh, "Moral development: A review of the theory," *Theory into practice*, Vol. 16, No. 2, April 1977.

Lee Epstein and Jack Knight, *The Choices Justices Make*, Washington, DC: CQ Press, 1998.

Lucia Dalla Pellegrina, Jef De Mot, Michael Faure and Nuno Garoupa, "Litigating Federalism: An Empirical Analysis of Decisions of the Belgian Constitutional Court," *European Constitutional Law Review*, Vol. 13, No. 2, May 2017.

Marcella Favale, Martin Kretschmer and Paul C. Torremans, "Is there an EU Copyright Jurisprudence? An Empirical Analysis of the Workings of the European Court of Justice," *The Modern Law Review*, Vol. 79, No. 1, January 2016.

Marc Galanter, "Planet of the APs: Reflections on the Scale of Law and its Users," *Buffalo Law Review*, Vol. 53, No. 5, 2005.

Marc Galanter, "Why the 'Haves' Come Out Ahead: Speculations on the Limits of Legal Change," *Law & Society Review*, Vol. 9, No. 1, 1974.

Matthew Sag, "Copyright Trolling, an Empirical Study," *Iowa Law Review*, Vol. 100, No. 3, March 2015.

Matthew Sag, "IP Litigation in U. S. District Courts: 1994 – 2014," *Iowa Law Review*, Vol. 101, No. 3, January 2016.

Matthew Sag, "Predicting Fair Use," *Ohio State Law Journal*, Vol. 73, No. 1, 2012.

Matthew Sag, Tonja Jacobi and Maxim Sytch, "Ideology and Exceptionalism in Intellectual Property: An Empirical Study," *California Law Review*, Vol. 97, No. 3, January 2009.

Matthew Sag and Jake Haskell, "Defense Against the Dark Arts of Copyright Trolling," *Iowa Law Review*, Vol. 103, No. 2, January 2018.

Michael A. Bailey, Brian Kamoie and Forrest Maltzman, "Signals from the Tenth Justice: The Political Role of the Solicitor General in Supreme Court Decision Making," *American Journal of Political Science*, Vol. 49, No. 1, January 2005.

Michael J. Nelson and Lee Epstein, "Lawyers with More Experience Obtain Better Outcomes," *Upublisert manuskript*, *Sist endret*, Vol. 14, May 2019.

Michael P. Goodyear, "A Shield or a Solution: Confronting the New Copyright Troll Problem," *Texas Rev. Ent. & Sports L.*, Vol. 21, 2020.

Mollie W. Marti and Roselle L. Wissler, "Be Careful What You Ask For: The Effect of Anchors on Personal Injury Damages Awards," *Journal of Experimental Psychology: Applied*, Vol. 6, No. 2, June 2000.

Nancy Mehrkens Steblay, Jasmina Besirevic, Solomon M. Fulero and Belia Jimenez-Lorente, "The effects of pretrial publicity on juror verdicts: A meta-analytic review," *Law and Human Behavior*, Vol. 23, No. 2, April, 1999.

Nicholas Epley and Thomas Gilovich, "When Effortful Thinking Influences Judgmental Anchoring: Differential Effects of Forewarning and Incentives on Self - generated and Externally Provided Anchors," *Journal of Behavioral Decision Making*, Vol. 18, No. 3, July 2005.

Nuno Garoupa, "Does Being a Foreigner Shape Judicial Behaviour? Evidence From the Constitutional Court of Andorra, 1993 – 2016," *Journal of Institutional Economics*, Vol. 14, No. 1, February 2018.

Peter McCormick, "Party Capability Theory and Appellate Success in the Supreme Court of Canada, 1949 – 1992," *Canadian Journal of Political Science/Revue Canadienne de science politique*, Vol. 26, No. 3, September 1993.

Rebecca K. Helm, Valerie P. Hans, Valerie F. Reyna and Krystia Reed, "Numeracy in the Jury Box: Numerical Ability, Meaningful Anchors, and Damage Award Decision Making," *Applied Cognitive Psychology*, Vol. 34, No. 2, December 2020.

Rebecca L. Sandefur, "Elements of Professional Expertise: Understanding Relational and Substantive Expertise through Lawyers' Impact," *American

Sociological Review, Vol. 80, No. 5, September 2015.

Reid Hastie, David A. Schkade and John W. Payne, "Juror Judgments in Civil Cases: Effects of Plaintiff's Requests and Plaintiff's Identity on Punitive Damage Awards," *Law and Human Behavior*, Vol. 23, No. 4, August 1999.

Richard R. Nelson, "The Simple Economics of Basic Scientific Research," *Journal of Political Economy*, Vol. 67, No. 3, June 1959.

Richard Watt, "The Past and the Future of the Economics of Copyright," *Review of Economic Research on Copyright Issues*, Vol. 1, No. 1, June 2004.

Roselle L. Wissler, David L. Evans, Allen J. Hart, Marian M. Morry and Michael J. Saks, "Explaining 'Pain and Suffering' Awards: The Role of Injury Characteristics and Fault Attributions," *Law and Human Behavior*, Vol. 21, No. 2, May 1997.

Roselle L. Wissler, Katie A. Rector and Michael J. Saks, "The Impact of Jury Instructions on the Fusion of Liability and Compensatory Damages," *Law and Human Behavior*, Vol. 25, No. 2, April 2001.

Russell Smyth, "The 'Haves' and the 'Have Nots': An Empirical Study of the Rational Actor and Party Capability Hypotheses in the High Court 1948 – 1999," *Australian Journal of Political Science*, Vol. 35, No. 2, June 2000.

Ryan C. Black, Ryan J. Owens, Justin Wedeking and Patrick C. *Wohlfarth, The Conscientious Justice: How Supreme Court Justices' Personalities Influence the Law, the High Court, and the Constitution?*, Cambridge: Cambridge University Press, 2019.

Ryan C. Black and Ryan J. Owens, *The Solicitor General and the United States Supreme Court: Executive Branch Influence and Judicial Decisions*, Cambridge: Cambridge University Press, 2012.

Samantha Joel, Stephanie S. Spielmann and Geoff MacDonald, "Motivated

Use of Numerical Anchors for Judgments Relevant to the Self," *Personality and Social Psychology* Bulletin, Vol. 43, No. 7, April 2017.

Sanford C. Gordon and Gregory Huber, "The Effect of Electoral Competitiveness on Incumbent Behavior," *Quarterly Journal of Political Science*, Vol. 2, No. 2, 2007.

Shari Seidman Diamond, *Exploring sources of sentence disparity, The trial process: Perspectives in law and psychology*, New York: Plenum Press. 1981.

Shawn D. Bushway and Anne Morrison Piehl, "Judging Judicial Discretion: Legal Factors and Racial Discrimination in Sentencing," *Law and Society Review*, Vol. 35, No. 4, 2001.

Shyamkrishna Balganesh, "The uneasy case against copyright trolls," *Southern California Law Review*, Vol. 86, No. 4, May 2013.

Stacia L. Haynie, C. Neal Tate, Reginald S. Sheehan and Donald R. Songer, "Winners and Losers: A Comparative Analysis of Appellate Courts and Litigation Outcomes," *annual meeting of the American Political Science Association*, San Francisco, August. 2001.

Stacia L. Haynie, "Resource Inequalities and Litigation Outcomes in the Philippine Supreme Court," *The Journal of Politics*, Vol. 56, No. 3, August 1994.

Stanley M. Besen, *New Technologies and Intellectual Property: An Economic Analysis*, Santa Monica: The rand Corp. 1987.

Stanley M. Besen and Sheila Nataraj Kirby, "Private Copying, Appropriability, and Optimal Copying Royalties," *The Journal of Law and Economics*, Vol. 32, No. 2, October 1989.

Stanton Wheeler, Bliss Cartwright and Robert A Kagan, Lawrence M. Friedman, "Do the Haves Come out Ahead? Winning and Losing in State Supreme Courts, 1870 – 1970," *Law and Society Review*, Vol. 21, No. 3, January 1987.

Tao L Dumas, Stacia L Haynie and Dorothy Daboval, "Does Size Matter?

The Influence of Law Firm Size on Litigant Success Rates," *Justice System Journal*, Vol. 36, No. 4, April 2015.

Terence Dunworth, Joel Rogers, "Corporations in Court: Big Business Litigation in US Federal Courts, 1971 – 1991," *Law & Social Inquiry*, Vol. 21, No. 3, July. 1996.

Theodore Eisenberg, Jeffrey J. Rachlinskiand Martin T. Wells "Reconciling Experimental Incoherence with Real – World Coherence in Punitive Damages," *Stanford Law Review*, Vol. 54, No. 6, June 2002.

Theodore Eisenberg and Henry S. Farber, "The Government as Litigant: Further Tests of the Case Selection Model," *American Law and Economics Review*, Vol. 5, No. 1, March 2003.

Theodore Eisenberg and Henry S. Farber, "The Litigious Plaintiff Hypothesis: Case Selection and Resolution," *RAND Journal of Economics*, Vol. 28, September 1997.

Tom Baker, "Blood Money, New Money, and the Moral Economy of Tort Law in Action," *Law & Society Review*, Vol. 35, No. 2, 2001.

Valerie F. Reyna, "A New Intuitionism: Meaning, Memory, and Development in Fuzzy – Trace Theory," *Judgment and Decision Making*, Vol. 7, No. 3, May 2012.

Valerie F. Reyna, Wendy L. Nelson, Paul K. Han and Nathan F. Dieckmann, "How Numeracy Influences Risk Comprehension and Medical Decision Making?" *Psychological Bulletin*, Vol. 135, No. 6, November 2009.

Valerie F. Reyna and Charles J. Brainerd, "Dual Processes in Decision Making and Developmental Neuroscience: A Fuzzy – Trace Model," *Developmental Review*, Vol. 31, No. 2 – 3, September 2011.

Valerie P. Hans, Rebecca Helm and Valerie F. Reyna, "From Meaning to Money: Translating Injury into Dollars," *Law and Human Behavior*, Vol. 42, No. 2, February 2018.

William M. Landes and and Richard A. Posner, "An Economic Analysis of

Copyright Law," *The Journal of Legal Studies*, Vol. 18, No. 2, June 1989.

William M. Myers and Davia Cox Downey, "Which Governments Come Out Ahead?," *Perspectives on Federalism*, Vol. 9, No. 1, 2017.

Xin He and Yang Su, "'Haves' Come Out Ahead in Shanghai Courts,?" *Journal of Empirical Legal Studies*, Vol. 10, No. 1, January 2013.

YoavDotan, "Do the 'Haves' Still Come out Ahead? Resource Inequalities in Ideological Courts: The Case of the Israeli High Court of Justice," *Law and Society Review*, Vol. 33, No. 4, 1999.

Yoon – Ho Alex Lee and Daniel Klerman, "The Priest – Klein Hypotheses: Proofs and Generality," *International Review of Law and Economics*, Vol. 48, No. C, October 2016.

Yun – chien Chang, Kong – Pin Chen and Chang – Ching Lin, "Anchoring Effect in Real Litigation: An Empirical Study," *University of Chicago Coase – Sandor Institute for Law & Economics Research Paper*, February 2016.

Yun – chien Chang, Theodore Eisenberg, Han – Wei Ho and Martin T. Wells, "Pain and Suffering Damages in Wrongful Death Cases: An Empirical Study," *Journal of Empirical Legal Studies*, Vol. 12, No. 1, February 2015.

Zijian Zhang, "Rationale of Collective Management Organizations: An Economic Perspective," *Masaryk University Journal of Law and Technology*, Vol. 10, No. 1, 2016.